HISTOIRE
DE PARIS

Paris. — Imprimé chez Bonaventure et Ducessois, 55, quai des Augustins, près du Pont-Neuf.

A. DE LAMARTINE,
Gravé par Pollet

HISTOIRE
DE PARIS

SES RÉVOLUTIONS

SES GOUVERNEMENTS ET SES ÉVÉNEMENTS

DE 1841 A 1852

COMPRENANT LES SEPT DERNIÈRES ANNÉES

DU RÈGNE
DE LOUIS-PHILIPPE

ET LES QUATRE PREMIÈRES

DE LA RÉPUBLIQUE

PAR

JACQUES ARAGO,

Auteur des SOUVENIRS D'UN AVEUGLE.

PREMIER VOLUME.

PARIS
DION-LAMBERT, LIBRAIRE-ÉDITEUR
25, QUAI DES GRANDS-AUGUSTINS.

1856

CHAPITRE PREMIER.

Projet de translation des cendres de l'Empereur. — Cette haute mission confiée au prince de Joinville. — Quelques chauds épisodes de la campagne. — Énergique attitude du prince à la nouvelle de la guerre qui allait éclater entre l'Angleterre et la France. — Le retour de *la Belle-Poule*. — La cérémonie funèbre, dont le froid le plus rigoureux ne put affaiblir la sombre majesté.

Saluez avec moi les magiques horizons, et puisqu'au début de mon livre je trouve à dérouler une page à peine entr'ouverte, je m'en empare avec bonheur; elle contient de grandes et belles choses. Laissez-moi donc interroger ma mémoire, et combler une lacune qui n'accuse personne, et dont je veux m'absoudre.

Le piéton se prépare d'avance à la fatigue qui l'attend; le chasseur de tigre, au danger qui le menace; le pilote, au vent qui se lève sur les flots; l'homme, aux désillusions qui vont cercler sa vie; je me complais, au moment du départ, aux consolantes images dont je puis me bercer.

Hélas! hélas! assez de lugubres couleurs assombriront ma palette avant que j'aie livré au public la dernière feuille de ce récit! Il y a bien des aspérités sur le sol que je vais parcourir; pardonnez-moi une halte où je trouve tant de beaux souvenirs au milieu des amertumes que j'ai mission de rappeler.

Les railleries, les sarcasmes et les caricatures les plus incisives assaillaient de toutes parts l'homme d'Etat qui gouvernait alors la France, sous un maître qui, lui aussi, avait ses caprices de souveraineté. Des colères sérieuses, mais moins âcres peut-être, le poursuivaient dans ses projets de réforme et de modification, et glissaient sur lui comme la balle sur la carapace du crocodile, ou le mépris sur la poitrine du coquin.

Ce comédien politique, adroit escamoteur, joûteur infatigable, souvent éloquent, toujours clair et bouffi d'arrogance, Thiers en un mot, imagina le tour de gobelet dont je vais vous parler, et qui lui réussit à merveille. Façonné aux impatiences de la foule avide de nouveau, même dans ses joies, il savait qu'il y avait au sein de tout homme de cœur une corde sensible qu'on ferait utilement vibrer à jour, à heure fixe, et la chose fut arrêtée entre lui et Louis-Philippe, après avoir été silencieusement négociée à Londres.

« Je viens m'asseoir comme Thémistocle au foyer du peuple « britannique, » avait dit, en montant sur *le Bellérophon,* celui qui fut Empereur; et peu de jours après un vaisseau, piquant au sud, cinglait vers cette ile de lave et de bitume où devait s'éteindre la plus brillante étoile qui ait jamais éclairé le monde.

Vous savez les tortures de Longwood, vous les avez apprises à la lecture de ces immortelles tables d'airain appelées *Mémorial de Sainte-Hélène,* tache de sang jetée au front d'un peuple qui avait choisi pour geôlier une âme de boue dont le nom seul est une flétrissure..... sir Hudson Lowe !

Un navire perdu dans l'Atlantique nous apporta la nouvelle de la délivrance de l'Empereur Napoléon et celle de sir Hudson Lowe; le premier, la victime, avait rendu l'âme à Dieu le 5 mai; le bourreau revenait joyeux après avoir rempli sa parricide mission. Sous une pierre que protégeaient quatre saules pleureurs dépouillés depuis longtemps par la piété de tous les pèlerins du monde qui relâchaient à James-Town, reposait celui qui avait vu trembler devant lui les capitales humiliées ; et la sainte vallée du Géranium voyait les dévotes caravanes suivre, pieusement recueillies, le sentier sinueux conduisant à la tombe sacrée.

Les fronts se découvraient en présence du néant des grandeurs humaines ; on s'effrayait qu'un si petit espace occupât tant de souvenirs ; on s'abreuvait à la source où l'Empereur de l'Europe avait baigné sa lèvre, et, après s'être inscrit sur le registre qu'un pâtre présentait au visiteur, on s'acheminait de nouveau vers James-Town, plus dévot au malheur que ne l'est au prophète le derviche qui vient de traverser le désert pour s'agenouiller au tombeau de la Mecque.

L'un des historiens qui m'ont précédé, M. Touchard-Lafosse, vous a dit en deux pages la splendeur lugubre du jour où rentrèrent dans la capitale les restes mortels de l'Empereur ; me pardonnerez-vous si je vous dis, moi, les inquiétudes, les élans de patriotisme du commandant de *la Belle-Poule*, de ses officiers et de son bouillant équipage, pendant leur glorieuse expédition ? Oui sans doute, car Paris aussi était en émoi, car la guerre paraissait imminente entre nous et la Grande-Bretagne, et c'est là précisément le tableau que je vais dérouler à vos yeux. Pas un navire ne montrait ses mâts au-delà de l'horizon qu'on ne se demandât avec anxiété, souvent avec joie, si les bouches de bronze aux sabords nous apportaient une provocation ou un salut amical, et l'on cherchait alors sur cette grande route appelée l'Atlantique le sillage de *la Belle-Poule*, partie avec la croyance d'une paix durable. Vous voyez que Paris se reflétait dans les eaux de Sainte-Hélène, et que j'ai quelque raison de ne pas me croire coupable en vous faisant rétrograder de six mois à peine dans le long récit que j'ai entrepris. Il y a des courses qui délassent, et je serais absous par votre patriotisme si je ne l'étais par votre générosité.

Un magnifique passé justifiait le choix qu'on avait fait du commandant de *la Belle-Poule*. C'était un prince de la famille d'Orléans, brave jusqu'à la témérité, sachant par cœur les colères océaniques dont, presque enfant, il avait étudié les caprices, portant les défis les plus audacieux à la brise carabinée, aimant le matelot qui l'adorait, et assez inflexible dans sa pensée pour ne pas craindre de se poser souvent rebelle aux volontés venant de haut, quand il les jugeait contraires à sa religion politique.

Taillé pour la résistance à toute domination, le prince de Joinville était l'écolier le plus soumis et le plus attentif aux leçons que lui donnait la science, dans les colléges où il oubliait qu'il était appelé un jour à commander.... Hélas ! les années marchent vite, et l'avenir n'appartient qu'à Dieu.

Ecoutez les paroles du Ministre de l'intérieur prononcées à la tribune de la Chambre des députés : « Messieurs, le Roi a or-
« donné à Son Altesse Royale Monseigneur le Prince de Joinville
« de se rendre, avec sa frégate, à l'île de Sainte-Hélène, pour y
« recueillir les restes mortels de l'Empereur Napoléon.

« Nous venons vous demander les moyens de les recevoir
« dignement sur la terre de France, et d'élever à Napoléon son
« dernier tombeau. Le gouvernement, jaloux d'accomplir un
« devoir national, s'est adressé à l'Angleterre. Il lui a réclamé
« le précieux dépôt que la fortune avait remis dans ses mains.
« A peine exprimée, la pensée de la France a été accueillie. Voici
« la réponse de notre alliée :

« Le gouvernement de S. M. Britannique espère que la
« promptitude de sa réponse sera considérée en France comme
« une preuve de son désir d'effacer jusqu'à la dernière trace de
« ces animosités nationales qui, pendant la vie de l'Empereur,
« armèrent l'une contre l'autre la France et l'Angleterre. Le
« gouvernement de S. M. Britannique aime à croire que si de
« pareils sentiments existent encore quelque part, ils seront
« ensevelis dans la tombe où les restes de Napoléon vont être
« déposés. »

Noblesse dans le langage, bassesse dans la conduite, tout cela peut voyager de compagnie, comme vous le voyez.

C'est à Toulon que Bonaparte avait préludé à ses triomphes, c'est de Toulon que partait un prince pour aller reconquérir les restes mortels de l'Empereur, et le 7 juillet l'appareillage eut lieu, sous les ordres de Joinville, qui avait placé son pavillon sur *la Belle-Poule* et qu'escortait *la Favorite*. Un digne état-major suivait le Prince, qu'une brise légère et capricieuse poussa lentement vers Gibraltar ; ces deux navires mouillèrent à Cadix, et, après cinq jours de repos, ils reprirent le large et se balancèrent sur l'Atlantique.

Une très courte relâche à Madère permit aux malades de s'amariner ; on piqua de nouveau vers le sud, et *la Belle-Poule*, admirable marcheuse, se vit obligée de serrer un peu de sa toile, pour ne pas perdre de vue *la Favorite*, commandée par M. Guyet, capitaine de corvette, officier de la plus grande distinction.

Cependant, Ténérif se dressant à l'horizon, il était difficile que l'état-major des deux navires ne témoignât point quelque désir de visiter Sainte-Croix et de gravir ce pic formidable dont une colère engloutira peut-être un jour l'île qu'il a vomie au-dessus des flots.

Le prince et quelques-uns de ses officiers gravirent le cratère, et j'ai trouvé plus tard à Orotava les traces du passage de cette caravane joyeuse qui allait remplir une mission de deuil....

Le souvenir de Joinville est cher aux habitants de Ténérif.

Il ne tiendrait qu'à moi, façonné aux tempêtes océaniques, de vous faire ici la poétique description d'une de ces effrayantes colères où les navires, pressés comme dans des étaux de fer, obéissent à la lame qui les couvre de bout en bout, les promène avec elle, et les décapite de leurs mâts. Mais le ciel et les vents furent toujours favorables à *la Belle-Poule ;* je ne veux pas mentir à l'histoire, je ne dois rien broder dans mon récit, et, le 8 octobre, pointèrent à l'horizon les premières crêtes de l'île révérée, ou plutôt de la terre sacrilége.

Plusieurs officiers de la marine anglaise étaient venus à bord pour piloter les deux navires sous le vent de l'île ; ce ne fut qu'à l'aide de petites bordées qu'on arriva devant James-Town et qu'on laissa tomber l'ancre à deux encablures de la ville.

Le commandant descendit à terre, et, conduit par le lieutenant-colonel d'artillerie Trelawnay, qui lui présenta les autorités, il se dirigea, sous une pluie assez rapide, vers le tombeau qu'il devait le lendemain dépouiller de ses saintes reliques.

L'abbé Coquereau l'accompagnait ; l'abbé Coquereau, qui depuis.... Ils arrivèrent dans l'enceinte à deux heures vingt minutes. Le prince se découvrit, l'aumônier pria, et le vieil invalide qui gardait la pierre reçut du commandant Hernoux une poignée de pièces d'or puisées dans la bourse de tous les visiteurs; puis, on reprit silencieusement le chemin de James-Town.

Le 15 octobre, à minuit précis, la députation chargée de recueillir les restes du plus grand homme de guerre qui ait jamais ébranlé le monde, entra dans l'enceinte emprisonnant la pierre funèbre.

Le comte de Rohan-Chabot, commissaire envoyé du roi pour présider, au nom de la France, à l'exhumation et à la translation des restes mortels de l'Empereur Napoléon, enseveli dans l'île de Sainte-Hélène, et à leur remise par l'Angleterre à la France, conformément à la décision des deux gouvernements, introduisit du côté de la France : le baron Lascaze, le baron Gourgaud, M. Marchand, le comte Bertrand, son fils, l'abbé Coquereau, MM. Saint-Denis, Noverras, Archambault, Pierron, Guillet, capitaine de corvette, Charner, commandant en second *la Belle-Poule*, Doret, capitaine de corvette, commandant le brick *l'Oreste*, le docteur Guillard, et Leroux, ouvrier plombier.

M. le capitaine Alexander, officier député par S. E. le gouverneur de Sainte-Hélène, introduisit, du côté de l'Angleterre: MM. Trelawnay, lieutenant-colonel, Wilne, grand-juge, le colonel Hudson, le lieutenant-colonel de la milice Seale, Littlehales, commandant la goëlette *le Dolphin*, Darling, qui avait surveillé les travaux de sépulture de l'Empereur.

Écoutez un témoin de la scène lugubre : « A minuit un quart les travaux commencèrent; les ouvriers étaient des soldats anglais. On enleva soigneusement les plantes bulbeuses et les géraniums qui se trouvaient à la tête et aux pieds de la tombe; le prince de Joinville les avait demandés. On ébranla et fit tomber successivement la grille de l'ouest et les deux grilles qui se trouvaient aux extrémités. Le plus profond silence régnait ; on n'entendait de temps en temps que la voix du capitaine Alexander donnant brièvement ses ordres. Le mouvement de ces hommes travaillant avec activité à la lueur des fanaux, dans le brouillard, se mouvant au milieu des cyprès et des saules, leur donnait l'apparence d'ombres qui s'agitaient sous une brise folle ; le bruit des marteaux retentissant sur les grilles de fer, les cris fréquemment répétés des sentinelles placées dans les montagnes environnantes, tout répandait sur cette scène une teinte lugubre.

« A huit heures on découvrit une fente à travers laquelle on aperçut le cercueil... Bientôt une autre fente le laissa mieux distinguer encore. Le capitaine Alexander, mu probablement par un sentiment religieux que nous avons toujours vu paraître en lui, les fit couvrir avec des pierres. On s'occupa alors de dresser une chèvre, et chacun de nous, Anglais et Français, alla revêtir son grand uniforme. A neuf heures on établit autour du tombeau une haie de soldats de milice et de soldats du 94ᵉ régiment. La pluie était devenue très forte ; on acheva de dégager au ciseau le ciment qui scellait la grande dalle, et l'on fit les travaux indispensables pour y ajuster des crampons. Les personnes qui ne devaient pas assister à l'exhumation, même les ouvriers qui n'étaient pas absolument nécessaires, furent éloignées et durent se tenir en dehors de la haie de soldats. M. l'abbé Coquereau s'approcha, se plaça sur le bord de la tombe, du côté où reposait la tête ; deux enfants de chœur portaient devant lui la croix et l'eau bénite. A neuf heures et demie la dalle fut enlevée : d'un mouvement spontané et unanime tous les assistants se découvrirent. »

Je poursuis maintenant sans auxiliaire, car j'ai la mémoire des grandes choses.

Le premier cercueil, en acajou, en contenait trois autres ; le second en plomb, le troisième en bois des iles, et le quatrième en fer-blanc.

A l'aide d'une chèvre on hissa le pieux fardeau qu'on déposa sous une tente voisine au milieu d'un recueillement général.

Toutes les enveloppes sont brisées... on s'agenouille ! voici les épaulettes déjà brunies, — l'uniforme de colonel de chasseurs de la garde, — les croix de la Légion-d'Honneur et de la couronne de fer, — le chapeau historique, — le grand cordon rouge, — les deux vases en argent contenant le cœur et l'estomac du grand homme.

Voici la tête ; on dirait que le large front médite, que les yeux se reposent, que les lèvres vont commander, que la main gauche s'agite sur la poignée de l'épée, et que la droite va indiquer du doigt une capitale à soumettre, un monarque à détrôner..... La mort a été moins inexorable que Hudson Lowe, elle a respecté le cadavre.

Que les empires se rassurent! la voix du bronze qui tonne autour de l'île et se promène en lugubres échos de vallée en vallée ne réveillera plus celui qui dort du sommeil éternel!

Le cortége se mit en route, et suivit péniblement, depuis Alarm House jusqu'à James-Town, les diverses sinuosités au travers desquelles la population entière roulait comme des flots tumultueux. Le prince, au débarcadère, attendait le précieux dépôt, à la tête des états-majors réunis de sa frégate, de la corvette *la Favorite* et du brick *l'Oreste*. Ces états-majors s'étaient formés en double haie. Dès que le char apparut, chacun se découvrit, et les hommes de tous les canots mâtèrent les avirons. En même temps, dans le lointain, on vit les trois bâtiments de guerre français hisser leurs couleurs, redresser leurs vergues, qui, depuis huit heures du matin, étaient en panne, et se pavoiser comme par enchantement. La musique fit entendre des marches funèbres. A cinq heures et demie, le major général Midolemire remit au prince le corps de l'Empereur, et peu de temps après, Napoléon fut hissé sur *la Belle-Poule*.

Avant de quitter l'île où mon récit vient de vous conduire, peut-être ne trouverez-vous pas indignes de l'histoire les quelques lignes qui vont suivre; elles disent la reconnaissance dans ce qu'elle a de plus noble, l'attachement dans ce qu'il a de plus sublime.

La maison occupée par l'Empereur, sa chambre à coucher témoin de tant de tristesses, et dont on avait fait un blutoir, avaient un mur donnant sur un terrain aride et raboteux; sur ce mur se lisaient bien des noms inconnus, bien des sentences frivoles, puis encore une strophe entière de Victor Hugo, quelques pensées généreuses, et, dominant le tout, cette ligne dévote à l'infortune, que je n'oublierai jamais : « *Issi Pierre Morin et Michel Bert, vieux de la vieille, se sont allignés pour à savoir le quelquel des deux aimait le mieux le petit caporal; Pierre Morin a été blessé, mais pas convaincu.* »

Que voulez-vous? je trouve là une éloquence égale aux plus beaux modèles des temps modernes et de l'antiquité.

Tous les navires de la rade saluèrent le départ de *la Belle-Poule*, qui dérapa et piqua au nord.

On avait appris vaguement à James-Town les différends survenus entre la France et l'Angleterre, et peut-être ne commettrai-je pas une grande erreur en écrivant que le commandant de l'expédition s'en était intérieurement réjoui. Bien des fois déjà ses patriotiques répugnances avaient éclaté malgré la volonté formelle de son père, et l'occasion était magnifique aujourd'hui pour un combat où l'on aurait eu à défendre deux pavillons, celui qui flottait à la corne, et le cercueil de l'homme que la Grande-Bretagne avait lâchement immolé à sa haine.

Cependant, comme un habile plongeur, le rocher de lave disparut dans les flots, et, fidèle à ses tendances, le commandant de la frégate dirigeait constamment sa route sur les points des diverses longitudes le plus sillonnés par les navigateurs. Aussi, à peine un navire se montrait-il à l'horizon, que *la Belle-Poule* mettait le cap dessus, et une espérance s'en allait, lorsque le salut annonçait une rencontre amicale.

Quant aux deux braves équipages, ils partageaient les sentiments de leurs chefs; la chambre ardente leur disait un crime de lèse-humanité; leur politique à eux, c'était le culte du malheur, et ils auraient béni la goëlette, le brick ou l'aviso qui, en glissant à contre-bord de *la Belle-Poule*, lui eût crié : La guerre est déclarée entre l'Angleterre et la France... Branle-bas de combat!

Une politique d'astuce et de faiblesse en avait ordonné autrement; rien n'était digne dans notre résistance aux caprices des puissances ennemies; on louvoyait au lieu d'aller en avant, et les pusillanimités de la Méditerranée se reflétaient sur tous les Océans.

Il fallait entendre les conversations du gaillard d'avant de *la*

Belle-Poule, et les quolibets contre l'Angleterre jetés aux vents d'une voix assez faible pour faire sourire l'officier sur son banc de quart.... C'était beau, c'était magique, je vous l'assure ; et un trois-ponts ennemi eût été le bien-venu de l'état-major et du matelot. C'est que rien ne donne du cœur au cœur comme le bon droit ; c'est que, lorsque le cadavre est là, le dégoût du meurtrier entre plus profondément dans l'âme,... et la chapelle ardente brûlait toujours, et la victime présente et vénérée signalait le bourreau absent et maudit.

Et maintenant, le voilà au sein de sa capitale celui qui fit trembler le monde ; il repose immobile sous les drapeaux conquis dans cent batailles, au milieu des capitaines silencieux comme lui, après avoir promené chez tous les peuples l'orgueil de leurs cicatrices. Le marbre et le bronze emprisonnent l'Empereur Napoléon 1er, assassiné par la Grande-Bretagne et le poison d'Hudson Lowe ; vous pouvez chaque jour, presque à toute heure, vous agenouiller, comme le font les vieux soldats qui l'appelaient leur père, au pied du tombeau gardien du mort immortel.

Eh bien ! vous passez en présence de ce dôme resplendissant, asile du dévouement et du patriotisme, et vous poursuivez votre route, et vous ne vous inclinez pas en face de cet immense débris, comme si la mort était le néant, comme si ce qui fut ne devait plus vivre dans l'âme de celui qui est.

Ah ! c'est que les murs des palais rapetissent les grandes choses qu'ils renferment ; c'est que les ponts jetés sur les fleuves disent la conquête de ces routes qui marchent ; c'est qu'il faut de l'air et de l'espace pour bien comprendre l'indépendance et la domination.

La colonne de la place Vendôme sur le cercueil de celui qui fournit le bronze dont elle est née, le dôme des Invalides protégeant les restes d'un demi-dieu, ce sont là, j'en conviens, des demeures aussi imposantes que celles des Sésostris ; mais l'île de bitume contre laquelle les flots de l'Atlantique viennent jeter leur dernier râle ; mais ces rochers noirs, ce sombre soleil presque toujours couronné d'un diadème de nuages fantastiques, voilà ce que j'aurais voulu pour tombeau à l'Empereur.

Naguère quand la vigie au mât criait : *Sainte-Hélène!* l'équipage ému escaladait les vergues et cherchait d'un œil avide la vallée de la mort. Aujourd'hui Sainte-Hélène déshéritée de sa victime impériale n'est plus qu'un écueil dont on s'éloigne avec insouciance ; car on ne sillonne pas les mers pour voir une ville sans édifice, un jardin botanique, quelques Malais échappés à la colère de leur rajahs, et une poignée de Chinois essayant loin de chez eux la bâtarde industrie qui les aide à ne pas mourir de misère et de faim.

Croyez-moi, l'isolement a de la magie, et quand la foudre gronde dans le Sahara vous diriez que c'est pour vous seul que jaillit l'éclair et retentit la menace.

A Napoléon vivant, un million d'hommes à commander ou à combattre ; il s'était fait sa part...... à Napoléon mort, une vallée sans verdure, le silence de la solitude, et dans le lointain l'Océan qui gronde, l'horizon qui s'élargit.

Un ciel pavoisé d'étoiles, n'est-ce pas là un magnifique dôme ? n'est-ce pas là le voile éternel que l'Empereur avait rêvé ?

Le poète l'a dit :

> Grand de génie et grand de caractère,
> Pourquoi d'un sceptre arma-t-il son orgueil ?
> Bien au-dessus des trônes de la terre
> Il apparaît brillant sur cet écueil.
> Sa gloire est là, comme le phare immense
> D'un nouveau monde et d'un monde trop vieux...
> Pauvre soldat, je reverrai la France,
> La main d'un fils me fermera les yeux.

Je biffe Sainte-Hélène de la carte, en attendant que le courroux des flots la biffe de l'Atlantique. A quoi bon Sainte-Hélène, puisque la vallée du Géranium s'est appauvrie du trésor qui lui avait été confié?... Les ruines muettes ne sont point un enseignement, et, seul, le passé glorieux des peuples éteints apprend le présent et l'avenir aux peuples qui naissent et qui marchent...

Nous devons cependant à nos lecteurs le fidèle récit de la funèbre cérémonie qui rend le grand Empereur à la nation dont il avait fait la puissance et la gloire : j'ai dit le départ de *la Belle-Poule* pour Sainte-Hélène ; voici son arrivée en France.

Après une heureuse traversée, la belle frégate mouille sur la rade de Cherbourg, le 30 novembre 1840, à cinq heures du matin.

Le salut du bronze court en lugubres volées depuis les dunes normandes jusqu'à la capitale attentive et recueillie ; *la Belle-Poule* a laissé tomber l'ancre, et vous la voyez bientôt se délester du plus précieux dépôt qu'on ait jamais confié à une loyale épée.

Le 8 décembre, la messe solennelle qui doit être célébrée à bord est interrompue par une pluie battante. La translation du cercueil a lieu aussitôt après l'absoute sur le vapeur *la Normandie*.

Les bâtiments composant le cortége funèbre sortent du port militaire dans l'ordre suivant : *la Normandie, le Courrier, le Véloce.*

A deux heures et demie le convoi fait route pour le Havre, d'où on le signale sur les neuf heures du soir, bien qu'on ne l'attendît que le lendemain matin. Après s'être fait reconnaître, il repique au large, où il passe la nuit.

Les vapeurs se sont mis en route, sous une brise glacée, par un ciel bas et terne ; le trajet sera rude, car le fleuve charrie d'énormes glaçons qui se heurtent avec un fracas horrible et se brisent contre les ponts ébranlés.

Vous diriez que la nature entière s'associe au deuil des populations échelonnées sur les deux rives, et, si le vent du nord souffle encore un jour, encore une heure, la Seine emprisonnée par l'hiver refusera ses flots captifs à celui dont les demeures impériales se dressaient autour d'elle avec tant d'orgueil.

Le temps change tout à coup, et fait craindre une atterrissage pénible. La brise heureusement a *calmi*, la mer s'est aplanie, la nuit a été belle, et la lune, comme une lampe sépulcrale, a éclairé de sa lueur de deuil la marche du convoi.

De toutes parts déjà les populations s'échelonnent sur les jetées et sur la plage, et les regards interrogeant l'espace cherchent au-delà du *Véloce*, mouillé en rade et parmi les vapeurs de l'horizon, les mâts pavoisés du cénotaphe flottant.

Il n'apparait au large que vers six heures et demie, se dirigeant vers le Havre.

L'attention se porte avec une inquiète curiosité sur *la Normandie*, qui, sévère dans son aspect, secouant avec fierté sa crinière tricolore, semble, comme le coursier du poète, frémir avec orgueil sous son précieux fardeau. Dans sa direction, la *Normandie* se présente de trois quarts, et son tambour de bâbord cache le gaillard d'arrière; mais, parvenue à deux encablures des jetées, elle revient un peu sur tribord, pour donner en Seine, et le tableau qui s'offre alors rappelle tous les cœurs aux sentiments que ne peuvent manquer d'inspirer l'acte solennel et les souvenirs immortels qu'il évoque.

Sur le gaillard d'arrière, entre quatre fanaux ardents dont la lumière se marie aux clartés naissantes du jour et aux derniers reflets de la lune, apparaissait le vaste cercueil du plus grand homme de guerre des temps anciens et modernes.

Le précieux dépôt glisse lentement, lentement devant la foule émue; le recueillement général n'est troublé que par la voix lugubre du premier coup de canon, annonçant l'entrée de l'Empereur dans un fleuve français, et vous savez quels furent ses vœux, alors qu'il s'éteignait si douloureusement sur le rocher de bitume.

Le soleil, vif et resplendissant, se lève au-dessus des collines, et fait pâlir les flammes funéraires. Ses rayons dorés tombent sur le sarcophage, d'où jaillissent des milliers d'étincelles. Le cercueil semble comme entouré d'une atmosphère lumineuse, lançant au loin les éclairs de la couronne impériale.

Le convoi quitte le Havre, et arrive au val de la Haye. Le grand Empereur est transbordé sur *la Dorade*, qui doit le conduire jusqu'à Courbevoie.

Dès le matin, les maisons de la cité normande sont pavoisées de drapeaux tricolores ; les habitants se répandent dans les rues et sur les quais, et, malgré le brouillard intense qui couvre la ville, on commence à distinguer les colonnes dressées sur les bords du fleuve.

Cependant le départ du convoi est signalé, les canons tonnent de minute en minute, les cloches tintent le glas funèbre, le brouillard se lève, et, sur la Seine, on voit les deux navires d'honneur, *le Rothomagus* et *le Sylphe*, pavoisés depuis la cime des mâts ; des canots de sauvetage montés par d'habiles plongeurs, parcourent seuls la surface du fleuve qu'une rigoureuse brise d'hiver commence à charger de glaçons. Les quais et le Pont-Neuf sont couverts d'une immense population ; des milliers de spectateurs se pressent jusque sur les toits des demeures attristées.

On attend.....

A onze heures le convoi paraît vis-à-vis l'île du Petit-Gay. *La Dorade* portant les précieuses reliques s'arrête pour recevoir les dépêches adressées au prince de Joinville, et pour prendre à bord M. Legrand, capitaine du port, chargé de piloter le bâtiment pendant sa traversée. Bientôt *la Dorade* s'avance ; chacun peut alors contempler le catafalque sacré. Un silence religieux s'étend sur la foule ; l'émotion s'empare de tous les cœurs.

Le catafalque, couvert d'un drap de velours violet et or, surmonté de la couronne impériale voilée d'un crêpe noir et de palmes de laurier, entouré de cierges, est placé sur le devant du bateau. Aux coins, gardés par quatre marins de *la Belle-Poule*, sont, debout, les généraux Bertrand et Gourgaud, Marchand, le fidèle valet de chambre de l'Empereur, et le comte de Rohan-Chabot, commissaire du roi. Derrière le catafalque, l'abbé Coquereau récite des prières, et fait monter avec elles l'encens vers le Créateur ; plus loin, le prince de Joinville, entouré de son état-major, semble veiller sur son dépôt, tandis que les marins de *la Belle-Poule*, à leurs pièces, rendent les saluts avec les canons de l'arrière.

Arrivé en face du quai Saint-Sever, où une tente est dressée, le bateau s'arrête. L'Archevêque commence la pieuse cérémonie ; tous les assistants se découvrent, et, les yeux fixés sur le cercueil du grand homme, ils s'unissent de cœur aux prières du prélat.

Le signal du départ est donné ; les canons tirent à grande salve ; les cloches sonnent à toute volée, et le bateau s'enfuit, emportant vers la capitale le corps, que tous eussent voulu conserver plus longtemps parmi eux et honorer par plus d'hommages.

La foule recueillie reste longtemps encore, suivant des yeux et de la pensée le sillage de *la Dorade*, et s'écoule enfin dans un pieux attendrissement.

Tout est disposé pour la cérémonie ; le ciseau du sculpteur quitte les statues ; les autels et les trépieds n'attendent plus que la flamme ; les tentures se dressent en portiques funèbres, on se presse aux avenues de l'hôtel des Invalides.

Chacun a vu les préparatifs de l'esplanade ; on sait les noms des soldats blessés qui font cortége aux funérailles du grand capitaine ; il n'est pas besoin de dire par quelles mains, transmis de La Tour d'Auvergne à Bayard et de Bayard à Jeanne d'Arc et à Charles Martel, Napoléon trouva, sur le seuil du temple, Clovis et Charlemagne.

Le long portique tendu de noir se développe au devant de la

grille des Invalides, et donne entrée sur le passage du jardin. A droite et à gauche se dressent des candélabres de bronze ornés d'arabesques à reliefs, à l'imitation des canons du dix-septième siècle, jusqu'à l'hémicycle, où les candélabres font place à des trépieds antiques, posés sur des socles de pierre.

Au-delà du premier vestibule s'élève la cour royale, resserrée par un double amphithéâtre d'immenses gradins montant jusqu'au premier étage. Du pied des estrades, des mâts élancés, couronnés d'une étoile d'or, laissent flotter de vastes oriflammes de velours violet semées d'abeilles impériales. Au pied du mât se dessinent, en faisceaux, des trophées de drapeaux tricolores.

Une tenture de drap noir se festonne, en tapissant le porche de l'église, et un nouveau portique, soutenu par six colonnes carrées, donne entrée dans la nef.

Chaque colonne supporte un trophée de nouveaux obélisques, mais dans un style plus moderne, disant toute l'histoire militaire de l'Empire; au pied de chaque obélisque, une pierre funéraire, un nom sur cette pierre avec le blason de ces illustres ennoblis par la gloire, et, au dessous, des combats inscrits, qui sont tous des triomphes.

Au devant des colonnes s'étend une tribune drapée de noir; derrière les colonnes se groupent d'autres estrades qui ont jour sur la nef par des rideaux ouverts, violets, à franges blanches.

Sur le devant des tribunes supérieures descend une tenture noire et argentée; sur la tenture, des couronnes vertes encadrent les inscriptions immortelles : Campo-Formio. — Code Napoléon. — Création de la Légion d'honneur. — Concordat. — Rétablissement du Culte. — Création de la cour des comptes. — Lunéville et Amiens. — Industrie, Commerce et Agriculture. — Lettres, Sciences et Arts. — Création de la Banque de France. — Création du Conseil d'Etat. — Organisation de l'instruction publique. — Travaux d'utilité publique.

Partout des lustres, partout des candélabres de bronze, partout des drapeaux et des trophées, longue galerie pleine d'émotion, de deuil, imprégnée de nobles souvenirs ; partout aussi la douleur, les larmes et le recueillement.

Au-delà de la nef, des degrés tapissés de noir conduisent au rond-point qui précède le tombeau. De longues et majestueuses tentures de drap violet pendent du haut de la voûte, et nulle clarté n'y pénètre que celle des lustres suspendus. Le drap violet porte pour armoiries l'aigle impériale sur le manteau héraldique de pourpre et d'hermine, avec des N semés d'abeilles d'or.

Le tombeau placé au centre du dôme se compose d'un vaste soubassement et du cénotaphe assis entre quatre colonnes. A chaque colonne, une figure allégorique, la tête inclinée, pose le pied sur des trophées où se mêlent aux armes romaines les armes de l'Empire, et, en cercle, autour du monument, se dressent des trépieds d'or prêts à s'allumer.

Toute cette partie du dôme est drapée de violet : colonnes revêtues de drap violet, loges tendues de violet avec des écussons, des N et des abeilles : franges d'or, lustres et feuillages ; partout océan de lumières, de guirlandes, de festons et de drapeaux.

L'autel a été transporté à l'abside, c'est là que le service funèbre sera dit par l'Archevêque de Paris.

A la droite de l'autel un magnifique dais de velours, surmonté de drapeaux et de panaches flottants, est préparé pour le roi.

Revenons sur nos pas.

Il est huit heures du matin, de rigides brises du nord n'ont effrayé personne ; la garde nationale de Paris tout entière est sous les armes, et se rend sur le terrain où l'avait déjà devancée une foule immense. A dix heures l'étendue des Champs-Elysées et l'avenue de Neuilly sont encombrées de milliers de citoyens que dix-huit degrés de froid n'ont pu retenir dans leurs demeures. Les marins de *la Belle-Poule*, en grande tenue, le front découvert, débarquent le cercueil de l'Empereur, et le placent sur le char qui stationne dans le temple funèbre construit en face du lieu de débarquement. Les autorités civiles et militaires sont arrivées ; l'absoute est donnée, et le cortége se met en marche.

Le maréchal duc de Reggio, le maréchal Molitor, l'amiral Roussin et le général Bertrand tiennent chacun un cordon d'honneur fixé au poêle impérial.

Le char, assis sur quatre roues massives et dorées, se compose d'un soubassement et de panneaux encadrés dans des colonnettes à chapiteaux, surmontés du mausolée. Le socle est revêtu jusqu'à terre d'une draperie de velours violet et or parsemé d'abeilles et d'étoiles, avec des aigles dans des couronnes ; il est rehaussé d'un aigle à chaque angle de l'entablement. L'avant et l'arrière-train sont décorés de quatre trophées de drapeaux de toutes les nations. Le mausolée, supporté par quatorze figures entièrement dorées, représentant nos principales victoires, est orné du manteau impérial, du sceptre et de la couronne. Le char couvert d'un crêpe est attelé de seize chevaux panachés, et voilé de housses dorées aux armes de l'Empereur.

Le voici sous l'Arc-de-Triomphe de l'Etoile, ce gigantesque monument bâti par lui, qui dit toute une époque, qui garde mille gloires, et que le frottement des siècles aura bien de la peine à user.

C'est une halte solennelle, c'est un soldat mort entouré de généraux morts pour lui, c'est un Empereur à la tombe qui semble commander encore aux nombreuses légions dont les chefs enrichissent les parois de marbre et de granit ; c'est toute une histoire qui se déroule colorée des plus magiques souvenirs.

L'Arc-de-Triomphe est entouré de douze grands mâts pavoisés de flammes tricolores, sur lesquelles sont inscrits les noms de nos principales armées : *Hollande, Sambre-et-Meuse, Rhin-et-Moselle, Côtes-de-l'Océan, Catalogne, Aragon, Andalousie, Italie, Rome, Naples, Grande-Armée* et *Réserve.* Sur la plateforme est dessinée l'apothéose de Napoléon : l'Empereur en grande tenue impériale; à ses côtés le Génie de la guerre et celui de la paix. Ce groupe est posé sur un socle orné de guirlandes et de trophées d'armes de toutes espèces, rappelant les batailles et les victoires du grand capitaine. Aux angles sont deux renommées à cheval, la Gloire et la Grandeur; enfin, plus loin et à chaque angle du monument, est placé un trépied d'où s'élèvent des flammes bleuâtres.

Tous les candélabres qui entourent l'Arc-de-triomphe se changent en drapeaux aux couleurs nationales.

Les décorations de la grande avenue des Champs-Élysées sont magnifiques; chaque colonne pyramidale, surmontée d'un grand aigle doré, est ornée de faisceaux, et porte un bouclier avec l'inscription de nos plus glorieuses victoires jusqu'à la sanglante journée de Montmirail.

Le char arrive à la grille des Invalides, — il s'arrête ; — le cercueil est immédiatement descendu par trente-six hommes du détachement de la marine royale et transporté à bras jusqu'au porche élevé dans la cour Napoléon, où l'attend l'Archevêque de Paris assisté de tout son clergé. Après les prières et l'eau bénite, trente-six sous-officiers de la garde nationale et de la ligne s'emparent du cercueil et le portent vers l'église.

Le clergé, vêtu de violet comme pour l'office des martyrs, reçoit le mort immortel sous le porche drapé : en ce moment, du haut de l'estrade placée au devant des orgues, les trombones et les contrebasses font entendre une marche d'un double caractère funèbre et triomphal à la fois ; le canon retentit au dehors, la garde nationale présente les armes, les invalides serrent le sabre à leur épaule, et le cercueil entre porté par les marins de la garde.

Le prince de Joinville s'avançant vers le roi :

— *Sire*, lui dit-il, *je vous présente le corps de l'Empereur Napoléon.*

Le roi le reçoit au nom de la France.

Le maréchal Soult remet au roi l'épée d'Austerlitz — Sa Majesté, s'adressant à Bertrand :

— *Général*, lui dit-il, *je vous charge de placer la glorieuse épée de l'Empereur sur son cercueil.*

L'office est terminé,—le bronze annonce le départ du roi, et la foule se retire silencieuse et recueillie, emportant avec elle des souvenirs ineffaçables. Les hommes de l'Empire se sont trouvés rajeunis au magnifique spectacle de leur grandeur passée, et la génération nouvelle a cru assister un moment à la grande épopée qui lui a été dite tant de fois par ceux-là même dont le sang attiédi se réchaufferait à un nouveau soleil d'Austerlitz, à un nouveau désastre, à une nouvelle Bérézina.

Maintenant que le prosateur a dit ses émotions, écoutez le poète dont la voix a plus d'éclat....C'est Hugo qui chante.

> Sire, vous reviendrez dans votre capitale,
> Sans tocsin, sans combats, sans lutte et sans fureur,
> Traîné par huit chevaux sous l'Arche triomphale,
>   En habits d'Empereur !

> Par cette même porte où Dieu vous accompagne,
> Sire, vous reviendrez sur un sublime char,
> Glorieux, couronné, saint comme Charlemagne
>   Et grand comme César !

> Sur votre sceptre d'or, qu'aucun vainqueur ne foule,
> On verra resplendir votre aigle au bec vermeil,
> Et sur votre manteau vos abeilles en foule
>   Frissonner au soleil !

> Paris sur ses cent tours allumera des phares ;
> Paris fera parler toutes ces grandes voix ;
> Les cloches, les tambours, les clairons, les fanfares
>   Chanteront à la fois.

Vingt poètes se mirent à l'œuvre pour rappeler les hauts faits du héros à la tombe ; on ne me pardonnerait pas d'avoir oublié le chantre de toutes nos gloires, le défenseur de toutes nos libertés.

J'ai dit que vingt poètes avaient buriné le souvenir de la grande journée où sous les cris mille fois répétés de à bas les traîtres! à bas Guizot! à bas le ministère! la grande ombre se promena victorieuse encore au milieu des populations accourues à son passage.

Achevons notre tâche, et enrichissons les premières pages de ce livre des strophes d'un homme dont la plume patriotique n'a jamais chanté que nos gloires populaires.... J'ai nommé Destigny (de Caen).

    Depuis un quart de siècle une pesante chaîne
    Retenait sur un roc, au sein de vastes mers,
    Cet homme dont le nom remplissait l'univers;
    Napoléon-le-Grand dormait à Sainte-Hélène!
    Mais, remis de l'effroi que sa foudre inspira,
    Nos maîtres ont daigné révoquer la sentence,
    Aujourd'hui que chacun peut insulter la France,
        Lord Palmerston nous le rendra!

    Peut-on s'inquiéter de nos gloires ternies?
    Cet illustre cercueil ne sera qu'un remords
    Pour qui gaspille ici l'héritage des morts...
    Nos rivages, grand Dieu! ce sont des gémonies!
    Si le proscrit voyait, dans la nuit du trépas,
    A quelle abjection la France est condamnée,
    Vous entendriez tous sa grande ombre indignée
        Crier : — « Non, je n'aborde pas!... »

    Le sarcophage saint redescendrait la Seine,
    Et loin, loin de ses bords, au fond des Océans,
    Demanderait aux flots la tombe des géants!
    La mer avec orgueil lui prêterait sa plaine,
    L'immensité pour lit, des vagues pour linceul;
    La tempête offrirait ses orchestres funèbres;
    Le ciel prendrait alors son manteau de ténèbres,
        Et qui le saurait là?... Dieu seul!

CHAPITRE II.

Forts détachés.

ES forts détachés qui cerclent Paris ont-ils été tout d'abord une protection ou une menace ?... Pour répondre à cette question on n'a qu'à se rappeler les circonstances dans lesquelles ils ont été proposés et bâtis, et les efforts du pouvoir luttant contre la capitale alarmée.

On nous disait audacieusement : point de canons contre Paris, des embrasures ouvertes seulement vers la campagne, et toutes les citadelles assez éloignées pour que les boulets et les bombes ne puissent porter le deuil et la mort dans les demeures des citoyens.

De longues et très sérieuses discussions eurent lieu à cette époque ; la chambre retentit d'éloquentes paroles, les partisans et les adversaires des forts détachés luttèrent corps à corps ; chaque jour, à la tribune, dans les feuilles publiques, on se faisait une guerre incessante pour prouver qu'on était partisan de la paix. Toutes les passions étaient en jeu, et, par malheur, presque toutes celles dont le pouvoir voulait le triomphe s'appuyaient sur des bases qu'une savante parole devait bientôt renverser.

Oh ! c'était une époque toute palpitante de faits assez graves pour que l'Europe s'en émût. Puisqu'on se préparait à une défense, disaient les vainqueurs tant de fois vaincus, c'est qu'on méditait une attaque... Tenons-nous en armes, et souvenons-nous que nous connaissons le chemin de Paris.

Eh bien ! c'est parceque les implacables ennemis de notre nationalité n'oubliaient pas, que nous voulions nous rappeler aussi ; c'est parceque nous craignions les traîtres cachés dans nos rangs, que nous désirions, nous, hommes de loyauté, nous protéger contre tous les ennemis du dehors et contre ceux du dedans, mille fois plus dangereux.

Les loyaux comprenaient la nécessité d'une enceinte continue ; Vauban l'avait rêvée, Vauban, celui-là même qui, à lui seul, valait une armée, ce puissant génie qui avait déjà doté le pays d'inexpugnables remparts dont la couardise ne nous avait pas encore déshérités.

Mais l'enceinte protégée par un fossé qu'une turbine aurait rempli d'eau en quelques heures ne rassurait pas assez les hommes d'alors, qui semblaient compter peu sur le patriotisme des populations ; aussi les forts détachés étaient-ils leur unique espérance contre le mécontentement, qui parlait haut et d'une voix menaçante ; ils furent résolus, et il n'est pas inutile que je dise ici le nom des combattants et les armes plus ou moins loyales dont on fit usage à cette époque de félonie et de pusillanimité.

D'une part, deux hommes jeunes par le cœur, vieux par les

JACQUES ARAGO

Et quand il eut tout vu, tout exploré, tout étudié, Dieu passa la main sur cette prunelle fatiguée et voulut qu'elle se reposât...

études, patriotes avant tout, implacables athlètes armés pour la défense de la cause publique, le général Haxo, c'est à dire la bravoure, le talent, l'expérience; François Arago, c'est à dire le génie, la méditation, la probité. Il est des choses qu'on écrit, quelque nom que l'on porte, sous quelque drapeau que l'on se range.

Au surplus j'interroge les faits, je me jette au milieu de l'arène, je puise dans mes souvenirs les plus précis, je m'arme des documents les plus authentiques, et je ne veux pas que ma conviction seule domine dans le débat, et fasse la conviction des autres; les chiffres ont leur éloquence.

« Messieurs, disait François Arago, le 29 janvier, à la chambre des députés, je viens combattre l'amendement de M. le général Schneider. Mon opinion, favorable à l'enceinte continue et contraire à la ceinture de citadelles, se fonde particulièrement sur la comparaison technique des deux systèmes. C'était à une comparaison technique que devait tôt ou tard aboutir et se réduire ce débat; aussi n'ai-je pas hésité à m'y livrer. J'entends déjà retentir à mes oreilles cette légitime demande : Vos titres pour exécuter un semblable travail, quels étaient-ils? Je l'avouerai, mes titres sont bien modestes. Appelé pendant quinze années consécutives à examiner sur la balistique les officiers d'artillerie et du génie à leur sortie de l'école de Metz, j'ai dû faire de cette branche de science militaire une étude approfondie. Quant au mode de fortification qui pourrait le plus sûrement préserver la capitale des attaques de l'Europe coalisée, j'ai appris à le connaître, à l'apprécier, pendant de très longs entretiens que j'ai eus avec mes amis les généraux du génie Valazé, Treussart, et surtout le général Haxo.

« Je suis, Messieurs, de ceux qui considèrent la nationalité comme le premier des biens. Je ne crois pas qu'il puisse être nécessaire de lui sacrifier la liberté; mais ce sacrifice même, s'il était indispensable, je n'hésiterais pas à le faire momentanément, pour empêcher mon pays de tomber sous le joug de l'étranger.

« Tels étaient les sentiments du général Haxo.

« Une complète similitude de vues sur les questions de nationalité devint le lien commun d'une amitié dont le souvenir m'est bien cher, et qui donnera aujourd'hui à mes idées sur la fortification de Paris l'autorité qu'elles n'auraient pas sans cela.

« *Des autorités !...* il était impossible qu'elles ne jouassent pas un grand rôle dans cette discussion. La première de toutes devait être, d'après l'opinion du monde entier, celle de Vauban. Un orateur puissant l'a contestée : vous avez entendu la réplique si habile de M. le rapporteur; permettez-moi de la développer.

« Devant la chambre, l'honorable M. de Lamartine s'était renfermé dans les limites d'une critique, à mon avis, injuste, mais très permise. *Le Moniteur*, au contraire (car aujourd'hui s'est introduite parmi nous la très fâcheuse habitude de donner à la feuille officielle des discours qui diffèrent beaucoup de ceux dont la tribune a retenti), *le Moniteur* de vendredi dernier, disons-nous, a déclaré que l'écrit de Vauban si souvent cité dans cette discussion était l'enfance, la seconde enfance d'un homme de génie. Non! je vous prends tous à témoin, Messieurs, ces paroles n'ont pas été prononcées ici; non, si vous les aviez entendues, le mérite éminent, l'honorable caractère de l'orateur, sa loyauté bien connue ne l'auraient pas mis à l'abri d'une désapprobation manifeste et bruyante. En tous cas, le descendant de l'illustre maréchal, que nous comptons parmi nous, M. Lepelletier d'Aulnay, eût certainement relevé une insinuation si blessante. Moi aussi, quelque humbles que soient les liens qui m'attachent au corps du génie, j'aurais regardé comme un devoir sacré de défendre à l'instant la mémoire du grand homme qui fut en quelque sorte le créateur de cette arme savante ; qui lui donna pendant plus d'un demi-siècle les plus beaux, les plus sublimes exemples de vertu, de courage, d'habileté, de patriotisme, et, ce qui est plus rare encore, d'abnégation personnelle. »

Ce qu'il y a de plus déplorable dans ces luttes parlementaires, en face du pays attentif, c'est que les plus convaincus des chefs qui entrent en lice sont ceux-là surtout dont le mauvais vouloir résiste le plus à la vérité qui les frappe. Ils aiment beaucoup mieux persister dans leurs erreurs que de faire un pas rétrograde et avouer qu'ils avaient eu tort. Aime-t-on son pays avec de semblables principes?

En toute chose, la foi seule absout la résistance, quand la logique ne lui donne pas raison, et l'on est parricide envers la patrie lorsque, dans des questions vitales, on ne lui sacrifie ni son amour-propre ni ses intérêts personnels.

L'on comprend pourquoi cette question des forts détachés nous préoccupe si sérieusement ; elle est grosse d'avenir, et ce n'est point parceque les faits sont accomplis que l'historien doit garder le silence. Les grandes fautes ont leurs conséquences fatales dans le présent comme dans l'avenir; les grandes pensées s'enchaînent et se fortifient les unes par les autres; laissez-moi donc revenir encore sur un sujet que je dois épuiser avant de poursuivre ma tâche.... Vous savez la source où je puise.

« Les traités de 1815 ont constitué notre territoire de telle manière qu'en cas d'une guerre générale les environs de la capitale elle-même peuvent devenir, huit à dix jours après l'ouverture de la campagne, le champ de bataille où le canon décidera des destinées de l'univers. Un simple coup d'œil sur la carte rend cela évident. On n'a d'ailleurs besoin, pour arriver même au triste résultat, que de comparer la date néfaste de la bataille de Waterloo à la date non moins douloureuse de la seconde entrée des ennemis à Paris.

« Malgré d'innombrables fautes, la France est assez forte pour n'avoir jamais à s'inquiéter sérieusement que des guerres de coalition. De notre temps, les principes bons ou mauvais auront seuls le privilége de réunir dans un but commun trois ou quatre grandes nations européennes. Les guerres de principes ne sont, ne peuvent être que des guerres d'invasion. La France ne doit donc pas s'imaginer qu'on l'attaquera désormais avec de faibles armées. Ses ennemis ne s'arrêteront plus aux frontières pour nous arracher le terrain pas à pas, pour nous livrer des combats méthodiques, pour nous faire ce qu'on appelait jadis une guerre d'échiquier. C'est vers la capitale que se dirigeront leurs épaisses colonnes. N'est-ce pas là qu'aboutissent tous les rouages de l'administration centralisée ? N'est-ce point de Paris que les départements ont pris l'habitude de recevoir l'impulsion, même dans les petites affaires ? Paris n'est-il pas enfin le foyer d'où rayonnent incessamment les grandes idées politiques qui sont l'effroi des souverains absolus et l'espérance des peuples courbés sous le joug ? Les cabinets étrangers considèrent Paris comme la révolution incarnée ; c'est à Paris, et à Paris seulement qu'ils espèrent pouvoir la frapper au cœur. Paris est d'ailleurs un centre de richesses inépuisables. L'armée envahissante, certaine d'y entrer, n'a nul besoin d'embarrasser sa marche par de lourds convois. La ville rendra avec usure la poudre qu'on aura brûlée dans l'attaque ; elle nourrira splendidement ses vainqueurs, renouvellera leurs vêtements usés, paiera la solde arriérée. En doutez-vous ? Jetez un seul coup d'œil sur le budget actuel de la ville de Paris, et vous y verrez ce qu'il en coûte à recevoir ces messieurs, même lorsqu'ils se présentent comme l'humble escorte du souverain légitime.

« Empêcher une si riche proie de tomber aux mains de l'ennemi est le devoir le plus impérieux du gouvernement.

« Le problème en est-il soluble ? La solution entraînerait-elle des inconvénients supérieurs aux avantages qu'on peut en attendre ? Voilà, **suivant moi**, la véritable question.

« Toutes simples, tout évidentes que me paraissent ces considérations, je n'aurai garde de négliger de les mettre sous le patronage des plus illustres, des plus grandes autorités nationales.

« On a déjà beaucoup cité un mémoire de Vauban, écrit vers l'année 1690. Ce mémoire n'est pas le seul où l'illustre maréchal ait consigné son opinion sur la nécessité de fortifier Paris. En 1705, il présentait à Louis XIV un travail auquel j'emprunte textuellement cette phrase : « Les fortifications de Paris sont « un ouvrage indispensable si l'on veut mettre le royaume en « parfaite sécurité. »

« Je trouve dans un autre écrit de la même main, portant la date du 2 février 1706, ces paroles que je transcris fidèlement : « Depuis le traité de Riswick, les frontières de France sont très mauvaises. » Telle était à cet égard la profonde conviction de Vauban que, dans l'écrit dont je viens de parler, il n'hésite pas à conseiller à Louis XIV « de renoncer au bénéfice du testa- « ment de Charles II, si les alliés consentent à nous laisser rectifier notre frontière, par la cession de la forteresse de Luxembourg, qui, dit-il, couvrirait la Champagne. » Cependant veuillez le remarquer, Messieurs, à cette époque nous possédions encore Philippeville, Marienbourg, Tournay, Ypres, etc.

« Les traités de 1815 n'ont pas même laissé nos frontières à l'état déplorable que le traité de Riswick avait amené. En faut-il davantage pour montrer l'utilité des fortifications de Paris?

« Parmi les personnes qui ne veulent autour de la capitale de fortifications d'aucune espèce, j'en ai rencontré qui cèdent à une idée honorable, mais sans portée : elles croient que les bastions projetés seraient, en apparence du moins, des indices de crainte, de faiblesse; elles ne veulent pas donner ainsi carrière à un redoublement d'arrogance, de prétention et d'exigences de la part des étrangers.

« Lorsqu'on est exposé au reproche de timidité en compagnie de Vauban, de Napoléon, on peut, ce me semble, ne pas s'en préoccuper. Au reste, qu'y a-t-il de pusillanime à prendre ses précautions quand on a la presque certitude de recevoir le choc de l'Europe entière? En dix ans notre gouvernement a eu l'incroyable inhabileté de s'aliéner les peuples sans avoir néanmoins réussi à conquérir les sympathies des souverains. Il ne citerait pas aujourd'hui un allié dont le concours lui soit assuré. Si la guerre éclatait, nous aurions à combattre une armée trois ou quatre fois plus nombreuse que la nôtre. La troupe de ligne, malgré sa bravoure, ne saurait suffire à une pareille tâche. Il faudrait que les gardes nationales, que les vaillantes populations ouvrières, agricoles, vinssent à son aide; il faudrait se rappeler ces paroles célèbres d'un grand capitaine tombé du faîte de la gloire : « J'ai eu tort de croire qu'on pourrait résister à « l'Europe en chargeant les armes en douze temps. »

« Le cas échéant; le courage, l'énergie, le patriotisme seront certainement loin de manquer à ceux qui n'exécutent pas la charge en douze temps. Il importe néanmoins que le pays songe dès aujourd'hui à leur inexpérience; il doit montrer le désir d'être économe d'un sang généreux. Les fortifications, celles de la capitale en particulier, rendront sous ce double rapport d'immenses services. »

Comme on le voit, la question allait grandissant, et les noms le plus justement renommés étaient jetés dans le plateau avec autant de patriotisme que d'éloquence.

Ah! c'est que les cœurs haut placés ne veulent rien de mesquin auprès d'eux; sous de puissantes mains l'argile devient statue, et la statue Dieu; c'est que, lorsque la conviction est en soi, il est impossible à l'homme de bien de consentir à rester isolé dans sa croyance, et à ne pas chercher à se donner des prosélytes même parmi ses antagonistes les plus violents.

Malheureusement aussi, dès qu'un parti est arrêté dans un esprit étroit ou une conscience élastique, les arguments les plus solides, les considérations les plus élevées frappent le vide, et l'on voit ancrés plus solidement dans leurs erreurs ceux qui mettent leur gloire à se couvrir d'un tort, pourvu que le résultat leur donne raison.

C'est en politique surtout que la logique est souvent désarmée ; il y a trop d'intérêts en présence les uns des autres pour qu'on ne voie pas presque toujours au premier degré de l'échelle sociale les timides et les félons, tandis qu'on trouve relégués en arrière ceux qui, s'oubliant eux-mêmes, ne font parler que la patrie en alarme, au risque de ne pas être entendus.

Vous avez vu les hommes les plus illustres venir en aide à l'orateur que j'ai nommé. Il n'a pas tout dit, et il faut bien que j'arrive à la conclusion puisque j'ai commencé le débat.

« Nous voici en présence d'une question complexe qui a été diversement résolue. Ceux-ci ne désireraient que des forts détachés ; ceux-là se borneraient à une enceinte continue ; il en est enfin qui demanderaient, qui combineraient les deux systèmes.

« Pour moi, je pense que l'enceinte continue offre une excellente solution du problème. Cette solution est d'ailleurs la seule qui concilie les besoins de la défense avec les défiances légitimes ; la seule que les habitants de Paris doivent envisager sans inquiétude ; la seule dont le gouvernement, dans la suite des siècles, ne pourrait jamais se servir pour opprimer les citoyens ; la seule que les factions ne sauraient non plus faire tourner à leur profit.

« On sait que Vauban voulait une enceinte fermée.

« Napoléon aussi, dans ses mémoires, se prononce positivement pour une fortification continue. A cela M. le ministre de la guerre a opposé ses propres souvenirs : il se rappelle qu'en 1815 l'Empereur ordonna de construire des forts détachés. Il ajoute même que les emplacements furent choisis, que ces emplacements sont précisément ceux qu'avait adoptés le général Bernard.

« Admettons tous ces faits comme incontestables ; qu'en doit-on conclure ?

« Pouvait-il être question en 1815, à la veille d'une invasion, de s'occuper d'une enceinte continue en maçonnerie, d'un travail dont l'exécution eût exigé plusieurs années ?

« Tout ce qu'il était possible d'entreprendre alors, c'était, non des forts détachés, comme le dit M. le ministre, mais de simples redoutes. Celles de Belleville, par exemple, devaient servir dans le cas où la ligne continue d'ouvrages de campagne du général Haxo serait forcée.

« J'ai beaucoup entendu soutenir ici que les grands hommes doivent être jugés sur leurs actes, et non d'après leurs paroles. Eh bien ! en 1815, ce que Napoléon voulut à Paris, ce dont le général Haxo commença l'exécution, c'était une enceinte continue.

« Reste donc l'avis de 1832 (25 octobre), émis, m'a-t-on dit, à l'unanimité moins une voix.

« Je dirai, à l'égard de cette presque unanimité, que des quatorze généraux dont se composait le comité, sept étaient absents ; que les généraux Dode, Haxo et Treussart, par exemple, y manquaient. Lorsqu'il s'agissait d'un travail qui, suivant toute probabilité, devait coûter une centaine de millions, n'eût-il pas été convenable d'attendre que le comité fût au complet ? Au lieu de cela, l'administration voulut faire délibérer, comme représentant un corps de quatorze généraux, trois et ensuite cinq de ces officiers que le hasard avait retenus à Paris. Ce n'est pas ainsi que l'Empereur opérait en matière de fortifications. Si on le désire, je citerai des faits que j'ai recueillis de mon ancien confrère de l'Institut, le respectable M. Daru. On verra alors que Napoléon savait subordonner son avis, même sur des questions militaires, à celui des hommes spéciaux.

« Le général Haxo était, parmi nos généraux du génie, celui à qui le gouvernement accordait le plus de confiance, puisqu'il lui donna la direction du siége d'Anvers. Eh bien, Messieurs, je déclare que jamais le général Haxo n'a été consulté sur les fortifications de Paris, ni officiellement, ni même par voie de simple conversation. Ce fait incroyable, je l'affirme en toute assurance, car mon illustre ami me l'a vingt fois répété.

« Tout le monde comprendra combien il est utile à la défense de Paris que les ennemis, occupant les deux rives de la Haute-Seine, ne puissent communiquer entre eux que par les ponts, c'est-à-dire en faisant de très grands détours. Rendre à volonté la Seine inguéable, même aux époques des plus basses eaux, ce serait donc une chose immense sous le point de vue stratégique. Ce résultat on l'obtiendrait sans difficulté à l'aide de deux barrages, l'un établi au pont Notre-Dame, l'autre en aval du Pont-Neuf en face de la Monnaie. Alors des manœuvres très simples permettraient de faire gonfler les eaux de la rivière de quatre à cinq mètres, et ensuite, si c'était nécessaire, de revenir plus rapidement encore au niveau d'étiage. Ce sont les avantages que développait devant vous M. le général Schneider, mais centuplés.

« Les barrages dont il vient d'être question auraient d'ailleurs, sous le rapport commercial, une conséquence inappréciable; ils maintiendraient dans la Seine un tirant d'eau considérable et à peu près constant, aux époques de l'année où la navigation est interrompue en amont; ils faciliteraient le déchargement des marchandises sur les ports de l'intérieur de la ville de Bercy, etc. Le travail que j'indique ici doit convenir en même temps aux partisans et aux adversaires de la fortification de Paris. Ce serait à la fois une arme défensive en temps de guerre et un moyen de prospérité commerciale pendant la paix.

« Vauban faisait peu de cas des fossés constamment inondés; ils rendent les sorties difficiles. Les fossés, au contraire, qui au gré de l'assiégé peuvent être inondés et mis à sec, le célèbre ingénieur les déclarait excellents. Il y aurait une grande importance à ce que les fossés de l'enceinte continue se trouvassent dans ces conditions ; mais où prendre l'eau ?

« On a parlé du canal de l'Ourcq ; ce serait une ressource précaire. Les eaux de l'Ourcq n'arrivent à Paris qu'après avoir parcouru un canal de quatre-vingt-seize kilomètres ; l'ennemi, une fois maître des environs de Paris, ne manquerait pas de couper les berges. Trois ou quatre taupes suffisent souvent pour mettre à sec toutes les bornes-fontaines de la capitale ; quelques coups de pioche d'un simple sapeur produiraient le même effet. Je dois rappeler, d'ailleurs, qu'il y a trente-deux barrières, trente-deux portes d'octroi de Paris dont le sol est plus élevé d'un, de deux, de trois et même de seize mètres que le niveau du bassin de La Villette, que le niveau du réservoir où se déversent les eaux du canal de l'Ourcq ; les fortifications projetées se trouveraient, à plus forte raison, au dessus du même niveau dans une partie considérable de leur développement. Ce n'est donc pas sur l'Ourcq qu'on pourrait compter pour inonder les fossés de l'enceinte ; aussi est-ce de la Seine que je propose de tirer l'eau nécessaire à cette opération. Voici de quelle manière.

« On se rappelle les deux barrages à l'aide desquels nous produisons à volonté l'intumescence de la Seine en amont de Paris. A côté de celui d'entre eux qui ferait face à la Monnaie existerait une digue longitudinale dirigée au milieu du terre-plein du Pont-Neuf. La totalité de l'eau de la Seine en temps d'étiage, une très grande quantité de cette eau pendant les crues, passerait par des brèches de la digue déversoir. En tombant ainsi du bras gauche dans le bras droit, l'eau réaliserait au pied septentrional de la digue une force qui, tout compte fait quant au volume du liquide et à la hauteur de la chute, varierait dans l'année entre quatre et six mille chevaux.

Nous voilà, à peu de frais, en possession d'une force moyenne de cinq mille chevaux. Qu'on veuille bien le remarquer, ces cinq mille chevaux travailleraient non pas huit heures comme les chevaux vivants, mais bien vingt-quatre heures par jour ; ces cinq mille chevaux n'exigeraient aucun entretien, et ne seraient jamais malades.

« On tirerait le meilleur parti possible de cette immense force motrice, en faisant tomber l'eau dans six des admirables turbines du très habile ingénieur M. Fourneyron. Les six machines, nous en avons fait le calcul avec exactitude, pourraient porter à la hauteur de quarante-trois mètres au dessus du zéro du pont des Tournelles, quinze mille pouces d'eau, c'est à dire trois cents mètres cubes chaque vingt-quatre heures.

« La cote quarante-trois mètres est de cinq mètres au dessus du niveau général de Belleville. Quant à la hauteur, le problème d'inonder les fossés de l'enceinte continue serait donc parfaitement résolu. Occupons-nous maintenant du volume.

« D'après les plans, si je suis bien informé, les fossés de l'enceinte auraient, sur un développement total de trente-six mille mètres, quatorze mètres de largeur au fond, avec cunette de demi-mètre de profondeur sur deux mètres et un mètre de largeur aux limites supérieure et inférieure.

« Il serait suffisant, pour les besoins de la défense, d'inonder le fossé jusqu'à un mètre et demi vers les bords. On aurait ainsi une profondeur de liquide de deux mètres près de la cunette, et deux mètres et demi au dessus du centre de cette rigole. Le volume total d'eau qui serait nécessaire pour emplir de cette manière les trente-six mille mètres de développement du fossé, décomposés en une série d'échelons horizontaux à l'aide de digues convenables ; ce volume, disons-nous, serait de neuf cent soixante-douze mille mètres cubes. Les machines du Pont-Neuf donneraient ce produit en moins de *trois jours et demi.*

« Il est maintenant prouvé que la fortification continue de

Paris peut être dotée de manœuvres d'eau extrêmement puissantes. Vauban déclarait que la ville serait imprenable, même avec des fossés secs ; combien cette opinion n'acquiert-elle pas plus de forces, quand aux anciens moyens de défense nous avons ajouté le fusil Perkins au Perrot, et de l'eau qui rendrait le passage du fossé si difficile.

« L'eau des six réservoirs aurait d'ailleurs plusieurs autres genres d'utilité que j'indiquerai en peu de mots :

« J'ai parlé jusqu'ici de la très grande utilité militaire du système hydraulique que je propose de combiner avec l'enceinte continue. Je vais prouver en peu de mots que de graves considérations de salubrité en commanderaient l'exécution plus impérieusement encore.

« Le fossé d'une place est naturellement traversé sur toute sa longueur par une espèce de ruisseau appelé *la cunette*. La *cunette* est ordinairement encombrée de plantes aquatiques ; l'eau y séjourne, s'y corrompt, et il s'en élève alors, dans certaines saisons, des gaz délétères, des miasmes, source première des fièvres qui déciment les garnisons de diverses places que je pourrais citer. Pour remédier au mal, il faut fréquemment laver *la cunette* à grande eau ; il faut y faire passer un courant abondant et rapide.

« Les six réservoirs dont j'ai souvent parlé fourniraient les moyens d'effectuer ces chasses de salubrité aussi souvent qu'on le jugerait nécessaire. Les médecins célèbres que j'ai consultés reconnaissent non seulement l'utilité de ces lavages de *la cunette*, mais j'ai reçu d'eux la mission formelle d'insister sur ce point avec une grande force.

« Au moment, disent-ils, où le Conseil municipal ne recule pas devant de très grandes dépenses pour assainir *la Bièvre* en la canalisant, on ne doit pas permettre que Paris soit entouré d'une sorte de *Bièvre* artificielle de trente-six mille mètres de développement.

« Je ne prévois, quant à moi, qu'une seule objection à tout ce que je viens de proposer. Comment, dira-t-on, dans l'état actuel de nos finances, se résoudre à augmenter encore la somme énorme que le gouvernement demande pour les fortifications de la capitale? Voici ma réponse: la dépense des barrages, des machines, des bassins n'égalerait pas même celle qu'eût exigée la construction d'un de ces forts. Enfin la nécessité du système hydraulique paraît chose convenue, indépendamment de toute idée de fortifications ; car M. Jaubert avait espéré de présenter un projet de loi à ce sujet, dès l'année dernière. Les barrages, résultat des études approfondies de l'habile ingénieur M. Poirée, y auraient figuré comme moyen de rendre possible et même facile la navigation montante de la Seine dans la traversée de Paris. La construction des turbines eût été laissée à la charge de la ville de Paris ; car c'est elle qui devait exclusivement profiter de leur immense force, pour porter de grandes quantités d'eau dans une foule de quartiers qui en sont actuellement privés, pour multiplier les fontaines monumentales, pour établir, par exemple, un magnifique jet d'eau de Seine sur la place du Panthéon, pour donner des chasses dans les égouts, pour faire concorder partout le balayage avec des émissions de liquide qui permettraient d'exécuter cette opération plus rapidement, plus parfaitement et plus économiquement ; pour donner le bienfait de l'arrosement à tous les boulevarts, à toutes les rues. Ce que j'ai développé, c'est donc un projet dont je poursuis la réalisation depuis plusieurs années. Je demande seulement, aujourd'hui qu'il est question de fortification, de lui donner un peu plus de grandeur et de puissance. De ce côté, un excès de force, si excès il y avait, ne serait certainement pas inutile en temps de paix. Les besoins de la ville n'exigeraient pas, je suppose, la totalité de l'eau versée journellement dans les six bassins de dépôt. Eh bien! on en céderait une partie aux agriculteurs du voisinage. Conçoit-on ce que serait, par exemple, la plaine de Montrouge devenue régulièrement arrosable ! N'y aurait-il pas là, pour les habitants de la banlieue, un ample dédommagement des dépréciations de diverses natures que le voisinage des remparts pourrait faire éprouver à leurs propriétés ? »

Il est certaines époques dans l'histoire où l'homme, las de liberté, semble courir volontiers à la servitude ; on dirait qu'il veut désapprendre à penser, que la lutte l'énerve, que le repos même l'écrase et qu'il veut confier à d'autres le soin de sa conservation et de sa sécurité.

Eh bien! nous étions dans cette triste période de découragement général ; et, hormis quelques consciences honnêtes, quelques esprits droits et privilégiés toujours debout sur la brèche pour défendre l'honneur national en péril, on s'endormait dans les fanfaronnades des dépositaires du pouvoir, criant bien haut que leurs ennemis étaient ceux de la France et des brouillons disposés à la vendre ouvertement ou à la trahir en secret.

Les mots sonores ont aussi leur logique ; le peuple les recueille comme des arguments parcequ'ils l'étourdissent, et il est vrai de dire que le bruit est une puissance.

Lorsque avant ou après la tempête l'Océan mugit, gros de menaces ou épuisé de colères, la plage semble retentir encore de ses gémissements, et les épaves que le flot vomit à vos pieds, en vous parlant des désastres passés, vous préparent à de nouveaux malheurs.

Thiers parlait, il parlait beaucoup, il parlait sans cesse, il faisait face à tous, il acceptait les attaques des partis opposés les uns aux autres ; il connaissait à merveille la maxime *Diviser pour régner*, et de tous ces combats, poitrine contre poitrine, il sortait souvent meurtri, brisé, mais pas abattu ; ce hardi poltron savait bien que chaque pas le poussait à sa perte, qu'à chacun de ses triomphes il laissait un lambeau de son portefeuille lacéré ; mais, puisant de nouvelles forces, moins encore en lui que dans le bouclier dont il se revêtait au moment du danger sérieux, il espérait faire accepter sa chute comme une victoire et conserver le même prestige dès qu'il serait tombé de son piédestal..... Guizot voyait plus loin.

Et, pendant ces orageux débats, que faisait Paris ? Il attendait dans une mortelle anxiété la fin de la lutte, et, presque certain du résultat, il se jetait au milieu des spéculations les plus hasardeuses.

Comme l'abbé Vertot, qui faisait d'avance son siége, les faiseurs classaient le terrain disputé pouce à pouce ; les abords des barrières devenaient les foyers des réunions les plus tumultueuses ; on indiquait d'un doigt précis et savant le sol où devait se tracer le fort détaché ; puis, donnant un démenti à la science, on rassurait ou l'on effrayait les propriétaires incertains de leur avenir.

C'était là de grands malheurs sans doute, mais les timides ainsi que les ignorants opposaient de nouveaux obstacles à celui qui ne demandait pas mieux qu'on les lui présentât pour les vaincre..... Il disait :

« Personne n'a pu supposer que si Paris était fortifié il ne renfermerait pas des magasins à poudre. Les partisans de l'enceinte ont dû se résigner à voir les habitants de divers quartiers de la capitale menacés comme le sont tous les jours ceux de Vincennes, de Saint-Mandé, sans que cela les empêche de dormir ; ils redoutent peu les dangers qu'on courrait dans le jardin des Plantes, à la Salpêtrière, dans la rue Buffon, avant la destruction récente du magasin situé sur le boulevart de l'Hôpital ; ils se rappellent que, depuis des siècles, les populations de nos forteresses, Lille, Strasbourg, Metz, Besançon, Grenoble, Toulon, Perpignan, Bayonne, vivent en paix au milieu d'une multitude de ces prétendus volcans.

« Toutes choses égales, c'est la distance qui donne la mesure du danger qu'un magasin à poudre peut faire courir aux personnes et aux habitants. Parmi les anciens forts détachés dont M. le maréchal Soult demandait la construction en 1833, un se serait trouvé en dedans de l'enceinte continue du général Haxo ; deux autres forts auraient occupé des points de cette enceinte. Je demande maintenant qu'on explique, si cela est possible, comment les trois magasins de ces trois forts eussent été inoffensifs, tandis que, sans changer de place, sans se rapprocher de Paris, ils seraient devenus menaçants, de véritables volcans lorsqu'on les auraient appelés les magasins de l'enceinte continue.

M. le maréchal Soult lie la retraite de notre armée en 1815 à une cause que jusqu'ici personne n'avait même soupçonnée. « Lorsque les étrangers, dit-il, se présentèrent devant la capitale après avoir masqué nos places frontières, notre armée se trouva dans la nécessité de se retirer ; car il n'existait point, dans Paris ni dans les environs, de magasins de poudre qui pussent l'alimenter. »

« Je me garderai bien de contredire M. le major-général de l'armée des Cent-Jours sur un fait de cette importance, et qu'il a dû parfaitement connaître ; j'affirme seulement que si Vincennes ne renfermait pas de poudre en 1815, ce n'était pas faute de magasins ou d'emplacement. En effet, appelé naguère, comme membre du Conseil général de la Seine, à examiner une réclamation des habitants de Vincennes, je me suis assuré que le donjon seul renferme en barils et en munitions quarante-quatre mille kilogrammes de poudre, c'est à dire le sixième de l'approvisionnement de campagne d'une armée de cent mille hommes.

« Entraîné par ses convictions en faveur des forts détachés, M. le maréchal Soult a, suivant moi, beaucoup exagéré le danger des magasins à poudre. Je crains, en vérité, qu'à son insu il se soit créé ainsi pour l'avenir de nombreux embarras. Fortes de son opinion de 1833, les populations des places de guerre l'accableront de plaintes, de réclamations. Aussi je me hâte de consigner ici tous les éléments des réponses qu'il pourra leur adresser.

« Sur le nombre si considérable de magasins à poudre que la France possède, combien en saute-t-il, tous les dix ans, par l'effet du tonnerre ou de l'imprudence des gardes d'artillerie ? Je ne trouve pas le recensement que j'en avais fait jadis ; je me rappelle seulement que le nombre est insignifiant. On le diminuera encore en apportant plus de soins dans la construction et la pose des paratonnerres. Il suffira de se conformer strictement aux prescriptions de la science. »

Il m'est impossible de m'arrêter là, car ce serait tronquer le livre que je publie. Cette question des forts détachés et de l'enceinte continue ne doit pas être légèrement traitée ; aussi n'ai-je aucun scrupule de puiser à la source à laquelle je m'abreuve, afin de compléter le travail commencé.

« Un vieux général, qui s'était déclaré en 1833, l'avocat du projet ministériel des forts détachés, et dont les brochures furent régulièrement distribuées aux députés, montrait peu d'estime pour l'enceinte continue, attendu qu'il n'est pas tout à fait impossible de combler très rapidement un fossé sec, et d'escalader le revêtement... « N'y a-t-il donc, s'écriait M. Mathieu Dumas, aucun exemple de grands sacrifices pour atteindre un grand but ? A-t-on oublié le terrible assaut d'Ismaïloff ? »

« Ma réponse ne sera pas longue : A Ismaïloff, dont on faisait si lestement escalader les revêtements, tous les ouvrages étaient en terre, excepté deux bastions sur lesquels l'attaque ne se fit pas.

« Si, en mourant, M. Mathieu Dumas a laissé quelques héritiers de ses idées sur l'escalade des revêtements, nous leur adresserons cette simple question : Avez-vous vu des hommes porter des échelles de douze à quinze mètres de haut, et les dresser contre un mur ? Les avez-vous **vus** ensuite monter le long de ces mêmes échelles ? Vous avez vu tout cela, eh bien ! vous parait-il, en conscience, que de semblables manœuvres puissent s'exécuter au fond d'un fossé, au milieu d'une grêle de mitraille partant simultanément des deux bastions ? Les grimpeurs qui, par miracle, arriveraient jusqu'au parapet de la courtine auraient-ils rien de mieux à attendre que d'être faits prisonniers? Il faut l'avouer, M. Mathieu Dumas n'admettait la possibilité d'escalade qu'à la condition d'un fossé sec. Les fossés de l'enceinte continue pouvant être remplis d'eau de la Seine, l'objection tombe d'elle-même.

« Ce n'est pas sérieusement qu'on a pu parler de surprise au sujet d'une ville qui, dans toutes les hypothèses, ne serait jamais défendue par moins de cent mille hommes, soldats, gardes nationaux ou volontaires. Vauban, qui certainement s'y connaissait, disait dans son mémoire : Je n'ai nul égard aux surprises et aux intelligences particulières, cette ville étant trop peuplée pour que l'on puisse rien entreprendre contre elle, sans faire de gros mouvements de troupes qui découvriraient tout ; joint à ce que j'ai à proposer (la fortification continue), est directement opposé à toutes les mauvaises subtilités que l'on pourrait mettre en pratique à cet égard.

« On s'empare par surprise d'un poste, d'un faible détachement, d'une redoute isolée, d'une petite ville, mais jamais d'une grande forteresse entourée d'une ligne continue de remparts et renfermant une garnison nombreuse. Dans ce dernier cas, les assiégeants qui se hasarderaient à franchir le mur d'enceinte éprouveraient le sort des quelques milliers d'Anglais que la trahison introduisit, en 1814, jusqu'au centre même de Berg-op-Zoom ; ils deviendraient les prisonniers des assiégés. Les ennemis seraient au moins rejetés hors de la ville par le chemin que la négligence de quelque fraction minime de la garnison leur aurait livré, comme cela arriva à Crémone, au prince Eugène et à ses troupes.

« Les forces renfermées dans l'enceinte seraient paralysées derrière un rempart, en avant duquel elles ne pourraient déboucher. Cette objection du général Bernard a été souvent reproduite par les adversaires de l'enceinte continue.

« J'avais cru jusqu'ici que les fortifications modernes étaient disposées de manière que les troupes assiégées pussent faire des sorties ; une simple assertion dénuée de preuves ne me fera pas changer d'avis. »

Toutefois, la guerre qu'on se faisait à la tribune est trop intéressante pour que je ne la pousse pas jusqu'à la victoire de l'un des deux partis ; et le lecteur comprend tout l'intérêt que je porte à cette discussion, dont se préoccupait alors l'étranger encore plus que nous, et où sur la brèche se posait un champion qu'il m'est doux de suivre dans ses colères, dans ses sarcasmes, dans son patriotisme... Écoutons-le.

« M. de Lamartine trouve un puissant motif, pour rejeter les fortifications de la capitale, dans les progrès immenses que l'artillerie a faits récemment. Il ne croit pas qu'il soit désormais possible de résister, derrière les murailles, à l'action des machines qui se chargent avec cinq kilogrammes de poudre.

« Notre illustre collègue sera sans doute étonné d'apprendre que, dans la vieille et solide artillerie française, on tirait communément avec une charge égale au tiers du boulet : c'était donc six kilos pour la pièce de trente-six, et huit kilos pour la pièce de quarante-huit. Déjà donc la charge prescrite par l'ordonnance était bien supérieure à celle que l'honorable M. de Lamartine nous présentait comme un progrès très effrayant de notre époque.

« Il faut également prévenir ceux que l'autorité de notre honorable collègue aurait induits en erreur que, dans le tir en brèche, la charge a toujours été la moitié du poids du boulet ; il ne faut pas non plus s'inquiéter de l'énorme quantité de balles que M. de Lamartine tire d'un seul coup ; des expériences exactes ont déjà établi qu'une quantité beaucoup moindre est plus meurtrière.

« Accoutumons aussi le public à regarder de sang-froid ces prodigieuses dimensions qu'on tente aujourd'hui de donner aux projectiles. Ce sont depuis longtemps des choses essayées et condamnées, je ne dirai pas pour l'usage de la marine, mais pour la guerre de terre. S'il le faut, je rappellerai, comme exemple, qu'en 1733 l'armée française se servait encore, dans les siéges, de bombes de dix-huit pouces, dites *comminges*; leur poids était de deux cent cinquante kilogrammes. Ces énormes projectiles ont été abandonnés, non par un simple caprice, mais à la suite de nombreuses expériences, desquelles il résulte que, tout compté, on obtient de meilleurs résultats avec de moindres dimensions. Dans ce retour de quelques esprits vers une sorte de grandiose, d'apparat, on est encore resté bien loin de Mahomet II, qui, dans le siége de Constantinople, fit brèche aux murs d'enceinte de cette capitale avec des boulets en pierre du poids de dix-huit quintaux. (neuf cents kilogrammes).

« Les progrès que l'avenir nous réserve en ce genre, suivant la très juste remarque de M. le général Paixhans, seront toujours en faveur de l'assiégé. Dans un pays tel que la France, des pièces destinées à lancer de très lourds projectiles ne feront jamais partie des équipages d'une armée envahissante. Rien n'empêchera, au contraire, de les établir, longtemps avant la guerre, sur les remparts de nos places fortes.

« L'illustre M. de Lamartine a parlé de moyens, à lui connus, de centupler la mort sur les champs de bataille.

« Centupler les moyens de destruction! Ce serait donner à dix mille hommes la force actuelle d'un million de soldats; car, en bonne arithmétique, dix mille, multipliés par cent, donnent bien un million! Ce simple calcul dispense de tout commentaire.

« Il n'est pas jusqu'aux proverbes qui n'aient été invoqués. Ville assiégée, s'écrient les adversaires de la fortification continue, ville prise. Malgré tout mon respect pour la sagesse des nations, je ne puis m'empêcher de faire remarquer que :

« Mézières ne fut pas prise en 1520,—ni Marseille en 1524,— ni Péronne en 1536, — ni Landrecies en 1543, — ni Metz en 1552, — ni Montauban en 1621, — ni Lérida en 1647, — ni Maestricht en 1676,—ni Vienne en 1683,—ni Turin en 1706, —ni Coni en 1744,—ni Lille en 1792, — ni Landau en 1793, — ni Burgos en 1812.

« A l'appui du proverbe, on cite Madrid : mais Madrid n'était pas fortifié ; il n'avait pas du moins d'enceinte. On cite Varsovie, qui, de même, n'était entouré que d'ouvrages de campagne ; il faut s'y résigner, les faits, en toute circonstance, ont un rôle brutal; ils ne respectent pas même les dictons populaires.

« L'honorable M. Dufaure disait hier, avec un talent dont tout le monde a été frappé, que le projet de forts détachés de M. le général Schneider avait, sur les autres combinaisons, l'avantage inappréciable de se lier, de se rattacher au système général de la défense du royaume.

« J'avoue en toute humilité que, malgré mes plus sérieuses réflexions, il ne m'a pas été possible de découvrir sous quel rapport des citadelles séparées les unes des autres feraient plus immédiatement partie du système de défense que des bastions unis entre eux par des courtines. Parlons avec franchise ; la liaison dont il s'agit se retrouve dans toutes les combinaisons ; les opinions les plus diverses peuvent également se prévaloir des éloquentes paroles de M. Dufaure.

« M. de Lamartine condamne les fortifications de Paris, parce qu'il ne veut pas de la guerre défensive timide. Cette guerre est, suivant lui, contraire au caractère de l'armée et du pays ; elle est détestable pour un peuple d'enthousiastes. Il faut, dit-il, laisser à nos soldats le libre exercice de leurs qualités distinctes : l'élan, le mouvement, l'improvisation, l'intelligence, l'expansion

« Voilà une appréciation des excellentes qualités des soldats français assurément fort juste; elle ne conduit cependant, ni de loin ni de près, à la conséquence que l'orateur prétend en déduire. Cette conséquence, en effet, s'appliquerait logiquement à toute l'étendue de la France; elle n'aurait pas plus de poids, d'importance à Paris qu'à Lille, à Strasbourg, à Metz, à Perpignan et à Bayonne. Ces forteresses considérées jusqu'ici comme les boulevarts du pays, il faudrait donc se hâter de les démanteler. Les conserver, ce serait nous affaiblir, nous priver, comme on dit, de l'élan, de l'impulsion, de l'expansion de nos soldats ! En faut-il davantage pour montrer à quel point l'honorable M. de Lamartine s'est placé sur un mauvais terrain ?

« Les forteresses ont la propriété inappréciable de multiplier les forces des garnisons; d'être imprenables sous des commandants hommes de cœur et d'intelligence, tant que le nombre des assaillants ne s'élève pas à cinq ou six fois au moins au dessus du nombre des soldats qui les occupent; de pouvoir être défendues avec des recrues ou des gardes nationales, contre des armées aguerries; de paralyser, pour me servir d'une diction faite par Napoléon et pleine de justesse, de paralyser des soldats ennemis par des hommes. C'est ainsi,— un pareil souvenir doit plaire à M. de Lamartine,—c'est ainsi qu'à Saint-Jean-de-Losne, en Bourgogne, quatre cents bourgeois arrêtèrent, en 1636, et forcèrent à la retraite une armée de quatre-vingt mille hommes, commandée par Galas, et composée de troupes de l'Empereur, de l'Espagne et du duc Charles de Lorraine.

« Je lui en demande humblement pardon; mais où notre honorable collègue a-t-il donc vu que la guerre des siéges n'exige pas de la part de soldats défendant pied à pied les environs d'une place, les glacis, le fossé et définitivement la brèche, la spontanéité, la hardiesse, l'intelligence qui distinguent nos troupes?

« De pareilles qualités, au contraire, ne sont jamais plus utiles qu'en cette occasion. Alors le simple soldat lui-même agit souvent isolé, derrière un pli de terrain, derrière un pan de mur, derrière une fascine, dans ces cavités verticales où il se blottit, et que les ingénieurs appellent des trous de loup. Alors il soutient souvent des combats corps à corps. On pourrait comparer la vie du soldat assiégé à celle du chasseur, si ce n'était que le gibier n'a ni fusils, ni carabines, ni pistolets. Dans les siéges, des hommes incultes ont souvent proposé des moyens de défense en apparence ridicules, et que le succès cependant justifiait, témoin le siége de Chatté-sur-Moselle, par le maréchal de La Ferté. La ville aurait été certainement emportée si, au plus fort de l'action, les habitants ne s'étaient avisés de verser sur la brèche plusieurs essaims d'abeilles. Leurs piqûres mirent les assaillants en déroute.

« M. de Lamartine appelle la guerre des siéges une guerre timide. Il regrettera certainement cette expression si, même sans sortir du siècle de Louis XIV, il reporte ses souvenirs sur les siéges de Philisbourg, de Grave, de Maëstricht et de Lille. Le prince Eugène nous a laissé une relation de l'attaque de cette dernière place. On y voit que son armée et celle de Marlborough réunies comptaient cent mille combattants, tandis que Boufflers n'avait que vingt mille hommes, ce qui, par parenthèse, montre bien l'avantage des fortifications. J'y trouve aussi des passages qui n'impliquent pas une guerre bien timide. Par exemple : « Je fis emporter le poste du moulin Saint-André ; Boufflers me le reprit, et j'y perdis six cents hommes... Je pris quelques redoutes; mais après trois heures de combat pour l'une des plus importantes, j'en fus chassé... Je fis donner deux assauts pour faciliter la prise du chemin couvert; toujours repoussé, mais un carnage horrible... Cinq mille Anglais, que Marlborough m'envoie pour réparer mes pertes, font des merveilles, mais sont mis en déroute... Ces braves gens se rallient autour de moi, je les ramène dans le feu ; mais une balle au dessus de l'œil gauche me renverse sans connaissance. Il ne revint pas quinze cents hommes des cinq mille, et douze cents travailleurs y furent tués. »

« Si *guerre timide* il y a, vous voyez que nos pères savaient bien la faire.

« Fortifier Paris, a dit M. de Lamartine, c'est faire rétrograder le droit de la guerre jusqu'à la guerre aux vieillards, aux enfants et aux femmes, jusqu'à l'incendie, jusqu'à la famine, jusqu'à l'assaut. »

« Ne croirait-on pas, en vérité, que les fortifications sont une création de notre époque, une invention de l'année 1841, un fruit empesté de l'esprit révolutionnaire? Que M. de Lamartine s'explique; propose-t-il de détruire les remparts de Lille, Metz, Besançon, Strasbourg, etc.? Si, comme je n'en doute pas, une semblable idée le révolte, je lui demande de se rappeler qu'il y a aussi des vieillards, des femmes, des enfants dans toutes nos forteresses; qu'ils sont Français, comme tous les habitants du département de la Seine; que jamais les dangers, d'ailleurs fort exagérés, de famine, d'incendie, d'assaut, ne leur ont paru au dessus du but glorieux que ces sentinelles avancées du pays doivent se proposer : la défense de notre nationalité. La population parisienne repousserait avec dédain les priviléges de ce genre qu'on réclamerait en sa faveur. Un de ses mandataires dans les conseils de la cité, je serai bientôt peut-être appelé à lui rendre compte de l'usage que j'aurai fait des pouvoirs qu'elle a déposés entre mes mains. Cette épreuve, Messieurs, je la subirai avec une entière confiance après avoir voté l'enceinte continue, c'est à dire une fortification qui, sans pouvoir servir contre nos libertés, préservera à jamais cette immense métropole de la présence odieuse des armées étrangères. »

Plus j'avance dans cette discussion, plus il me semble que j'ai raison de la disséquer jusqu'aux entrailles.

Un mot peint un homme, un fait dit une époque, et les

événements politiques s'enchaînent, conséquences logiques les unes des autres. Il y a dans les mœurs et les habitudes normales des peuples certaines crises violentes qui désharmonisent l'ensemble rationnel et conduisent à l'imprévu, comme les ouragans atmosphériques qui font tournoyer dans les airs les habitations et les récoltes des planteurs ; mais c'est parceque de pareils phénomènes se reproduisent à de rares intervalles qu'ils nous laissent plus de temps pour les combattre.

Prudence c'est sagesse ; Fabius et Montécuculli n'ont pas été flétris par l'épithète de temporisateurs ; et s'il est utile de se façonner de longue main à la lutte, il est noble, il est digne, dès qu'on en a mesuré l'étendue et le bienfait, de mourir à la peine et à la brèche, plutôt que de ne point achever l'œuvre commencée : il est des défaites qui honorent, comme il est des triomphes qui dégradent.

Ai-je donc besoin de justifier encore l'insistance de l'historien qui, sans violence aucune, cherche à persuader l'irrésolution et à vaincre le doute ?

« Montaigne disait : « Petite place, mauvaise place. »

« La théorie et l'expérience ont fait de ces paroles un axiome de la fortification moderne, du moins quand elle est établie dans un pays de plaine.

« Pour se soustraire à la puissance du ricochet, on a parlé de placer toute l'artillerie des forts détachés sous des casemates. Laissons de côté la question de dépense, quoiqu'elle ait bien sa gravité ; je demanderai ce que sont devenues certaines difficultés regardées comme insurmontables. Est-on bien certain, par exemple, de se débarrasser de la fumée, qui, dans les casemates anciennes, étouffait les canonniers ou les empêchait au moins de rien voir au dehors ?

« Dans une question si grave il faut dire la vérité tout entière. Les casemates dont on parle n'auraient une grande utilité que pour mettre la garnison des forts détachés à l'abri des bombes. Elles joueraient aussi un grand rôle si, dans la défense, on se proposait de remplacer entièrement par des feux courbes les feux directs, comme le voulait Carnot.

« Les fortifications de Paris ont un côté politique dont la commission de la Chambre paraît s'être peu occupée; à cet égard l'insuffisance du rapport frappe tous les yeux. On n'est pas moins étonné d'y trouver des erreurs de fait nombreuses et évidentes. Cette partie du travail de M. Thiers exige une réfutation détaillée. Je suis, en vérité, fâché qu'on m'ait imposé une pareille tâche; mais il faut éclairer ceux qui, ne pouvant recourir aux sources, s'inclineraient aveuglément devant l'autorité de l'honorable rapporteur.

« Voyons d'abord si, comme l'avance M. Thiers, ce serait calomnier un gouvernement, quel qu'il fût, de le supposer capable de construire des forteresses pour opprimer, pour maîtriser les populations. Voyons de même si l'idée que certaines fortifications pourraient nuire à la liberté ou à l'ordre ne se serait pas présentée à des esprits éminents, sans qu'ils eussent commis la faute de se placer, comme le rapport le dit, hors la réalité.

« Dans le mémoire dont la commission cite textuellement plusieurs passages, Vauban, que M. Thiers a appelé avec tant de raison un grand politique, un grand administrateur, un grand guerrier, un grand homme; Vauban, après avoir analysé son projet d'enceinte continue, disait:

« Et parcequ'une ville de la grandeur de Paris, fortifiée de cette façon, pourrait devenir formidable, même à son maître, s'il n'y était pourvu, il faudra faire deux citadelles à cinq bastions chacune. »

« Ainsi Vauban voulait pourvoir aux velléités d'indépendance ou, si l'on aime mieux, aux actes de turbulence des Parisiens, à l'aide de deux citadelles, l'une en amont, l'autre en aval de l'enceinte. Les seuls moyens que possèdent des citadelles de pourvoir de loin à la tranquillité d'une population, ce sont des boulets, des obus et des bombes. Vauban, sans se croire un calomniateur du gouvernement de Louis XIV, admettait donc qu'en certaines circonstances les deux citadelles de Paris devraient faire feu sur la ville.

« L'autorité de Vauban n'est pas la seule que nous puissions invoquer. M. Thiers, le savant historien, aura certainement remarqué dans ses lectures cette réponse d'Henri IV à une députation de la bourgeoisie parisienne: « On prétend que je veux faire des citadelles, c'est une calomnie; je ne veux de citadelles que dans le cœur de mes sujets. »

« M. Thiers n'admet pas que, pour faire rentrer les populations dans l'obéissance, aucun gouvernement se portât jamais à bombarder les villes, à canonner les monuments. Cette illusion fait assurément honneur à son humanité, à son goût pour les beaux-arts; mais, j'en suis certain, peu de personnes la partageront. Sans cela, je ne manquerais pas de rappeler que le gouvernement de l'empereur Nicolas n'hésita nullement à faire canonner Varsovie à outrance; que, sous le gouvernement du roi de Hollande, Bruxelles fut sillonné en tous sens par des boulets et des obus; que la crainte d'incendier les plus belles peintures, entre autres le chef-d'œuvre de Rubens, l'incomparable descente de croix, n'arrêta point le général Chassé lorsque son gouvernement lui eut ordonné de bombarder Anvers. Prenant ensuite des exemples dans notre propre histoire, je rappellerai qu'en 1793 les canonniers de Kellermann et Dubois-Crancé tirèrent jour et nuit, pendant plusieurs semaines, sur la ville de Lyon, au risque d'atteindre les républicains de l'intérieur tout aussi bien que les royalistes.

« On ajoute: si les remparts sont armés, l'émeute ira s'y pourvoir de canons. Elle a eu jusqu'ici quelques fusils, quelques armes rouillées prises chez les armuriers; vous lui donneriez un matériel considérable, elle aurait de l'artillerie.

« Je conçois cette préoccupation, je m'associe au désir de ne pas laisser dans la ville de Paris de la poudre à la portée de la première émeute venue, de ne pas mettre des canons à la disposition de quelques individus isolés qui auraient rêvé de faire prédominer leurs opinions par la force.

« Ainsi je vote pour la fortification continue. Veut-on exécuter un fort sur le Mont-Valérien, pour y déposer l'artillerie et les munitions? j'y consens. Si l'on présentait un amendement qui ajoutât au projet d'enceinte continue la construction d'une place forte à Saint-Denis et d'une tête de pont à Charenton, je voterais encore dans ce sens; mais je me croirais, en âme et conscience, obligé de repousser radicalement toute ligne de forts détachés croisant leurs feux autour de Paris. Dans le cas où les forts et l'enceinte deviendraient l'objet d'une délibération commune, je me verrais forcé, à regret, de voter contre la loi. »

Voici les forts détachés résolus et votés; mais nos croyances n'en sont point ébranlées. Ah! c'est que les faits accomplis ne nous semblent pas toujours des arguments qu'il faille accepter sans contrôle; c'est que je ne peux pas m'habituer à avoir tort avec celui que j'ai vu constamment avoir raison.

Les voilà donc dressant leurs solides remparts sur la capitale, et présentant au dehors leurs embrasures donnant passage au bronze prêt à lancer ses volées.

Fasse le ciel que, dans l'avenir, on puisse dire qu'ils ont protégé les citoyens dans leur grande capitale! Fasse le ciel que des bombes et des boulets parricides ne portent jamais l'incendie, la mort et le deuil au milieu d'une population, rêvant de prospérité, de gloire et de bonheur!

CHAPITRE III.

Procès de M. de Lamennais. — Louis Pérée. — Esquiros. — Darmès. — Procès de Mme Lafarge. Mlle Ozy. — Mlle Maxime et Victor Hugo. — Vidocq. — Catastrophe du 8 mai 1842. — Mort du duc d'Orléans.

Nous courons à travers une époque où les événements se pressent plus rapides, plus actifs que les passions ; et tout Paris, comme un seul homme, se porte aujourd'hui vers le Palais-de-Justice, où sont descendus tant de coupables, où se sont relevés tant de proscrits.

La foule, dès le matin, assiège les portes ; la jeunesse impatiente se presse dans l'auditoire ; quelques personnages parlementaires sont présents. En voyant tout ce monde s'agiter, on se croirait transporté aux années qui suivirent la révolution de juillet, années si fécondes en déchirements et en combats, où les partis venaient vider leurs querelles par la parole, en attendant qu'ils pussent la vider par l'épée.

Depuis longtemps nul procès de presse n'avait excité dans les esprits émotion pareille.

Un homme paraît devant ses juges; il est petit, maigre, souffrant ; un air de simplicité et de bonhomie se dessine sur sa figure qu'on ne peut regarder sans une profonde tristesse ; dans ses yeux brille la flamme intérieure qui le consume et révèle son vaste génie.

Cet homme, c'est Lamennais. Il semble dès son enfance être né pour la lutte ; dans son cœur brûle un amour ardent de l'indépendance, sa volonté est inébranlable. Il éprouve une sorte de défiance des hommes et une horreur d'assujettissement poussée au point de refuser d'apprendre ce qu'on veut lui enseigner.

Une vieille femme lui montre un jour les lettres de l'alphabet ; il les combine, les assemble dans son esprit et parvient seul à lire.

Ses premières années passées au milieu de la révolution (1) l'affranchissent des ennuis des colléges ; l'ardeur apportée au travail qu'il s'impose lui-même, les sérieuses méditations développent sa haute intelligence.

A vingt-deux ans seulement il fait sa première communion, au moment où il entre, comme professeur de mathématiques, au collége de Saint-Malo.

Alors, plein du dégoût que lui inspire une société dissolue, il va entreprendre la lutte qu'il poursuivra sans relâche.

A vingt-six ans il publie les *Réflexions sur l'état de l'Eglise en France,* ouvrage dans lequel il prêche au clergé l'union, et l'engage à sortir de son ignorance ; mais ce livre est saisi par la police de Napoléon.

Passerai-je en revue les principaux actes de sa vie, ses divers ouvrages publiés successivement, jusqu'au moment où nous le voyons pour la quatrième fois appelé sur les bancs de la Cour d'assises ?

---

(1) De Lamennais est né à Saint-Malo, en 1782.

Parlerai-je des *Institutions des Evêques,* ce livre élaboré avec tant de soin dans les riantes campagnes de Chenaie ? de la traduction de *Louis de Blois ?* de ses attaques contre l'Université impériale, alors que Napoléon est exilé à l'ile d'Elbe ? de son départ pour l'Angleterre, au retour de l'Empereur en France ? des vexations auxquelles il est en butte à Londres ? de la publication (1817) de son livre sublime, *Essai sur l'indifférence en matières religieuses ?...* tout le monde le connaît.

Parlerai-je du rôle politique qu'il joue alors, tantôt rédacteur du *Drapeau Blanc,* tantôt rédacteur du *Conservateur,* lorsque Villèle arrive au ministère ?

Rappellerai-je la réponse qu'il fait quand la Sorbonne, pendant un an, attaque son livre de l'*Indifférence ?* « Il nous sera, « dit-il, d'autant plus aisé de répondre, que, presque toujours, « il suffira de substituer nos véritables sentiments aux opinions « qu'on nous a prêtées. »

Dirai-je la traduction de l'*Imitation de Jésus-Christ* et *la Religion considérée dans ses rapports avec l'ordre civil et politique ?* on les sait par cœur.

En 1826 il comparaît devant la justice ; peut-être n'est-il pas sans intérêt de voir en quels termes les juges d'alors, si peu semblables aux juges d'aujourd'hui, formulent contre lui leur sentence de condamnation :

« *En ce qui touche la prévention d'attaque à la dignité du Roi, à l'ordre de successibilité au trône, aux droits que le Roi tient de sa naissance ; et, attendu que le caractère de l'abbé Lamennais, ses opinions, ses sentiments religieux et monarchiques ne permettent pas de supposer l'intention d'un pareil délit, et sur le premier chef, attendu que le livre de M. de Lamennais ne peut être lu et apprécié que par des personnes instruites et éclairées ; enfin, que le caractère respectable de M. de Lamennais doit être pris en grande considération,* etc.... Le condamne à *trente-six francs d'amende.* »

Le ministère public accuse M. de Lamennais d'avoir soulevé la discussion de l'ultramontanisme et du gallicanisme, reproche souverainement injuste. Il n'engagea pas le premier la lutte; mais il se crut obligé de répondre à une ordonnance de M. Laisné, ministre de l'intérieur, prescrivant dans les séminaires l'enseignement des quatre articles de la Déclaration de 1682, qui consacre ce que l'on appelle *les libertés de l'Eglise gallicane*.

Le gouvernement de Charles X sent fort bien que, s'il laisse attaquer *les libertés*, il perd sur le clergé son droit de suzeraineté.

L'illustre prévenu, défendu par M. Berryer, paie, comme nous l'avons dit, de *trente-six francs d'amende*, la hardiesse qu'il avait eue d'attaquer, au profit de l'autorité catholique, la déclaration de 1682, œuvre désavouée de Bossuet, timide essai de sa séparation d'avec Rome et dernier rempart des fameuses libertés de l'Église gallicane, dans lesquelles M. de Lamennais ne voulait voir que le despotisme royal ou le despotisme parlementaire.

On se souvient aussi de l'avoir vu s'asseoir, dès le mois de mars 1831, sur les mêmes bancs de la cour d'assises, où le conduisirent les doctrines de *l'Avenir*, journal pour lequel il avait demandé follement l'approbation du Saint-Siége; doctrines qui devaient être absoutes par les juges civils et condamnées par les juges religieux. Une lettre encyclique du 15 avril 1832 condamne brutalement *l'Avenir*. Les épithètes les plus outrageantes sont adressées au vénérable prédicateur des nations, dont *la méchanceté sans retenue*, *la science sans pudeur* et *la licence sans bornes* consolent le peuple dans ses misères, et lui ouvrent les trésors de l'Ecriture.

Poursuivons l'historique de quelques années qui précèdent le procès dont s'occupe en ce moment la capitale. Bientôt nous allons entendre l'organe du ministère public accuser M. de Lamennais d'avoir changé d'opinion; seulement, en suivant ses ouvrages et ses démêlés avec la cour de Rome, nous pourrons voir comment, défenseur zélé du théocratique et de l'aristocratique, il jette au loin les oripeaux de la vieille féodalité à la tombe, et devient homme religieux, révolutionnaire et le soutien de toutes les libertés publiques.

Avant l'apparition de *l'Avenir*, publication née de Juillet, M. de Lamennais avait lancé, en 1829, un livre *des progrès de la révolution et de la guerre contre l'Eglise*. Progrès immense vers les doctrines de la liberté.

Imbu jusqu'alors et dès sa jeunesse des préjugés aristocratiques, il les défend avec chaleur; mais peu à peu les impressions de l'enfance s'effacent, et l'homme de génie, attachant un regard profond sur la misère qui s'agite autour de lui, ne peut s'empêcher de venir vers le peuple. Un seul instant, traqué, harcelé de tous côtés, surtout par les colères de Léon XII et de Grégoire XVI, frappé dans ce qu'il a de plus cher, son esprit faiblit, il est obligé de signer qu'il déclare accepter en tout point les doctrines émises dans l'encyclique du 15 août 1832. Bientôt, las du silence qu'on lui impose, il se révolte contre sa faiblesse, et livre au public *les Paroles d'un Croyant*.

Ce chef-d'œuvre soulève d'immenses tempêtes. Grégoire XVI s'empresse de rallumer ses foudres mal éteintes; une nouvelle lettre encyclique condamne comme *fausses, calomnieuses, téméraires, conduisant à l'anarchie, contraires à la parole de Dieu, impies, scandaleuses, ennemies*, etc... les doctrines *du croyant*.

Les prévenus d'avril invoquent l'appui de sa parole, non pour disputer leur vie aux juges, mais pour développer devant la cour des pairs les maximes dont *les paroles du croyant* ont été l'éloquente préface. La cour des pairs craint de se trouver en présence de cet apôtre de l'avenir, et M. de Lamennais est repoussé du banc des avocats.

Peu de jours après, il est poursuivi comme signataire de la

protestation des défenseurs des prisonniers d'avril, mais il est acquitté.

Jusqu'alors, comme nous l'avons vu dans cette esquisse rapide de la vie de M. de Lamennais, chez l'illustre abbé les idées politiques ont été si intimement liées aux idées religieuses qu'elles ne pouvaient être divisées, même par la pensée ; il semblait qu'on ne pût toucher aux unes sans toucher aux autres, et qu'elles dussent se servir de complément et de soutien.

Cette fois il n'est rien resté du prêtre ; c'est l'homme politique qui, seul, vient se montrer à ses juges. La cause, on le voit, se simplifie ; elle n'a plus rien qui la distingue des causes ordinaires de la presse.

Le ministère public, Partarieu-Lafosse, fut habile, plus habile peut-être qu'il ne convenait à la nature de ses fonctions et, disons-le, au mérite éminent de l'homme qu'il avait à combattre. Il sut faire ressortir les exagérations peut-être imprudentes de la brochure de M. de Lamennais ; il décida le jury à la répression de délits dont la pensée, selon lui, ne respectait rien, pas même la propriété et le travail. Mais n'a-t-il pas été trop violent, trop amer, trop passionné, le fougueux orateur ? Son zèle ne l'a-t-il pas entraîné trop loin ? N'a-t-on pas été douloureusement surpris de rencontrer dans sa bouche des mots échappés à son ardeur, des expressions qui seraient des injures, et que devrait ignorer l'impartiale raison du ministère public ?

Chez l'homme qui parle au nom des lois, on ne comprend ni la passion ni la colère ; c'est de plus haut qu'il doit planer sur les causes qui lui sont confiées; il doit se garder des attaques personnelles, dans lesquelles il courrait risque d'être blessé lui-même en blessant son ennemi.

M. Partarieu-Lafosse a reproché durement à M. Lamennais d'avoir changé de principes. Il a fait d'une question de politique une question de dogme ; il a rappelé quelques-unes de ces fières expressions qui servaient au prévenu à traduire ses opinions en 1825 ; car il savait qu'il y avait là un mot fameux attribué à M. Lamennais : *Vous saurez plus tard ce que peut un prêtre*, paroles que M. Lamennais n'a jamais désavouées, et dont s'étaient scandalisés les faux dévots du siècle.

Le ministère public a reproché, ai-je-dit, à l'auteur de l'*Esquisse d'une philosophie* d'avoir tergiversé. Je ne comprends nullement cette allégation et quel parti on peut en tirer.

Peu d'hommes parmi nous, depuis cinquante ans, peuvent se flatter de n'avoir pas changé d'opinion. Souvent les circonstances ne forcent-elles point d'abandonner la route que l'on a suivie jusqu'alors, pour parcourir la voie opposée? Souvent les besoins du parti ne nous poussent-ils pas vers le parti contraire? La démocratie recrute parmi les royalistes, les amis de la liberté parmi les amis du pouvoir ; les amis du pouvoir se tournent avec espérance vers la liberté, souveraine à jour fixe. Les intelligences inquiètes et tourmentées aspirent sans cesse à l'inconnu. Il ne faut s'en prendre à personne; c'est là le propre des époques de transition.

M. de Chateaubriand lui-même n'a-t-il pas changé lorsqu'il écrivait : (1) « Récompensez, si vous le pouvez, les fictions aris-
« tocratiques; essayez de persuader au pauvre, quand il saura
« lire, au pauvre, à qui la parole est portée chaque jour par la
« presse, de ville en ville, de village en village ; essayez de per-
« suader à ce pauvre, possédant les mêmes lumières et la même
« intelligence que vous, qu'il doit se soumettre à toutes les
« privations, tandis que cet homme, son voisin, a, sans travail,
« mille fois le superflu de sa vie. »

M. de Lamennais fut défendu par Me Mauguin.

Les jurés délibérèrent pendant trois heures; leur contenance, au retour, annonçait des hommes qui venaient de remplir un devoir pénible.

(1) *Essais sur la Littérature ancienne.*

L'Esquisse d'une philosophie valut à son auteur une année d'emprisonnement.

A cette époque de pusillanimité de la part du pouvoir, les hommes qui nous gouvernaient essayaient de cacher leur couardise sous la persécution dirigée contre les gens de cœur de tous les partis ; et ce qu'ils appelaient énergie achevait de les perdre dans l'opinion publique.

Le vent soufflait aux procès ; on cherchait querelle à toute plume indépendante, quelle que fût sa bannière. La *Mode* surtout voyait sa caisse rudement ébréchée.

Le chemin qui conduisait du Palais à ses bureaux était incessamment sillonné par des hommes vêtus de noir, bourrés d'assignations, de réquisitoires et de jugements concluant tous à la ruine et à la prison, car on n'osait pas aller jusqu'à l'échafaud.

La Quotidienne, le Temps, la Gazette de France, le National se promenaient tous les matins, frais et dispos, dans la salle des pas perdus, et la traversaient le soir pâles, éclopés et meurtris.

Jalouse de tant de succès, la chambre des pairs, palais de fossiles, voulut aussi donner signe de vie ; et voilà qu'un jour elle appela à sa barre un homme ferme, honnête et droit, accusé d'insulte envers le noble corps.

Le procès eut un grand retentissement, parceque nous étions menacés dans nos libertés les plus chères ; et, malgré l'éloquente plaidoirie de l'accusé, qui n'avait pas voulu de défenseur, Louis Pérée dut ouvrir passage à dix mille francs que le fisc encaissa ; et l'intègre journaliste fut invité à un mois de retraite dans une prison à son choix, pourvu qu'il optât entre Bicêtre ou Sainte-Pélagie....Mansuétude après rigueur.

Quittons Lamennais et Louis Pérée, et, rigide chroniqueur, suivons les faits qui se déroulent devant nous.

Madame de Feuchères, qui a joué un rôle si important sous Louis XVIII, vient de mourir en Angleterre, jeune encore, laissant sa fortune à une nièce de neuf ans.

Le nom de madame de Feuchères est assez retentissant pour que nous eussions compris le reproche fait à notre silence. Il faut ajouter, afin d'être juste, que cette femme tant attaquée a confié l'exécution de ses dernières volontés à trois des hommes les plus purs et les plus honorables de Paris : MM. Ganneron, Odilon Barrot et Lavaux.

Encore un délit de presse qu'il me faut relater.

Le ministère public, Partarieu-Lafosse, a beaucoup de besogne; après la cour d'assises la chambre des pairs; après la chambre des pairs la cour d'assises. Lamennais est condamné, Louis Pérée est sous les verrous des casemates; les vieux lutteurs du parti républicain sont tombés... au tour des rejetons maintenant!

Un poète de vingt-sept ans que M. de Lamartine est envieux de connaître, car il est enchanté de son poème *les Hirondelles*, s'est permis de lire l'Evangile, ouvrage cause de tant de controverses, interprété par chacun selon sa volonté; ce poète a fait, lui, l'*Evangile du peuple*.

Le Pape le condamne. L'arrêt du Saint-Siége ne suffit pas. Le ministère public, toujours avide de procès, cet homme à robe rouge, voit partout délit, condamnation, et invoque la plus dure sévérité contre le coupable : Alphonse Esquiros a insulté la société, excité les citoyens à la haine et au mépris du gouvernement, attaqué la morale et la religion.

Dans l'instruction, l'excitation à la haine et au mépris est laissée de côté; l'attaque seule à la morale et à la religion existe.

Les juges doivent faire peser toute leur rigueur sur la tête de l'accusé, car ici la religion est foulée aux pieds, s'écrie le ministère public... ô honte! et l'homme qui a commis ce crime a fait ses études dans un séminaire !

Cette assertion banale est démentie; Alphonse Esquiros n'a jamais été au séminaire ; seulement il a étudié chez un curé.

Le jury rentre dans la chambre des délibérations; il en sort bientôt pour confirmer l'accusation, et Alphonse Esquiros est condamné à cinq cents francs d'amende et à huit mois de prison.

Cheminons toujours, et disons les émotions de Paris.

Un coup de feu est parti ; que vient-il de se passer? On arrête un homme, sa main gauche est ensanglantée ; cet homme a voulu tuer le Roi.

Le 15 octobre, vers six heures du soir, une voiture dans laquelle se trouvent le Roi, la Reine et la princesse Adélaïde retournait de Paris à Saint-Cloud. La voiture suit le quai des Tuileries, passe près du poste du Lion, à l'angle de la terrasse ; les hommes de garde présentent les armes, le Roi s'incline pour saluer, une forte détonation se fait entendre. Elle provient d'un coup de feu tiré derrière le poteau d'éclairage. Personne n'est atteint dans la voiture: des projectiles touchent les ressorts des roues, blessent légèrement deux valets de pied montés derrière, ainsi que le garde national à cheval placé à la portière de gauche. Un tailleur de pierre, travaillant près du pont de la Concorde, est renversé par la chute de sa scie, qu'une balle vient de frapper dans la traverse supérieure. Sur l'ordre du Roi les voitures se remettent en route.

Darmès est resté immobile et comme stupéfié. L'arme dont il s'est servi pour consommer son crime est une carabine cassée à la poignée, et dont le canon a éclaté, par suite, dit l'expert, du grand nombre de projectiles placés au dessus de la charge de poudre.

Un grenadier s'approche de Darmès, et lui demande s'il a tiré sur le Roi.

— Oui, mon citoyen, que me veux-tu ?

Darmès est conduit en prison ; son exaltation est extrême.

— Je le tenais bien cependant; j'étais bien sûr de mon

coup, et si ma carabine ne s'était pas brisée... ajoute-t-il avec un geste cynique.

Quel est cet homme qui ose s'attaquer à la royauté? Quels sont ses antécédents?

Le régicide ou l'assassinat d'un simple particulier est pour moi la même chose, c'est toujours un crime. Notre éducation fut fort longtemps à refaire sur ce point; elle nous a légué d'étranges idées sur le juste et l'injuste, en ce qui touche l'assassinat politique; nous payons cher des admirations malheureuses, nées de l'amour du sophisme et de l'ignorance de l'histoire, lesquelles, après avoir servi de passe-temps à certains beaux esprits de collége, ont fini par s'infiltrer dans les masses, pour les aigrir et les corrompre. Aujourd'hui les hommes intelligents de tous les partis sont d'accord sur ce point: le meurtre est une abominable action; il ramène à la barbarie, car il n'est pas permis de livrer l'avenir des sociétés humaines aux caprices du premier venu. Il resterait à apprendre à ceux qui l'ignorent que les coups de poignard ne sont pas un moyen facile et prompt d'en finir; la Providence ne se laisse pas détourner de ses voies, au moindre choc; ces crimes fameux que l'on divinise, même les plus fiers, les plus héroïquement inspirés, celui de Brutus, par exemple, ou de Charlotte Corday, n'ont pas beaucoup avancé la cause qu'ils voulaient servir; ils furent au contraire prétextes à proscriptions nouvelles, à sacrifices nouveaux. Il faut répéter à ceux qui se sont faits les antagonistes quand même de toutes les souverainetés, qu'une action comme celle-là est le crime de l'orgueil; le poignard, de tout temps et dans tous les pays, a été l'arme des minorités. C'est la volonté d'un seul qui s'insurge contre la volonté présumée du plus grand nombre.

Un coup de couteau amène un coup de couteau. Que ne laisse-t-on les choses se mouvoir, l'idée s'asseoir sur de solides bases, l'idée prendre son empire; l'opinion publique fera plus que les assassinats : au point de vue politique comme au point de vue moral, l'assassinat fut toujours un crime ; je l'ai déjà dit.

Les événements se pressent, se multiplient pour le peuple ; à l'arbitraire, à la tyrannie succéderont les saintes libertés ; en un jour, en une heure, en une minute le poignard de l'assassin ne peut faire ce que mille années de souffrances n'ont point accompli.

Les sociétés changent, le temps porte avec lui de bons résultats. Tous les mondes, tels qu'on les voit aujourd'hui, sont arrivés là par le travail incessant de la nature.

Pourquoi vouloir en un jour changer la face des choses ? Par la violence, on n'y parviendra jamais ; en laissant l'esprit suivre l'impulsion qui lui est donnée,. on arrivera. Mais, tout bouleverser en une seconde, cela est impossible ; l'assassinat politique est donc un contresens.

Je réponds maintenant aux questions déjà posées.

Darmès est né à Marseille. A treize ans il vient à Paris. Il sert successivement dans plusieurs maisons, son exaltation est tellement grande qu'on est obligé de le congédier de partout.

Depuis quelques années il se trouve dans une misère affreuse, et sa monomanie va croissant : Darmès parle toujours du communisme. Cet homme sans éducation, que l'on conduit pour ainsi dire par la main dans le sentier de la vie, livré à lui-même, à la fougue de ses passions, peut facilement être entrainé vers le crime. Une société secrète s'en empare ; elle lui montre sous ses faces les plus éblouissantes l'humanité en proie aux agioteurs, le riche seul honoré et le pauvre honni et méprisé ; cet homme que la faim aiguillonne, que les privations abrutissent, conçoit un projet horrible ; il veut frapper le Roi.

Darmès est condamné à la peine des parricides.

———

Puis-je ne point parler de cette femme à la vie mystérieuse, dont le nom a retenti, si diversement coloré, dans toutes les parties du royaume? Dois-je passer sous silence le drame où les péripéties les plus palpitantes ont fait naître tant de sympathies et de répulsions? Dois-je taire les circonstances qui ont accompagné les derniers moments du maître de forges du Glandier? La position élevée des parents de Marie Capelle, ce qu'il y a eu de bizarre et de romanesque dans son enfance, les singularités de son mariage, le mystère même de certains faits encore dans le clair-obcur, tout cela est de mon domaine.

Aujourd'hui le nom de Lafarge pour la deuxième fois frappe nos oreilles : à la cour d'assises de la Corrèze a succédé le tribunal correctionnel de Tulle.

Marie Capelle, morte pour la société, est obligée de venir, devant une foule émue, rendre compte d'un prétendu vol de diamants qu'elle a, dit-on, commis par coquetterie.

Le ministère public et la partie civile s'attachent à la poursuite de cette pauvre jeune femme, dont le seul crime, selon quelques esprits non prévenus, fut d'avoir épousé Lafarge et livré trop légèrement, hélas! les secrets de son cœur à mademoiselle de Nicolaï.

Bien que je ne veuille en aucune sorte revenir sur les arrêts de la justice, qu'il me soit permis de dire ma façon de penser. Pourquoi ne défendrais-je pas Marie Capelle? Je ne la crois pas coupable.

M⁹ Coralli a beau me la montrer, avec l'éloquente véhémence qui lui est habituelle, non seulement comme empoisonneuse, mais comme voleuse et calomniatrice, je ne la crois pas coupable.

La foi s'impose : fort souvent on ne croit que parcequ'on désire croire; le sentiment domine la raison, et, si c'est là une faute, convenez du moins qu'elle est de celles qu'on peut absoudre sans remords.

J'ai suivi les phases du procès Lafarge avec une anxiété d'autant plus vive que j'avais connu ce monstre ou ce martyr ; et, après avoir refoulé en moi les divers sentiments qu'y avait fait naître la jeune femme, je me suis dit à la fin de chaque séance de la cour d'assises : *Non, Marie n'est pas coupable.*

Les premiers experts, hommes de science et de probité, déclarent qu'ils n'ont pas trouvé d'arsenic; sur la demande formelle du ministère public, d'autres experts sont nommés, et, comme les premiers, ils déclarent en leur âme et conscience qu'il n'y a point d'arsenic... Le crime disparaît.

Je veux une troisième expertise, s'écrie fougueusement M. Decoux; il lui fallait un empoisonnement... On lui donna raison, et le télégraphe appela Orfila.

Croyez-vous donc que si, après deux expertises accusatrices de Mme Lafarge, l'infortunée en avait demandé une troisième, croyez-vous, dis-je, qu'on la lui eût accordée? Non, à coup sûr.

Eh bien! Me Paillet, défenseur de l'accusée, accepta ce nouveau contrôle; Orfila fut mandé, et, debout devant la cour, la main droite sur le cœur, il dit : « Oui, j'ai trouvé de l'arsenic; oui, je prouverai qu'il a été avalé par Lafarge. »

Vous le savez, on trouve de l'arsenic dans presque tous les corps, dans le cuir, dans le bois; et les expériences faites après le jugement ont prouvé de la manière la plus incontestable que le terrain dans lequel on avait déposé les restes de Lafarge était imprégné d'arsenic.

J'ajoute que l'appareil de Marsh n'avait projeté sur la porcelaine que des taches impondérables, et que la science a trouvé fort imprudentes les paroles échappées à la conscience d'Orfila.

De son côté, la défense s'était empressée d'appeler de Paris un homme instruit, probe, habile, pour l'opposer au doyen de la Faculté; Raspail partit en poste; mais, à très peu de distance de Tulle, sa chaise se brisa, et le célèbre chimiste n'arriva qu'une heure après le prononcé de l'arrêt... Madame Lafarge devait être condamnée; le livre des décrets de Dieu n'a point de ratures

Deux années avaient passé sur le drame, lorsqu'un soir chez madame de C..., rue Tronchet, j'entendis prononcer le nom de l'héroïne du Glandier. Qui êtes-vous? demandai-je à la personne qui occupait la conversation.— Je suis, me répondit-elle, cette pauvre femme de chambre de madame Lafarge, si rigoureusement interrogée pendant le procès, qui pleure toujours sur une aussi grande infortune et qui, les yeux au ciel, vous jure ici, à genoux, sur le bonheur éternel de son âme, que madame Lafarge est victime d'une erreur judiciaire.

Je ne pousse pas si loin ma foi; mais, je le répète encore, je ne crois pas à la culpabilité de madame Lafarge.

Paris se divisait alors en deux camps; les amitiés les plus ferventes s'attiédissaient à la lutte allumée entre les accusateurs et les défenseurs de Marie Capelle..... J'ai dû le dire, puisque je suis l'historien des années de trouble et d'émotion que je déroule à vos yeux.

Cependant, les mémoires de madame Lafarge parurent comme un météore inattendu. Toutes les passions se réveillèrent plus vivaces, plus brûlantes que par le passé; on plaignit la malheureuse, les larmes la suivirent jusque dans sa prison éternelle, on l'aima... Bien des cœurs honnêtes l'aiment encore aujourd'hui.

Un cabinet de sept pieds de long sur une largeur de cinq, une petite couchette formée d'une paillasse, d'un matelas, d'un drap doublé, d'une couverture; deux chaises, une table et un poêle en fonte, puis quelques livres, puis des plumes et du papier, tel est le domaine de celle que l'Europe entière appelle encore l'héroïne du Glandier.

Marie Lafarge écrit pendant les heures qu'elle peut dérober au travail et à la prière; ses yeux n'ont plus de larmes, ses lèvres plus de sourires, et à la voir plongée dans ses méditations vous vous demanderiez s'il y a encore du sang rouge dans ces artères autrefois si brûlantes, et des battements dans ce cœur naguère si chaud et si viril.

Le remords est une expiation; Marie Capelle ne l'ignore pas. Eh bien ! j'ai plus d'une fois entendu dire par quelques-uns des visiteurs de la pauvre exilée du soleil que le mot repentir ne tombe jamais de sa bouche, et qu'elle accepte avec la plus sainte résignation le calvaire que les hommes lui ont dressé. Si tu es coupable, Marie, tu l'es presque autant par ton hypocrisie que par ton crime, et alors que de tortures dans ton éternité !

Mais si tu es innocente, Marie, que de béatitudes en échange de l'enfer qu'on t'a fait ici bas !

N'est-ce pas, Marie, que tu as de l'espérance à l'âme ?

Le vent souffle toujours aux procès. Déployons nos voiles et suivons l'impulsion.

Quelques mots seulement sur les trois affaires. Les diamants de mademoiselle Ozy, — Mademoiselle Maxime contre Victor Hugo, — Vidocq.

Elles ont eu, chacune dans son genre, un certain retentissement.

La beauté, le génie et le vice réunis en un seul paragraphe.

Mademoiselle Ozy possède une magnifique parure ; ceux qui l'ont vue dans la pièce des *Trois Bals* ont pu l'apprécier. Un caprice, un enfantillage passe par la tête de mademoiselle Ozy ; toute femme a ses fantaisies, surtout une jolie femme ; mademoiselle Ozy veut faire changer sa parure.

M. le comte P..... sait combien il est doux de satisfaire à tous ces riens charmants qui font d'une femme un ange, surtout quand ils sont sollicités indirectement par deux lèvres roses, délicieuses de mutinerie. M. le comte P..... appelle son bijoutier, et se charge du paiement : la somme doit s'élever à mille francs ; que de bruit pour quelques écus !

Dès que le bijoutier, M. Marlé, se voit en possession de la

parure de diamants, il prétend la garder; car douze cents francs lui sont dus par le comte P.....

La charmante actrice se voit forcée d'avoir recours à la justice. L'affaire est portée devant le tribunal civil.

Me Liouville demande la restitution pure et simple de la parure. M. Marlé n'en est pas à ses premières relations..... commerciales avec la piquante comédienne; il n'est donc pas douteux pour lui que la parure n'appartienne à mademoiselle Ozy.

Me Léon Duval, oh! le fin avocat, oh! la pierre angulaire du barreau! Me Léon Duval, par qui l'on injurie à la barre, répond que M. Marlé ne connaît que M. le comte P..... que celui-ci lui a donné cette parure à arranger, et comme il est son débiteur, on ne rendra les diamants qu'après le mémoire payé.

De vifs débats s'engagent alors. M. Marlé est condamné à rendre la parure, et mademoiselle Ozy à payer mille francs.

Suivons l'ordre chronologique :

Les *Burgraves* vont bientôt paraître; mademoiselle Maxime est chargée du principal rôle. L'auteur, M. Victor Hugo, après trente-deux jours de répétitions, ne juge point mademoiselle Maxime capable de le remplir.

Aussitôt matière à procès; de part et d'autre chaleureuse discussion; le tribunal décline toute compétence. L'affaire est du ressort du comité judiciaire de la Comédie-Française; et mademoiselle Maxime est condamnée aux dépens.

Aujourd'hui c'est un homme au nom duquel s'est attachée une célébrité singulière. — Vidocq, ancien chef de la police secrète sous l'Empire, sous la Restauration, sous le Gouvernement de Juillet ; Vidocq, l'effroi des voleurs et des hommes tarés, ses vieux amis ; Vidocq, qui, pendant de longues années, avait peuplé les cachots, subissait lui-même un emprisonnement préventif : on savait qu'une longue et laborieuse instruction cherchait à mettre en lumière les actes de cet industriel devenu directeur d'un bureau de renseignements.

Sa vie tout entière est passée en revue ; on découvre qu'il a accaparé les braises, sous le nom de Vatizé, et qu'en peu de jours il aurait pu réaliser une immense fortune. On dévoile les détails sur la manière qu'il emploie pour restituer ce qu'il a volé, et pour recouvrer de mauvaises créances.

Vidocq est condamné à cinq années d'emprisonnement et trois mille francs d'amende.

Secouons nos vêtements, et purifions-les, en jetant de côté ces tristes et douloureux souvenirs des débats de la cour d'assises et de la police correctionnelle. D'autres tableaux appellent notre plume ; poursuivons notre œuvre et classons avec ordre les matériaux offerts à notre appétit d'historien.

———

On pourrait paver un vaste empire avec les ossements des victimes dévorées par les wagons et les chaudières des bateaux à vapeur. La science chemine sans doute, et, avec elle aussi, le cortége des milliers de désastres dont les cités en deuil gardent un douloureux souvenir.

Le plus rigide conseiller de la prudence, c'est le malheur ; mais, hélas ! il nous fait payer si cher ses leçons, qu'il y aurait presque bénéfice pour l'humanité à ne point courir après le perfectionnement.

Quoi que vous pensiez de cette philosophie du cœur, mon devoir m'impose aujourd'hui le récit d'une catastrophe horrible qui nous frappa au milieu de nos joies printanières.

Raconter, c'est émouvoir ; écoutez et permettez-moi de passer sous silence quelques-unes des scènes de désolation et de désespoir qui vinrent encore jeter une teinte funèbre sur le tableau des douleurs de tant de familles.

Le convoi du chemin de fer de Versailles, rive gauche, parti à cinq heures et demie pour Paris, se composait de dix-huit wagons; il était remorqué par deux locomotives. A la tranchée de Bellevue, l'essieu de la première, le *Mathieu-Murray*, se rompit, et, les roues se détachant, la locomotive sortit de la voie. Placée en travers par ce mouvement, elle fut mise sur le flanc par le choc de la seconde : celle-ci, activée par sa propre impulsion et celle du convoi, s'éleva au dessus de la première qu'elle broya; il en fut de même de deux wagons découverts, de deux wagons de deuxième classe et d'une diligence, dont les parties antérieures se superposèrent au train de derrière des voitures qui précédaient.

Le choc fut terrible; les wagons se brisèrent, et un grand nombre de personnes furent tuées ou blessées.

Ce malheur s'aggrava encore par une circonstance affreuse. Le feu du *Mathieu-Murray*, s'échappant du foyer, se répandit sur la voie; celui de la seconde locomotive vint s'y réunir, et le coke porté par les tenders lui donna un nouvel aliment. Les cinq premières voitures arrivant sur ce brasier ardent prirent feu, et furent entièrement consumées avec une effroyable rapidité.

Les wagons qui suivaient s'étaient arrêtés, et les voyageurs avaient pu en descendre.

Les conséquences de cet affreux malheur furent déplorables; soixante-quinze personnes périrent, et une centaine plus ou moins grièvement blessées.

Dans ce convoi se trouvait, sur la première locomotive, indépendamment du mécanicien ordinaire et du chauffeur, M. Georges, mécanicien en chef; la seconde était montée, en outre de son personnel, par un des chefs de service.

L'administration compta au nombre des morts M. Georges, l'un des plus habiles et des plus prudents conducteurs, que le choc avait lancé à soixante pas au moins de sa machine, et, avec lui, quelques autres employés de distinction.

Des habitations éloignées de dix minutes du chemin de fer, on entendait les cris des victimes. Hélas! ce bruit sinistre ne dura pas longtemps, car à peine accourait-on des maisons voisines, que l'asphyxie avait produit son terrible effet. Les malheureux voyageurs des premiers wagons ne formaient plus que des débris calcinés qu'on retirait avec des crocs en fer du milieu de l'incendie, dont le reflet rouge se détachait au dessus des arbres en lugubres faisceaux. La chaleur était tellement intense que les crochets semblaient se fondre dans les flammes avec les cadavres qu'on cherchait à leur disputer.

Pour donner une idée de la force de l'incendie, que l'eau elle-même activait, il nous suffira de dire que, parmi les premiers débris recueillis, rien n'avait conservé d'apparence humaine, si ce n'est un pied de femme resté parfaitement intact dans son brodequin.

Écoutons un témoin oculaire de l'épouvantable désastre ; je vous dois au moins un épisode de deuil dont le pinceau d'un grand artiste a enrichi sa toile avec une effrayante vérité.

« Je vis, dit-il, une dame qui dominait toute la scène. Elle était prise par le milieu du corps entre des fragments de wagons qui l'avaient portée à plus de cinq mètres au dessus du sol. Ses bras étaient libres, et elle les agitait, dans sa détresse, en demandant assistance. Nous faisions mille efforts pour parvenir jusqu'à elle ; mais le brasier nous en séparait de tous côtés, et pas une goutte d'eau pour l'éteindre! La flamme la gagnait. Alors comprenant qu'il n'y avait plus d'espoir, elle se résigna sans doute. Je la vis lever les mains au ciel, puis les poser sur ses yeux et rester immobile, se laissant brûler, sans exhaler une seule plainte. Sa robe blanche et son écharpe noire serrées sur elle prirent feu assez lentement. Une flamme plus ardente fit disparaître son voile, qui flottait au vent, et dévora enfin son chapeau de paille. La malheureuse pouvait avoir trente ans....»

Cherchons une douce émotion au milieu de tant de ruines ; assez de lambeaux de chairs s'agitent encore palpitants auprès de nous.

Voici une lettre qui ne pouvait échapper à nos recherches.

« Je revenais avec ma femme, mes trois petites filles et leur bonne, par le convoi de cinq heures et demie. A peine avions-nous ressenti le premier choc, que le wagon où nous étions enfermés fut renversé sur le côté, ne laissant pour toute issue que le carreau de la portière. Les jeunes gens qui se trouvaient avec nous cherchèrent aussitôt à fuir. Les flammes entouraient les parois de la voiture ; mes malheureuses petites filles jetaient des cris perçants ; la plus jeune avait été renversée, et le feu prenait déjà à ses vêtements ; j'avais la tête perdue, car avec mes soixante-neuf ans, j'étais fort peu capable de sauver ma femme et nos pauvres enfants.

« Dans ce moment terrible nous apparut un jeune homme, coiffé d'un chapeau gris, faisant de violents efforts pour briser les panneaux du wagon ; il y parvint enfin, sauva d'abord les trois enfants l'un après l'autre, arracha ma femme évanouie aux flammes qui l'entouraient de toutes parts, puis il nous transporta tous les cinq à cent pas environ de l'incendie, et, voyant que nous étions sans habits, il nous offrit sa bourse et nous força d'accepter vingt francs pour ne pas nous exposer, dit-il, à l'hospitalité douteuse des aubergistes de la banlieue. Il nous quitta de nouveau pour secourir la bonne, la rapporta sur son dos ; ses jambes brûlées l'empêchaient de marcher.

« Nous nous aperçûmes alors que le pantalon de notre libérateur était en cendres, et que ses bottes, à tiges rouges, étaient à moitié brûlées ; il n'avait plus qu'un lambeau d'habit dont les basques avaient été dévorées par le feu.

« Nous le priâmes avec instances de nous dire son nom, il nous répondit en souriant : Je m'appelle *Arthur trois étoiles;* je n'avais rien à craindre du feu, mon cher oncle m'a fait assurer contre l'incendie. Puis il s'éloigna en boitant.

« J'ignore le nom de l'homme généreux qui nous a sauvés ; j'ai fait prendre des renseignements à Sèvres et à Versailles ; on ne le connaît que de vue ; on l'a aperçu souvent, m'a-t-on dit, dans une voiture, sans autre armoirie qu'une couronne sur le siége. Je lui ai dit mon nom et mon adresse, mais je doute qu'il m'accorde le bonheur de lui exprimer ma reconnaissance ; je proclame donc ici que je lui dois la vie, celle de ma famille et vingt francs que je voudrais bien lui rendre.

Signé *Durieu*, à Montrouge, 116, chez *Mme Bayer*. »

Encore un point de repos consolateur. Un voyageur, après des efforts surhumains, était parvenu à franchir, légèrement blessé, la redoutable fournaise; on le voit au milieu des tourbillons essayer d'enfoncer une portière ; déjà ses vêtements sont atteints par les flammes ; quelques personnes intrépides s'efforcent de l'arracher aux périls qui le cerclent dans un réseau de feu : « Laissez-moi ! laissez-moi ! s'écrie-t-il d'une voix désespérée, ma femme et ma fille sont là ; je les sauverai ou je mourrai avec elles ! »

Le bois à demi consumé cède bientôt sous les héroïques efforts de l'infortuné....... Il pénètre dans le brasier, et on le voit un instant plus tard apparaître entraînant avec lui les deux êtres si chers à sa tendresse. « Je dois des actions de grâces au ciel, s'écrie le généreux citoyen : il y a là d'autres victimes que nous pouvons disputer à la mort ; Chrétiens, secondez-moi ! »

La femme et la fille de cet homme d'énergie et de charité firent aussi leur devoir, et, revenues de leur évanouissement, elles s'élancèrent vers les wagons saisis déjà par les flammes, et Dieu seul put les arrêter dans leur pieuse mission...... La mort s'était fait sa part ; les cadavres ne lui échappent jamais.

Achevons le récit.

Un homme avait usé sa vie dans une lutte incessante contre les Océans ; déjà trois fois il s'était promené d'un pôle à l'autre, glissant à travers les labyrinthes qui emprisonnent l'éternelle banquise du Sud, bien souvent drossé par les courants des tropiques et les typhons de la Malaisie et de la Chine, il avait échappé comme par miracle aux colères du Pacifique, qui fait grâce à peu de nautonniers.

Cet homme, heureux enfin d'un repos si chèrement acheté, venait de promener ses loisirs à Versailles, à côté de sa femme, noble et digne mère, et près de son fils, adolescent d'une intelligence supérieure.

Seuls dans un wagon, ils échangeaient sans doute de ces douces et saintes paroles qui vont d'une âme à une âme et pavoisent de bonheur la vieillesse au foyer.

Tout à coup...... vous connaissez la catastrophe.

On savait à Paris que l'amiral Dumont-d'Urville était allé visiter la cité des Rois, et on l'attendait avec l'anxiété la plus mortelle. L'Institut, dont l'illustre navigateur était membre, ordonna des recherches, et son secrétaire perpétuel François Arago, oublieux de vieux dissentiments, déploya la plus honorable activité pour rassurer les amis de celui qu'on ne devait plus revoir.

Des ossements calcinés, quelques lambeaux de vêtements et de chaussures carbonisées, une montre à moitié fondue au brasier dévorateur, et puis, trois torses que la science eut peine à séparer, tant les derniers embrassements s'étaient confondus... Voilà tout ce qui restait d'une mère, d'un fils, d'un homme de fer que le même cercueil abrite aujourd'hui, que le même Dieu a reçu dans son immortalité.

Hélas ! quand le malheur frappe un pays, il se donne une escorte.....

Dieu venait de parler, ses décrets immuables avaient appelé à lui un prince jeune, aimé, brave, généreux, qui voyait s'ouvrir devant lui de longs jours de gloire et de bonheur.

Ce n'était pas une existence frivole que celle des premières années de l'homme dont le deuil sera porté par toutes les âmes honnêtes. Il avait sérieusement étudié les choses sérieuses; sous les balles africaines des portes de Fer et de Mouzaïa, comme devant la citadelle d'Anvers, il avait payé de sa personne, et il était revenu au milieu de nous enivré de ses triomphes, parceque peu de sang avait été répandu pendant les deux plus rudes campagnes de nos jeunes armées.

J'ai dit autre part les douces joies du prince auprès de la femme la plus noble, la plus distinguée, la plus pieuse que le ciel ait jetée sur cette terre de deuil et de désillusion.

Permettez-moi un souvenir consolateur, et laissez-moi vous répéter la parole qu'un homme de science livra un jour à mon indiscrète curiosité.

Le prince à qui je consacre ces pages de mon livre suivait au collége Henri IV les leçons de quelques professeurs oublieux du rang de leur royal élève, et sévères envers lui comme si la fortune s'était montrée moins généreuse à son égard.

Parmi les émules du Duc se trouvait un jeune homme dont la famille pauvre n'achetait l'éducation d'un fils qu'au prix des plus grands sacrifices.

Presque toujours le premier dans les examens particuliers et les concours publics, Ernest B....allait pourtant quitter le collége, car de nouveaux malheurs descendus dans sa maison réduisait celle-ci presque à la misère.

Le duc d'Orléans, vaincu par Ernest B.... qui ne poussait pas le dévouement jusqu'au dédain de ses victoires classiques, apprit la position fâcheuse de son vainqueur ; et, dans une lettre

PRISON OF CARFAX POPINCOURT

qu'il lui adressa, nous reconnaissons une âme qui aurait probablement résisté plus tard aux séductions corruptrices de la puissance.

« Ernest, lui écrivait-il, j'ai eu bien souvent envie de te
« chercher querelle dans les cours et les promenades, puisque
« tu me bats dans les classes ; mais je prends aujourd'hui la
« revanche de mes défaites, et j'espère que tu ne me refuseras
« pas le cartel que je te propose.

« Tu as du savoir ; moi j'ai de l'or ; mon coffre est plein, le
« tien est vide ; partageons. Je te préviens que toutes tes leçons
« ici et ailleurs sont payées pour cinq ans, et que ta famille, à
« dater du premier de ce mois, touchera sur ma cassette parti-
« culière une pension annuelle de douze cents francs. Cela lui
« apprendra à donner au collège un élève qui m'arrache toutes
« les couronnes. Si tu me refuses, Ernest, tu es prévenu que
« je ferai compter cette somme à Julien R... qui ne sera jamais
« qu'un sot, un fat et un insolent.

« Ton camarade et ami,   Ferdinand d'Orléans. »

Blâmez-moi si vous le voulez ; mais il me semble que de pareils faits ne sont pas indignes de l'histoire.

Nous allons vite, le temps s'envole sur des ailes de feu ; vous avez vu l'enfance, voici la dernière heure, 13 juillet 1842 !

Aujourd'hui, à midi, M. le duc d'Orléans devait partir pour Saint-Omer, où il allait inspecter plusieurs régiments désignés pour le corps d'opération sur la Marne. Ses équipages étaient commandés, ses officiers étaient prêts. Tout se disposait au pavillon Marsan pour ce voyage de courte durée, après lequel il devait rejoindre madame la duchesse à Plombières.

A onze heures, le prince monta en voiture dans l'intention d'aller à Neuilly faire ses adieux au Roi et à la Reine.

La voiture qui conduisait le Duc était un cabriolet à quatre roues attelé de deux chevaux à la Daumont. Cet équipage était celui dont il se servait habituellement pour ses courses dans les environs de Paris; le prince était seul.

Arrivé à la hauteur de la porte Maillot, le cheval monté par le postillon s'effraya et prit le galop. Bientôt la voiture fut emportée dans la direction du chemin de la Révolte.

Le Duc, voyant que le postillon était dans l'impossibilité de maîtriser l'attelage, descendit sur le marchepied de la voiture et sauta sur la route, à peu près à moitié du chemin de l'avenue perpendiculaire à la porte Maillot. Les deux pieds du prince touchèrent le sol; mais la force de l'impulsion le fit trébucher; la tête porta sur le pavé; la chute fut horrible. S. A. R. resta sans connaissance à la place où elle était tombée.

On accourut à son secours, et on le transporta dans la maison d'un épicier, située sur la route, à quelques pas de là, vis-à-vis des écuries de lord Seymours. Cependant les chevaux étaient domptés.

S. A. R., les yeux fermés, la respiration saccadée, n'avait pas repris ses sens; elle fut étendue sur un lit, dans une des salles du rez-de-chaussée, et l'on se mit en quête des secours réclamés par la gravité de son état. Un médecin des environs, le docteur Baumi, accourut et lui donna les premiers soins. Une saignée fut pratiquée, elle ne produisit aucun effet.

Cependant la nouvelle de cet affreux accident avait été apportée à Neuilly. La Reine était partie à pied en toute hâte, le cœur brisé, suivie du Roi, qui devait aller à midi présider le conseil des ministres. Les voitures étaient prêtes; elles rejoignirent L. L. M.M., qui, accompagnées de madame Adélaïde et de la princesse Clémentine, continuèrent leur route en voiture jusqu'à la maison où le duc d'Orléans ne donnait presque aucun signe de vie. On se figure plus aisément qu'on ne les décrit l'émotion et la douleur de la famille royale frappée dans ses plus chères affections.

Cependant le docteur Pasquier, premier chirurgien du

Prince, venait d'arriver. Le duc d'Aumale, accouru de Courbevoie, et le duc de Montpensier, venu de Vincennes, avaient déjà rejoint leurs augustes parents.

Le docteur, après avoir examiné l'état du blessé, déclara que sa situation était des plus graves. On craignait un épanchement au cerveau, et tous les symptômes se réunissaient malheureusement pour donner crédit à cette appréhension redoutable. Chaque minute semblait empirer le mal. Le prince ne reprenait point connaissance; sa peau devenait terreuse. Quelques mots confusément prononcés en langue allemande avaient seuls pu inspirer un espoir aussitôt évanoui que conçu.

Le Roi fit prévenir les ministres rassemblés en conseil; ils se rendirent immédiatement à Sablonville. Le maréchal Gérard, les ministres de la justice, des affaires étrangères, de l'intérieur, de la marine, des finances et de l'instruction publique étaient présents. Le chancelier de France, le préfet de police, les généraux Pajol et Aupick, les officiers de la maison du Roi et des princes étaient accourus et avaient été introduits dans l'espace laissé libre, près de la maison, et entouré d'un cordon de sentinelles.

A deux heures le Roi donna l'ordre de faire prévenir Mme la duchesse de Nemours, qui était restée à Neuilly; d'après le désir de S. M., la princesse arriva quelques instants plus tard, accompagnée de ses dames.

C'était déjà une tombe que cette salle étroite et froide, où, par un bizarre caprice, on avait jeté çà et là des images de deuil et de destruction.

Sur le chevet du lit d'où tombait un râle à peine entendu, était cloué un cénotaphe couronné de deux faux en croix, et une inscription en lettres rouges, disant la vanité des grandeurs humaines.

Comme pour invoquer la bonté de Dieu, arbitre de toute chose, le Roi leva les yeux vers le ciel; la fatale image le fit frissonner, sa tête retomba sur sa poitrine, et, d'une voix entrecoupée de sanglots : Arrachez ce papier, dit-il; que la Reine ne le voie pas, la mort ne marche que trop vite.

Dans les grandes douleurs, tout vient en aide à la souffrance pour la rendre plus corrosive : la pression de main amicale vous semble une menace, le sourire un sarcasme, et l'étoile d'or qui se lève sur votre front, un météore prêt à vous embraser.

Cependant, sous l'influence d'une médication énergique, l'agonie du prince se prolongeait; la vie se retirait, mais lentement, et non sans lutter contre la destruction qui allait emporter tant de jeunesse... Un moment la respiration parut plus libre; le pouls devint sensible, et l'on se prit à espérer. Un instant de calme interrompit cette longue scène d'angoisses ; mais cette lueur s'effaça bientôt dans un sinistre découragement. A quatre heures le Prince royal était en proie à tous les symptômes les moins équivoques d'une fin prochaine.

A quatre heures et demie il rendait son âme à Dieu, béni par la Reine, qui, inclinée et soutenue par la religion, venait de déposer un dernier baiser sur un front sans battements, sur des yeux sans regards.

L'Éternel avait parlé... Le Roi et la Reine, humblement soumis aux décrets du Ciel, rejoignirent les maréchaux groupés dans la chambre voisine. C'en est fait ! dit le père infortuné d'une voix empreinte de résignation et de fermeté toute royale ; des larmes, des larmes, c'est tout ce que nous avons à donner désormais à mon fils adoré.

Cependant la dépouille mortelle du Prince avait été placée sur une litière recouverte d'un drap blanc. La Reine refusa de remonter dans sa voiture, et voulut accompagner à pied le corps de son fils bien aimé jusqu'à la chapelle de Neuilly, où il devait être exposé. On fit venir en toute hâte une compagnie du 17e régiment d'infanterie légère pour former la haie sur le passage du cortége funèbre ; et c'est ainsi que ces braves, qui avaient accompagné le prince dans les défilés des portes de Fer et sur les hauteurs de Mouzaïa, servirent d'escorte au convoi de leur général.

Les soldats pleuraient. Tous, le front courbé, le cœur battant fort, se rappelaient le courage de leur chef, et l'on eût dit un frère descendant à la tombe au milieu de sa famille désolée.

A cinq heures le lugubre cortége se mit en route : le lieutenant-général Athalin marchait en avant de la litière portée par quelques sous-officiers de toutes armes. Derrière le corps s'étaient placés le Roi, la Reine, la princesse Adélaïde, la duchesse de Nemours, la princesse Clémentine, les ducs d'Aumale, de Montpensier ; puis venaient les maréchaux Soult et Gérard, les officiers du Roi et des Princes, et toute la foule des assistants qui doutaient encore de leur malheur.

Le convoi parcourut ainsi l'avenue de Sablonville, franchit la vieille route de Neuilly, et attrista le parc royal, qu'il traversa dans toute sa longueur. Le Roi n'avait voulu céder à personne le droit de conduire ce premier deuil de son fils aîné. Il arriva ainsi, accompagné de la Reine, jusqu'à la chapelle du château, où leurs majestés, agenouillées devant l'autel, laissèrent les restes de leur enfant sous la garde de Dieu.

A sept heures, M. Bertin, officier d'ordonnance du Prince royal, partit pour Plombières, où Mme la duchesse d'Orléans devait passer une saison. A neuf heures la duchesse de Nemours et la princesse Clémentine, accompagnées de Mme Agnel et du lieutenant-général de Rumigny, prirent également la route de Plombières.

J'ai dit la douleur et le deuil de la grande cité ; et comme il est des tristesses qu'on aime à garder dans le cœur, je vous dois le récit de la cérémonie funèbre par laquelle on voulut honorer la mémoire d'un Prince qu'on pouvait combattre dans ses opinions politiques, mais qu'il était impossible de ne pas aimer, de ne pas estimer. Tout ne s'en va pas avec le cercueil qui descend dans la tombe, le culte du souvenir sera toujours précieux aux âmes chrétiennes, et l'oubli des grandes infortunes est une impiété.

Pourquoi faut-il que mon devoir de rigide historien m'oblige à vous faire ici la confidence d'un acte incroyable de lésinerie que j'aurais voulu rayer de ces tablettes?

L'homme du peuple paie le deuil de son frère, le citoyen sans fortune vide ses poches pour donner une bière et une tombe à son fils bien aimé, le pauvre vend ses derniers haillons pour servir d'escorte à celui qu'il aima sur cette terre....

Eh bien! le Roi de France, le Roi Louis-Philippe, riche de tant de châteaux, de tant de millions, demanda que le pays lui vînt en aide pour payer les obsèques de son fils!

Vite, vite, cheminons; le deuil de notre âme est assez grand, nous avons assez d'amertume au cœur; n'y laissons aucune place pour le dégoût de tant de vénalité.

Empruntons les lignes qui suivent à un document officiel; la simplicité peut avoir son éloquence:

Le 14 août 1842, à neuf heures du matin, les portes de la basilique s'ouvrirent pour les personnes invitées et pour les grandes députations de tous les corps d'état. Dans les tranceps de chaque côté du catafalque étaient des gradins en amphithéâtre destinés aux membres de la chambre des députés.

Venaient ensuite, à droite, auprès du cénotaphe entre les transceps, les ministres, les membres du corps diplomatique, le Conseil d'Etat, la Cour de cassation, l'Institut, l'Instruction publique, le corps municipal, l'état-major de la garde nationale et les députations de toutes les légions s'étendant à droite jusqu'au bas de la nef.

A gauche se trouvaient les maréchaux et amiraux, la Cour des comptes, la Cour royale et les autres cours judiciaires, le Tribunal de commerce, la Banque de France; puis, l'état-major des armées de terre et de mer et les députations des corps et des écoles militaires.

D'immenses gradins élevés de chaque côté de la nef et les galeries qui les surmontent étaient remplis d'une foule considérable en costume de deuil. Toute l'église, et surtout le catafalque qui en occupait le centre, magnifiquement éclairée, présentaient le plus beau et le plus imposant coup-d'œil.

A onze heures une salve de vingt et un coups de canon tirés sous le chevet de Notre-Dame, et le son des cloches annonçaient l'arrivée de leurs altesses royales le duc de Nemours, le prince de Joinville, le duc d'Aumale et le duc de Montpensier, accompagnés des officiers de leurs maisons. Monseigneur l'Archevêque de Paris, à la tête de son clergé, les reçut sous le péristyle de l'église, et la cérémonie commença.

Le *De Profundis*, chanté en faux-bourdon par mille voix émues, parcourait la sainte basilique, et tous les cœurs s'unissaient à l'hymne religieux qui passait sur le corps sans vie, comme la promesse d'une éternité de bonheur.

Pendant l'office, les princes priaient; couverts de manteaux de deuil et agenouillés devant les marches, ils étaient placés sur la même ligne, dans l'ordre suivant : au centre le duc de Nemours et le prince de Joinville, à droite le duc d'Aumale, à gauche le duc de Montpensier.

Sur les côtés étaient les ecclésiastiques en prière; les officiers de service se tenaient debout auprès d'eux. Derrière, se groupaient les aides-de-camp du Roi, des Princes et les officiers de leurs maisons. Le canon, les cloches et le bourdon promenaient leurs volées sur la capitale pendant l'élévation et les passages les plus solennels de l'office divin.

L'absoute est prononcée; quatre évêques montent les vingt degrés servant de soubassement au catafalque, et après eux l'Archevêque dit, à la tête du cadavre, quelques prières des morts, tandis qu'à ses côtés les ducs de Nemours, d'Aumale, de Montpensier et le prince de Joinville s'agenouillent et jettent l'eau sainte sur le cercueil de leur frère tant aimé.

Un frémissement général parcourt la basilique ; vous diriez cent mille cœurs battant dans une seule poitrine.

Le départ d'un homme que nous avions appris à aimer dans sa vie d'adolescent et de Prince royal eut lieu sans pompe, sans bruit, presque à l'insu des citoyens dont la douleur était loin de s'affaiblir.

La chapelle de Dreux reçut le corps du duc d'Orléans, placé aujourd'hui dans une petite église élevée au sommet de la côte dominant la ville, et où le voyageur peut envoyer de loin son tribut de regrets et de larmes.

Si vous suivez le chemin de la Révolte, vous verrez sur la place de la maison où Ferdinand d'Orléans rendit le dernier soupir une chapelle consacrée au souvenir d'une perte irréparable, asile saint souvent visité par les hommes de tous les partis aimant la droiture, le courage, la loyauté.

Les mauvaises nouvelles comme les haineuses passions voyagent avec la rapidité de l'éclair, elles franchissent les distances sur l'aile de la pensée; aussi, à peine eûmes-nous connu à Paris le gain de la bataille de Nézib par l'armée égyptienne, que nous apprîmes combien avaient été hypocrites nos promesses au Pacha d'Egypte. Ce fut un profond dégoût dans les âmes énergiques du pays, et Dieu sait le mépris que nous inspiraient alors les hommes qui se disaient le Gouvernement.

Un front jeune encore, quoique portant bien des années, avait résolu l'indépendance de son Pachalic, c'était Aly-Bey; sur la vieille terre des Sésostris, il voulait jeter, avec des populations libres, les lettres, les arts et le commerce, richesses éternelles des nations, et gloire des Princes qui les encouragent.

Nous avions dit à cet homme de fer, inébranlable aux menaces de la Sublime-Porte indignée de sa résistance : Tenez ferme ! si l'Angleterre protège le Sultan, nous avons des vaisseaux et des capitaines qui vous serviront d'égide; notre bronze va loin et droit au but qu'il veut atteindre. Nos officiers de marine, nos matelots appelaient de leurs vœux les plus fervents le moment de pointer leurs canons sur les insolentes carènes britanniques. Tenez ferme! et la France, votre alliée la plus fidèle, saura prouver qu'une attaque à votre pouvoir est une attaque à sa dignité; tenez ferme pour abattre l'oppression, nous ne tendons notre main qu'à ceux qui, comme vous, ne veulent pas de maîtres; tenez ferme!

Vous connaissez les promesses, vous saurez bientôt les résultats... Parjures, courbez la tête, baissez les yeux !

Ibrahim était fils d'Ali ; Soliman-Sève était l'ami d'Ibrahim qui l'appelait son frère; tous deux, l'un Égyptien, l'autre Français, sourirent dédaigneusement aux insolents bulletins leur arrivant de Constantinople; ils firent appel aux cœurs énergiques, et se trouvèrent bientôt à la tête d'une puissante armée, où celui qui écrit ces lignes était fier de compter un fils qui joua noblement son rôle dans la célèbre bataille de Nézib, dont les préparatifs tenaient Paris en émoi, comme s'il s'était agi d'une affaire où notre honneur national se serait trouvé engagé.

L'armée du Sultan était deux fois plus forte que celle du Pacha; mais là-bas, non plus que chez nous, le nombre ne décide pas la victoire, et le général en chef Ibrahim sut le prouver.

En deux heures la défaite des Turcs fut complète, la déroute dans tous les corps, et les Égyptiens poursuivaient les fuyards l'épée dans les reins.

Dans cette fuite, honteuse pour la Porte, glorieuse pour Ali, Soliman et leurs soldats, une halte était à peine ordonnée par le général du Sultan, que le *sauve qui peut* courait dans tous les rangs; car l'armée du Pacha cherchait déjà de l'œil Constantinople, et voyait poindre à l'horizon les hauts minarets du Bosphore et la coupole de Sainte-Sophie, où elle voulait aller rendre grâces à Mahomet du succès de ses armes.

Mahomet fut sourd à ces élans de patriotique reconnaissance... sur les prières d'un dieu que le prophète voulut dépouiller de sa divinité, Ibrahim fit halte; l'Angleterre dit au Sultan qu'il pouvait respirer à l'aise dans les jardins de son sérail; et peu de temps après, fatale prédiction des hommes d'énergie, Ali perdit sa puissance et la Syrie que nous avions promise à sa générosité.

La Grande-Bretagne avait une flotte dans la Méditerranée; le Pacha d'Égypte pouvait lui opposer de magnifiques trois-ponts et de superbes frégates ; nous avions, pour lui venir en aide, les plus intrépides équipages du monde : un coup de canon, un seul coup de canon tiré alors, et c'en était fait de l'escadre anglaise.

Le bronze resta muet, les boulets dormirent dans leurs parcs, les pavillons sans déchirures flottèrent au sommet des mâts, notre voix s'éteignit quand nous devions parler haut; à Navarin, nous aidâmes à la destruction de la flotte égyptienne, et peu s'en fallut que Soliman et ses officiers ne se vissent forcés de quitter leur seconde patrie, tant le nom de la France était exécré en Égypte, tant le Pacha trompé nous gardait de haine et de mépris!

Une pareille politique a fait peser sur nous une bien grande responsabilité. La chance était belle, la retrouverons-nous jamais? Ne le souhaitons pas : il y aurait peut-être encore désillusion ; mieux vaut l'oubli des peuples que leur dédain.

Courons vite à d'autres tableaux ; j'ai à peine ébauché celui-ci, parceque je n'aime pas à m'arrêter les pieds dans la boue. Hélas! les émotions de la cité auront-elles moins d'amertume que les hontes des palais?

CHAPITRE IV.

Jacques Laffitte — La bande des Habits noirs. — M⁰⁰ Figeac. — Brassine. — Bressant. — Rachel et Maxime. — Franconi.

Le 24 mai 1844 fut un jour néfaste pour la France qui perdit un grand financier, un homme de bien, un homme de cœur.

Jacques Laffitte avait marché dans la vie comme ces fleuves américains nés d'un ruisseau et qui semblent à leur embouchure rivaliser avec l'Océan, dont ils deviennent les tributaires.

Je n'ai pas mission de rappeler ici les premières années de celui dont le souvenir nous est précieux; mais je manquerais à mon devoir si je ne disais pas ce qu'il y eut de larmes et de deuil dans la grande cité à la nouvelle de sa mort. On s'abordait en se serrant tristement la main, on s'interrogeait du regard, et le silence était en même temps un hommage et une douleur.

Les haines, dit-on, s'éteignent au bord de la tombe; n'en

croyez rien, car nous avons entendu bien des outrages s'attacher au cadavre après avoir empoisonné les jours de force et de virilité.

Les privilégiés échappant à cette règle universelle sont si rares qu'il serait aisé de les compter; Jacques Laffitte est de ce nombre.

Il est mort, se disait-on, et chacun se rappelait un trait de grandeur d'âme, une noble action de civisme, un acte de probité ou de générosité à honorer une vie séculaire. Et ce cortége d'amour et de bénédictions était pur d'injures et de sarcasmes; on passait devant le cercueil la douleur à l'âme et plus dévot à la religion du bien. Heureux celui dont la mort est une affliction et un enseignement à la fois!

Vous connaissez quelques-unes des grandes choses auxquelles Laffitte a rivé son nom, comme pour leur donner de l'éclat et de la durée; permettez-moi de vous raconter deux scènes intimes de sa vie qu'il a voulu laisser ignorer, mais que la reconnaissance a cru devoir arracher à l'oubli : on se repose avec bonheur sur de tels souvenirs.

Charles N. était un des écrivains les plus coquets, les plus fins, les plus spirituellement railleurs de son époque qui est aussi la nôtre. Vous l'avez connu tous, vous l'avez tous aimé, vous avez tous pleuré à la nouvelle de sa mort, comme vous le feriez à celle d'un ami et d'un frère.

Eh bien! Charles n'avait que son génie, c'est peu; aussi lui fut-il souvent difficile d'avancer dans la vie sans les soucis du ménage; car il était marié, car il avait des enfants; on payait peu ses œuvres d'une philosophie si pure, et puis, il faut le dire, il ne savait pas thésauriser, ou plutôt économiser.

Un jour, pendant son absence, des huissiers, des hommes aux allures sauvages, sonnent à sa porte, entrent sans dire gare, s'installent à la première table venue, verbalisent et font à haute voix l'énumération des meubles de l'appartement.

Madame N., justement alarmée, leur demande en tremblant la cause de cette brutale irruption.

— Madame, lui répond une voix caverneuse, nous venons saisir en vertu d'un jugement en bonne et due forme.

— Pour quelle somme?

— Quatre mille francs, capital, frais et dommages-intérêts.

— Ne continuez pas, messieurs; mon mari va venir, il paiera.

— C'est un argument, madame, contre lequel nous n'avons pas de réplique.

L'homme de loi, après avoir posé sa plume à son oreille, venait de jeter un regard sur madame N. appuyée au bras de sa fille... Il n'eut plus de paroles sévères, il plaignit, il déplora la rigueur de son ministère.

On sonna; madame N. courut à l'antichambre, elle ouvrit; c'était son mari.

— Dieu soit loué! lui dit-elle, voilà mes terreurs qui s'en vont.

— Qu'as-tu donc?

— On saisit nos meubles, de vilains hommes sont là convoitant déjà ta belle bibliothèque; va, cours chez Laffitte, et demande les huit mille francs que tu as déposés chez lui pour la dot d'Eugénie.

— J'y vais, fais attendre ces hommes.

Charles sortit; mais hélas! il n'avait rien déposé chez Laffitte; par un généreux mensonge il avait caché à sa famille la faillite d'un négociant, et il parcourut les rues appelant des yeux et du cœur un ami qui pût lui venir en aide. Pas un des amis du pauvre Charles n'avait le sou; tous étaient logés à la même enseigne, moins les meubles qu'on ne pouvait saisir... On a plus de repos en garni, j'ai connu les inconvénients d'une position plus heureuse.

Mais les heures s'écoulaient, et, Charles ne revenant pas, les huissiers commençaient à perdre patience.

— Encore quelques instants, leur dit madame N.; je sors, je ne tarderai pas à revenir.

Elle monte en fiacre, elle arrive à l'hôtel Laffitte où elle était parfaitement connue; on l'introduit dans le cabinet du célèbre banquier qui se lève et court à elle.

— Qu'avez-vous donc? dit-il après lui avoir présenté un siége; comme vous êtes pâle, agitée! parlez, parlez vite.

— Mon Dieu! monsieur, ce ne sera pas long; avez-vous vu mon mari tout à l'heure?

— Non, madame.

— J'étais sûre qu'il n'oserait pas venir; j'ai plus de cœur, moi, et je vous prie, monsieur, de me donner l'argent qu'il a déposé chez vous... on nous saisit en ce moment.

— Mais tout de suite, madame. C'était, je crois...

— Huit mille francs.

— Ah! oui, je m'en souviens à présent... Il me confia cette somme il y a... attendez...

— Dix-huit mois à peu près.

— C'est juste. Georges, cria Laffitte à son caissier, donnez-moi le bordereau de Charles N. Mais, pardon, madame, poursuivit-il, veuillez attendre quelques minutes; je sais où il est.

Laffitte court à la caisse.

— Monsieur Charles N. a-t-il déposé huit mille francs chez moi?

— Non, monsieur.

— C'est bien, taisez-vous.

Le banquier revient auprès de madame N., et, d'une voix attristée:

— J'espérais, madame, dit-il, que l'argent de votre mari lui rapporterait davantage: c'était une excellente opération; mais enfin il y a deux mille cinq cents francs de bénéfice, et voici le tout en billets de banque.

— Mais, c'est une fortune ! merci, monsieur, merci.

Madame N. arriva chez elle la joie dans l'âme, paya les huissiers et courut embrasser sa fille. Il était nuit, Charles N. rentra.

— Méchant ! lui dit sa femme avec un angélique sourire, je savais bien que tu n'oserais pas aller chez Laffitte ; mais j'ai eu plus de courage que toi, j'y suis allée, je lui ai dit notre embarras, et le digne homme a été fâché que les huit mille francs que tu lui avais confiés n'eussent pas produit davantage... C'est égal, c'est beau deux mille cinq cents francs de bénéfice ! J'ai payé ces vilaines gens, et nous voilà encore riches et heureux !

— Tu as été chez Laffitte ?
— Oui.
— Et il t'a donné ?...
— Ce que je t'ai dit.... Cela te fâche ?
— Non, mais j'ai besoin de le voir ;... je vais le remercier.
— Tu lui dois au moins cela.

Charles arriva chez Laffitte qui, du plus loin qu'il l'aperçut :

— Eh bien ! eh bien ! mon ami, qu'avez-vous ? lui dit-il avec bonté ; vous êtes prince de la littérature, moi prince de la finance. Entre cousins on se doit quelques politesses ; vous me rendrez cela quand vous serez Roi de France...

Les Rois de France lui ont-ils rendu ce qu'ils lui devaient ?

Encore un exemple de l'exquise bonté d'âme de celui que nous pleurons.

Un homme l'attend un jour à la porte de son hôtel...

— Monsieur, lui dit-il d'une voix faible, j'ai de l'intelligence, de l'instruction, du courage, et je suis pourtant à la veille de manquer de pain....

— Quel est votre état ?
— Instituteur.

— Où logez-vous ?

— Dans votre rue.

— Je prendrai des informations ; et en attendant, comme il faut que les hommes de cœur, d'intelligence et de savoir dînent, voici de quoi vous mettre à table pendant huit jours.

Deux pièces d'or venaient de tomber dans la main de l'instituteur. Par ordre de Laffitte on alla aux enquêtes : l'homme d'intelligence avait dit vrai ; le banquier l'envoya chercher.

— Combien vous faudrait-il pour monter, chez vous, une petite école ?

— Sept ou huit cents francs ; avec cela j'acheterai des bancs, quelques chaises, des pupitres ; les élèves viendraient peut-être.

— Voilà, monsieur. Point de remerciements, et que les élèves vous arrivent.

Ils arrivèrent en effet, et voici comment : par ordre de Laffitte, les gens de sa maison firent, dans le quartier, une râfle de petits marmots des deux sexes, et, après en avoir demandé la permission à leurs parents, ils les envoyèrent à l'instituteur, et payèrent en cachette l'éducation d'une centaine de fils de portiers, d'enfants de blanchisseuses, de neveux de porteurs d'eau, ignorant peut-être encore à quelles mains généreuses ils doivent de savoir lire dans leurs livres de prières.

Et maintenant voilà les tambours qui résonnent, la musique qui dit des chants lugubres ; voilà les rues et les boulevards envahis, voilà un cortége funèbre... Chapeau bas ! les restes de Jacques Laffitte passent.

Un monde se presse sur les boulevards; la foule la plus compacte assiège les rues que doit parcourir le convoi, et cependant tout est calme, tout est religieux là et là. C'est que tous nous avons perdu un ami, c'est qu'un grand nombre a perdu un père, un bienfaiteur ; c'est que le dernier adieu est toujours une amertume, et que les douleurs les plus profondes ne se jettent pas au dehors.

Le char, dont les cordons sont tenus par MM. Sauzet, président de la chambre des députés, Thiers, François Arago, Dupin, Odilon Barrot, Béranger, le comte d'Argout et Calmont, est précédé par un escadron de gardes municipaux, un du 5e dragons, deux bataillons du 2e léger et du 23e de ligne, et un bataillon de garde nationale. Le cortége parcourt la rue de la Paix, traverse la place Vendôme, la rue Saint-Honoré, et s'arrête à Saint-Roch, où le service est chanté en faux-bourdon.

Blouses et habits, riches et pauvres sont mêlés dans l'église, et de toutes les lèvres le nom de Laffitte tombe escorté de bénédictions : la prière ne monte pas plus vite vers le trône de l'Eternel.

Après l'absoute, le cortége se remet en marche, regagne les boulevards, qu'il traverse dans toute leur longueur, fait une courte halte à la colonne de Juillet où dorment tant de nobles cœurs, et s'achemine vers le Père Lachaise.

Le soleil avait beau lancer ses rayons les plus ardents ; nul front ne se couvrait, et vous auriez dit que la brise voulut garder le silence lorsque, d'une voix pénétrée, François Arago laissa tomber ces paroles échappées de son âme :

« La foule qui se presse autour de cette tombe témoigne, par son recueillement et ses larmes, de l'estime profonde qu'avait su exciter parmi les habitants de la capitale le collègue, l'ami dont nous allons nous séparer. La patrie perd en lui un citoyen dévoué, le haut commerce une de ses plus éclatantes lumières, les malheureux un protecteur empressé, généreux, délicat, la société française un modèle parfait d'urbanité, de grâce sans affectation, de bienveillance sans fadeur. Laffitte était fils de ses œuvres ; mais, qu'on le sache bien, ce que ces paroles indiquent, c'est un travail assidu de douze à quinze heures par jour pendant soixante années consécutives. Le jeune banquier, si recherché à raison des grâces de sa personne, de son opulence, de ses manières élégantes, de son esprit délicat et fin, eut la force de ne point céder aux entrainements du monde. Ce fut à ce prix que le nom de Laffitte se répandit rapidement dans l'univers entier, et qu'il y resta constamment entouré d'estime, de confiance, de vénération.

« Laffitte se délassait des affaires auprès d'une épouse modèle de toutes les vertus, d'une famille dévouée et d'un petit nombre d'amis. Dans sa jeunesse, il consacrait chaque jour deux ou trois heures à la lecture, à l'étude de nos grands écrivains ; Molière surtout était l'objet de ses prédilections. Si les œuvres de l'auteur du *Tartufe,* du *Misanthrope,* de l'*Avare* avaient disparu, la mémoire de Laffitte nous les aurait rendues jusqu'à la dernière syllabe. Conformité de goûts littéraires, similitude de principes politiques, telle fut l'origine de l'union indissoluble qui s'établit entre le riche banquier et notre poète national, notre immortel chansonnier.

« La générosité de Laffitte était devenue proverbiale, et toutefois le public ne connaissait point les libéralités que le riche banquier répandait sur les malheureux dans les temps de disette, dans la saison rigoureuse, ou lorsqu'il voulait noblement célébrer de simples événements de famille. Que ne m'est-il permis de citer aujourd'hui de grands personnages arrachés par ses inépuisables bontés à des catastrophes commerciales, de petits négociants dont il soutint les comptoirs chancelants, des hommes de lettres délicatement secourus, des jeunes gens rendus providentiellement à des pères éplorés, des orateurs célèbres donnés ou conservés à la tribune nationale ! Quelques-uns ont proclamé hautement les actes du bienfaiteur; mais combien en est-il dont l'ingratitude... Oh! si ceux-là échappent par mon silence à une flétrissure publique, c'est que j'imite la noble générosité de notre ami. Leur froide contenance dans les salons, leur passage savamment distrait sur la place publique n'excita jamais chez Laffitte qu'un sourire empreint de compassion.

« Sorti du peuple, Laffitte en conserva toute sa vie les

instincts généreux ; il aurait voulu l'associer plus largement, plus intimement à la vie politique de la France. Il déplorait que les pouvoirs constitués semblassent dédaigner des questions brûlantes dont la solution pacifique et prochaine peut seule assurer la gloire de notre pays et la paix du monde.

« La fortune du banquier amena bientôt de nombreux prétendants autour du père de famille. A côté des sommités de tout genre qui aspiraient à l'honneur de s'allier à lui, Laffitte distingua le fils d'un des plus vaillants du pays, d'un de ces guerriers qui, sorti du peuple comme lui-même, s'était le plus glorieusement mêlé aux combats de géants de la révolution ; Laffitte n'hésita pas. Cette adoption fut excitée, il faut le dire, par le généreux, par le noble désir de réhabiliter à la face de l'Europe la plus illustre victime des passions et des égarements politiques de la Restauration.

« Le juste orgueil du banquier que puisait Laffitte dans le souvenir de sa modestie est peut-être le dernier sentiment qui l'ait vivement agité. La très jeune fille de Mme de la Moscowa, objet de la tendre affection du vieillard, lui racontait naguère, en jouant, que ses compagnes de pension l'appelaient *princesse;* une difficulté l'embarrassait : comment le grand-père d'une princesse n'était-il pas prince ? La réponse est bien simple, repartit Laffitte : « Tu leur diras que je suis prince, *prince du rabot* ; et s'il arrivait que, sous cette forme, l'explication parût obscure à tes jeunes amies, tu ajouterais, n'est-ce pas, je te l'ordonne, que mon père était charpentier. »

« Cette anecdote caractérise en traits profonds l'homme qui tint un moment dans ses mains les destinées d'un grand peuple.

« Pour moi, messieurs, les bords de cette tombe entr'ouverte ne sauraient être transformés en tribune politique. J'écarterai donc toute allusion blessante, tout souvenir irritant. L'histoire d'ailleurs n'a-t-elle pas déjà scrupuleusement recueilli les paroles amères que notre ami laissa tomber, au début de la session actuelle des chambres, du fauteuil qu'il occupait, cette fois, par le privilége de l'âge? à quoi bon parler ici des fautes commises, lorsque ces fautes ont été confessées avec un complet abandon et à la face du monde entier? Avant que le mot de *pardon* eût retenti à ses oreilles, la France avait absout Laffitte ; elle savait que, dans le cours d'une longue carrière, aucune idée ambitieuse ou intéressée ne pénétra dans l'âme de notre ami ; que son cœur battit toujours vivement pour la liberté, l'honneur national, et que ses déceptions dans la vie publique et privée prirent leur source dans une trop confiante bonté : notre pays, messieurs, ne réserve pas ses rigueurs à ceux qui ne faiblissent que par excès de qualités éminentes. Lorsque retentirent dans toutes les rues de la capitale ces tristes paroles : *Vous ne savez pas? Jacques Laffitte est mort!* partout, jeunes ou vieux, riches ou pauvres, conservateurs ou légitimistes, impérialistes ou démocrates, s'écriaient spontanément : *Dieu, quel malheur! c'était un si brave homme!*

« Ces exclamations naïves partaient du cœur; Laffitte les eût certainement préférées à des regrets étudiés. Je ne commettrai pas la faute de les affaiblir par un commentaire; j'ose seulement affirmer qu'on les répétera d'une extrémité de la France à l'autre.

« Pardonne, mon ami, si ces quelques lignes écrites à la hâte ont donné une idée trop imparfaite de l'homme privé, du financier, du citoyen. Puisse le souvenir de notre constante amitié me valoir l'indulgence de la réunion si imposante, si éminemment significative qui entoure tes restes inanimés !

« Adieu, cher Laffitte, adieu. »

L'ami, l'homme de science avait achevé sa tâche; l'homme politique voulut avoir son tour, et Garnier-Pagès prit la parole :

« Ainsi donc chaque jour amène son deuil. Encore un de ces hommes du peuple, dévoué au peuple et chéri du peuple qui tombe épuisé dans la lutte..... Et nous, si cruellement, si récemment frappés, nous venons, Laffitte, auprès de ta dépouille mortelle exprimer de nouvelles douleurs au nom de tous ceux à qui l'avenir appartient; nous venons autour de ce cercueil apporter un dernier hommage au fils de l'ouvrier, à l'homme de juillet, au citoyen, à l'homme d'Etat grand par le cœur, grand par l'intelligence, qui a semé dans le passé les germes de l'avenir.

« Au nom de tous ceux dont le travail féconde la terre, l'industrie et le commerce, nous venons payer notre tribut de reconnaissance à l'homme utile et puissant dont la noble vie n'a été qu'un long exemple de travail et de dévouement.

« Au nom de ceux qui souffraient et dont tu as soulagé les douleurs, de ceux qui gémissaient et que tu as consolés; au nom de ceux qui sont privés de leurs droits, et pour lesquels tu n'as cessé de réclamer; au nom du peuple enfin, dont tu voulus le bonheur et la gloire, et dont tu proclamas l'imprescriptible souveraineté..... que ta mémoire soit à jamais bénie, Laffitte !

« Laffitte, quelques jours avant de mourir tu as laissé aux hommes un testament politique; tu as vu les ressorts du pouvoir affaiblis par l'égoïsme, et tu l'as signalé; tu as vu le mal profond qui mine la vie de la France, et tu l'as dénoncé. Les hommes de l'avenir viennent recueillir sur ton cercueil l'héritage du devoir que tu leur as légué. Ils savent combien est grande et laborieuse la mission de sauver la patrie de la corruption et de l'égoïsme, ils n'y failliront pas. Ils savent qu'il y a peines, souffrances et douleurs à recueillir, ils ne reculeront pas. Ils savent qu'il faut une persévérance qui jamais ne se décourage, ils ne se décourageront pas.

« Tes amis, Laffitte, t'adressent leurs derniers adieux. Ceux qui, en juillet, combattirent avec toi, désillusionnés, blessés jusqu'au fond du cœur, mais non découragés, le peu qui a survécu se presse autour de ta tombe, et vient pleurer sur toi les fatales conséquences que ton âme généreuse et confiante n'avait pu prévoir. Oh! certes nous comprenons l'amertume de tes regrets et la douleur dévorante de tes dernières années, nous qui souffrons des mêmes regrets et de la même douleur !

« Un jour, brisé par le triste spectacle des maux de la patrie, tu as cru devoir demander pardon à Dieu et aux hommes. Tu as paru devant Dieu, et Dieu t'a absous, car l'erreur d'une grande âme qui ne sait pas prévoir le *mal* ne fut jamais un crime. Et d'ailleurs ne t'ont-ils pas fait expier, par les plus lâches persécutions, par les plus ignobles calomnies, l'imprudence de leur élévation!

« Non, non, Laffitte, ce n'est pas toi qui fus coupable; les coupables sont ceux qui, méconnaissant la sainteté du serment, ont oublié les promesses de Juillet, ceux qui ont foulé aux pieds le peuple qui les avait élevés ; ceux qui, portés au faîte, au nom des grands principes de liberté, les ont aussitôt reniés.

« Honte à jamais sur eux ! honte sur ceux qui ont oublié leur origine, qui ont violé les engagements les plus sacrés! La justice de Dieu comme celle des hommes est quelquefois tardive; mais un jour viendra où elle s'appesantira sur eux!

« Ah! lorsque nous voyons cette foule empressée, recueillie pieusement autour de ton cercueil, nous pouvons dire que le peuple n'est pas ingrat. Non, non, l'ingratitude est ailleurs! »

J'ai dit la tristesse et le deuil de la grande cité ; je me hâte d'ajouter que la Cour ne fit point défaut à l'appel, et que, dans sa reconnaissance bien sentie, Louis-Philippe envoya deux voitures vides pour rendre hommage au grand citoyen qui l'avait placé sur le trône..... N'accusez donc plus la puissance; elle aussi a des fibres palpitantes au souvenir de tous les bienfaits.

Une révolution préparée chez Laffitte s'y était accomplie et avait dévoré l'une des plus belles fortunes européennes ; la France ouvrit une souscription pour que l'hôtel fût conservé aux héritiers du grand citoyen ; bien des pauvres se privèrent du pain quotidien pour apporter leur obole à celui qui les avait tant de fois aidés dans leur vie de travail.

Louis-Philippe s'abstint.... la gratitude est multiforme ; taisez-vous ! peut-être y a-t-il dans cet oubli du passé quelque chose de digne et de noble dont la bassesse de vos sentiments vous empêche de comprendre la grandeur. L'avare donne parfois, le prodigue a ses jours de parcimonie ; Louis-Philippe était sans doute dans une de ces heures de réserve, quand la liste de souscription lui fut présentée.

N'accusez pas sans preuves à l'appui ; notre histoire n'est pas un pamphlet dans l'acception primitive de ce mot, que Paul-Louis, Chateaubriand et Cormenin ont ennobli.

Mais, entrainé par mes sympathies, il m'est impossible de m'arrêter là. On se plait tant aux tableaux dans lesquels le cœur se baigne avec amour ! et puis, il est si universellement regretté cet homme de bien que nous avons perdu, que je crois utile et moral de prolonger mon dernier adieu...

Ecoutez une magnifique parole de Laffitte à la nouvelle d'une pensée liberticide de l'un de nos ministres, pensée funeste à nos finances :

« Si vous vous étiez conduits plus dignement, s'écria-t-il, la France serait riche de quelques millions de plus et d'un mauvais exemple de moins. »

Démosthène, Mirabeau ne nous offrent pas de plus beaux modèles d'éloquence.

J'ai dit, et cependant je ne désarme pas encore ma palette, car le point de repos est consolant à qui se berce de nobles et touchantes images.

Laffitte mort a droit à nos respects comme Laffitte vivant,

et la plus belle oraison funèbre qu'on puisse faire de ce grand citoyen, c'est de fouiller dans l'histoire des jours qu'il a passés au milieu de nous, et de le citer en modèle à ceux qui lui survivent.... Donc je poursuis.

Vous eussiez dit Laffitte de la famille des Médicis, tant il répandait de générosités au profit des lettres et des arts; et à ce sujet, voici une petite anecdote que vous garderez comme moi dans la mémoire et dans le cœur.

Il reçut un jour deux lettres, l'une d'un grand peintre, l'autre d'un pauvre barbouilleur, tous deux lui demandant la permission de reproduire ses traits sur la toile.

Auquel accorder la préférence? Il avait déjà distribué un grand nombre de ses portraits à ses amis, et il regardait comme un temps perdu celui que le modèle employait à se croiser les bras et à se donner une physionomie sourieuse ou réfléchie.

D'autre part, il ne voulait mécontenter aucun des solliciteurs; et, dans son embarras, il ne trouva rien de mieux que d'écrire au premier qu'il posait déjà, et au second qu'il ne voulait plus poser. La lettre d'envoi renfermait deux mandats de vingt-cinq louis chacun qu'on devait toucher à sa caisse.

Les deux peintres furent fidèles au rendez-vous, et le pauvre rapin qui n'avait jamais eu vingt-cinq francs à sa disposition, fit éclater sa joie d'une façon si bruyante que Laffitte doubla la somme et consentit à poser.

De tous les portraits du célèbre financier, c'est sans doute le plus pauvre, le plus médiocre. Eh bien! c'est celui que Laffitte affectionnait le plus.... Il avait vu tant de joie sur les traits amaigris du moderne Titien!

Les actions de Laffitte sont toujours au niveau de ses paroles. En 1815, Blucher demanda cent mille francs aux citoyens de Paris, dans un délai de deux jours. Une souscription fut ouverte à l'Hôtel-de-Ville; Laffitte accourut, déchira la liste à peine commencée, et donna les cent mille francs pour épargner une honte à la capitale, et la sauver du pillage.

Un autre trait : Nous étions obérés, quelques millions devenaient nécessaires; Laffitte en prêta trois pendant plusieurs années, et cela sans intérêts... On sait si Laffitte avait de l'affection pour le gouvernement auquel il portait secours : Nous sommes les débiteurs de l'Etat, dit-il à ce sujet ; quand il a besoin de nous, il est de notre devoir d'accourir.

Pour de pareils faits, pour de semblables actions, vous seriez aujourd'hui cuirassé de décorations et de crachats..... Laffitte est mort simple chevalier de la Légion-d'Honneur.

L'Archevêque de Paris lui demanda la permission de le visiter la veille du jour où il fut perdu pour la France :

— Je ne viens pas recevoir votre confession, lui dit le prélat en s'asseyant à son chevet ; les pauvres savent ce que vous avez fait pour eux, Dieu n'est pas ingrat, il se souvient ; il vous attend, allez à lui.

Laffitte lui pressa doucement la main, laissa tomber sur lui un regard empreint de mélancolie, et quelques heures après il obéit à l'Archevêque-martyr.

Je serais fort embarrassé de vous dire comment vivent, à Paris, des centaines d'individus, ayant stalle à l'Opéra, dînant au Café Anglais, conduisant un élégant phaéton dans les allées du bois de Boulogne, ayant maîtresse et occupant de splendides appartements aux alentours du boulevard des Italiens.

Ce jeune homme arrivant on ne sait d'où est bien taillé ; il a le verbe haut, la parole brève, la moustache luisante ; il s'attable chez Tortoni ; il sourit de son sourire le plus protecteur à la coquette dont le petit pied fait à peine frissonner la dalle; il s'échappe dans le lointain, et reparait bientôt après, une chaîne de plus au cou, une bague de plus au doigt, un diamant de plus à la chemise.

D'où vient-il ? hier il était inconnu ; aujourd'hui sa main presse dix mains, il appelle *cher* celui qu'il ne connaissait pas la veille... D'où vient-il ? je vous le demande encore, pourquoi cette nombreuse famille à celui qu'on croyait orphelin ?

A Paris, les intimités entre coquins se font le plus aisément du monde ; un mot, un seul, un regard, et vous n'êtes plus isolé, et vous pouvez *travailler* de compagnie. Cela est consolateur comme toute sainte amitié, comme une caresse fraternelle !

Hélas ! non ; de la paresse, du vice et de la débauche ils se sont fait un pacte auquel ils se montrent fidèles sous peine de forfaiture, et vous les voyez trôner dans le monde jusqu'à ce que l'un d'eux, plus abject que les autres, livre ses complices aux protecteurs de la morale publique en péril, pour retirer quelque bénéfice de sa délation.

Venez donc, et que je vous conduise, ce matin, en présence de la Cour d'assises, où sont placés, sur les tabourets du crime, neuf hommes à la tournure élégante, au langage de salon, qu'on appelle la bande des Habits-Noirs.

Leur chef, c'est Pernet, ses acolytes sont Mack, Mailliand, Marchal, Laire, Masson, Jeanderand, Hébert et Saurin. Ils ont vingt fois dévalisé Paris et la banlieue ; vous les avez coudoyés dans les bals de l'opulence, vous avez fait leur partie de whist, vous leur avez peut-être gagné quelques louis d'or qu'ils ont eu l'adresse de perdre, et aujourd'hui, au milieu d'un silence solennel, vous entendez tomber des lèvres du président et de la conscience du jury une terrible sentence.

La Cour, après une demi-heure de délibération, condamne Pernet à dix années de réclusion, Mack à vingt années de travaux forcés, Mailliand à quinze années de galères, Marchal à huit années de réclusion, Laire à dix années de travaux forcés, Jeanderand à quatre années d'emprisonnement.

Il y avait là pourtant des hommes d'intelligence, des fils de bonnes et honnêtes maisons, des cœurs ouverts aux plus généreux instincts.

La paresse les avait gangrenés, le bagne achevera de les corrompre : l'assassinat après le vol, c'est leur chemin à eux; vous savez où s'éteignent plus tard ces orageuses existences.

Du fond de son cachot, et avant de recevoir la flétrissure que Masson savait avoir méritée, il écrivait ces vers échappés à coup sûr à ses remords et adressés à Victor Hugo :

> D'autres sont résignés, ils n'ont plus de colère;
> Quelquefois jusqu'aux cieux s'élève leur prière
> Suppliante et timide. Un jour, peut-être, un jour,
> A ces hommes déchus Dieu rendra son amour.
>
> Je suis un de ceux-là, Maître, je te l'avoue;
> Mon cœur n'était pas fait pour traîner dans la boue
> Du vice et des prisons : il était noble et pur ;
> Mais la fatalité l'a jeté contre un mur,
> Et l'a mis au tombeau ; ce n'est plus qu'un fantôme,
> Une pâle étincelle, insaisissable atome,
> Cœur qui battait jadis d'espoir et de bonheur,
> Qui se tait maintenant, asile de douleur.
>
> Dans un de ces moments de l'âme recueillie,
> Comme Palestrina, cet immense génie,
> J'ai cru que j'entendais un concert tout divin.
> Alors j'étais heureux... tu me tendais la main.
> Et je m'y cramponnais; mais ce n'était qu'un rêve,
> Le rêve d'un damné qu'on poussait à la grève;
> Vous ne me charmez plus, accords aériens ;
> Non, vous avez fait place aux plombs vénitiens...
>
> Hugo, tu m'as compris. Tu connais ma misère ;
> Daigne exaucer mes vœux, ma fervente prière...
> Ainsi qu'Imbert Gallois, je ne suis qu'un penseur;
> Accorde un peu d'eau pure au pauvre voyageur.

Laissez-moi chercher des tableaux moins sombres; la plume se fatigue à rappeler de hideux souvenirs.

Dans le monde moral comme dans le monde physique, tout s'enchaine, tout se coordonne, le vallon et la montagne, le ruisseau et le fleuve, la bruyère et le chêne, l'oasis et le désert. Voilà pour les yeux, le paysagiste peut armer sa palette. Que voulez-vous? Il ne m'est pas permis de changer les décrets éternels; Dieu ne se donne point de démentis, et le livre des destinées humaines n'a point de rature, je l'ai déjà dit.

Étudiez le panorama de Paris; la Cour d'assises vient à peine de fermer ses portes que la foule rieuse s'élance dans une salle voisine, où vont se débattre aussi de bien graves intérêts. Jugez-en :

Elle est jeune, elle est belle ; on lui demande son âge, elle répond vingt ans ; donc elle en a vingt-cinq.

Au surplus, j'ai souvent remarqué que les juges, se dépouillant de leur robe de deuil, et, vaincus par la galanterie, n'exigent le serment des dames qu'après leur avoir demandé leur âge... C'est généreux, j'allais dire compatissant.

Or, la demoiselle qui venait répondre à la justice soutenait qu'elle ne devait pas payer cinq mille francs à son adversaire les châles qu'elle avait achetés... Il s'agissait de cachemires pour abriter de magnifiques épaules accessibles seulement au regard ; mademoiselle Figeac garantira les siennes sous de moelleux tissus, mais la somme stipulée sera soldée.

Gare ! voici un académicien, directeur de théâtre, qui demande un Potose en dommages-intérêts à mademoiselle Brassine, que vient d'enlever cavalièrement un jeune et beau citoyen de la Tamise, de qui elle a eu la générosité d'accepter quelques inscriptions sur le grand livre. Milord paiera les frais, et le

Vaudeville perdra une de ses plus élégantes et de ses plus gracieuses pensionnaires.

Comme cette chaise de poste brûle le pavé! qui donc entraine-t-elle avec cette vitesse? Un Apollon, un Antinoüs, un Ganymède, un amoureux de théâtre, le moins amoureux des amoureux ; mais le plus beau, le meilleur, le plus caressé de tous, suivant une Ariane orgueilleuse, une Euridice émancipée, rêvant de traîneaux à travers les neiges du Nord et de roubles à l'effigie du Czar. O Bressant! nous n'aurions pas dû te pardonner ta fuite ; mais tu es absous par ton retour, à la condition pourtant que tu ne nous quitteras plus.

C'était une période malheureuse pour l'art dramatique dont les prêtres et les prêtresses semblaient se donner rendez-vous au temple de Thémis. Chaque jour, le comique de Vaudeville, le Scapin de Molière, la soubrette de Dancourt et de Marivaux, l'héroïne de Corneille faisaient entendre des récriminations plus ou moins dramatiques contre leurs directeurs ; et, parmi les plus opiniâtres des plaignantes, nous trouvons cette magnifique Georges que dix souverains ont adorée à genoux, mais que les juges écoutent assis, sans émotion, sans sourires. Ah! c'est que les ans ne font grâce à personne, et qu'il est un âge, victorieux des passions fiévreuses de la jeunesse... La jeunesse a cent fois raison quand elle n'a tort qu'à demi.

Deux reines, deux dominatrices et un seul trône ; la guerre devait s'allumer, aussi s'alluma-t-elle en effet. Rachel et Maxime, la première défendue par son magnifique talent et les enfants d'Israël groupés autour de leur idole ; la seconde, par une plume nerveuse, incisive, spirituelle, amusante toujours, grave à volonté... celle de Jules Janin, dont Rachel, l'ingrate Rachel avait perdu le puissant patronage.

Maxime, tragédienne à la voix stridente, aux élans passionnés, à la colère de volcan, répétait un rôle que l'auteur de la pièce voulut lui retirer pour le donner à sa rivale, insoucieuse de procédés courtois. On plaida, on batailla longtemps ; mais, hélas ! la nouvelle venue laissa ses cothurnes et sa couronne sur le terrain, et Rachel trôna seule à la Comédie-Française où elle implanta tout ce qu'elle avait de frères et de sœurs, moins une pourtant, infidèle au culte de Jenner, qui ne s'en est que trop vengé, le bourreau, en imprimant sur une figure qui aurait pu être jolie les traces ineffaçables de sa souveraineté méconnue.

Mais, voyez là-bas des centaines d'ouvriers, le cœur au travail, le sourire aux lèvres, traçant un cirque immense sous les ordres d'un architecte habile qui prétend nous réveiller aux merveilles des Olympiades et transporter chez nous la Rome des Césars.

La gloire des Franconi empêchait Laloue de dormir. Franconi à qui nous devons tant de prodiges, et dont la race chevaline surtout avait à se glorifier, se vit un jour attaqué dans son omnipotence, et voulut opposer un droit noblement conquis à un pouvoir usurpé.

Les tribunaux intervinrent encore dans cette sérieuse affaire ; mais les intérêts de la famille Franconi, si digne de nos sympathies, furent sauvegardés, et Laloue ouvrit son hippodrome à l'avidité parisienne. C'est un théâtre où nous voyons de singuliers personnages : singes, chameaux, jongleurs, équilibristes, bacchantes et cent autres fantaisies nées de cervelles malades ; mais enfin c'est un théâtre, et je ne devais pas me montrer ingrat envers celui qui livrait sa fortune au vent du hasard pour nous doter d'un établissement nouveau, j'allais dire d'une joie.

CHAPITRE V.

Lola Montès. — De Beauvalon — Dujarrier. — Mendicité. — Lorettes. Mathurines. Madelaines. Boule-Rouge. — Les Barrières.

Je vous ai parlé de reines, de scapins, de valets, de chevaux, de singes, de paillasses, de jongleurs jetés en pâture à nos plaisirs d'épiderme.

Voici une lionne, une tigresse, une panthère, salut à elle ! mais sauvez-vous à toute vapeur, ou vous êtes mordu, déchiré, mâché jusqu'à ce que mort s'ensuive.

Sa prunelle trace un rayon de feu d'elle à vous, sa langue est d'or, ses lèvres sont vermeilles, ses dents blanches, aiguës... C'est beau, c'est magique à voir ! ses épaules ondulent avec une grâce à donner le vertige; vous diriez, à la suivre de l'œil, la Diane chasseresse ou pécheresse... Quant à ses petites mains que vous emprisonneriez dans une des vôtres, elles sont armées d'une cravache à pomme ciselée et sifflant autour d'elle en jets lumineux. Je ne mens pas à vous dire qu'elle est à la fois homme et femme, couleuvre et serpent, cruelle et compatissante jusqu'à l'abdication de sa dignité féminine; et, si par hasard, lorsque la brise se joue à travers ses vêtements, elle vous montre le sommet de sa bottine bleue, vous apercevez, menace peu effrayante, un poignard andaloux qui n'a pas, jusqu'à ce jour, tué beaucoup de monde.

Salut à l'arpenteuse de toutes les capitales, à la bayadère, à la baladine, à la cabrioleuse! salut à la folle, à la grisette, à la duchesse de Landsfeld, salut à Lola Montès qui ne pouvait pas échapper à mon scalpel, car je suis à la piste d'une trace de sang conduisant à la Cour d'assises, et tout Paris s'émeut aujourd'hui au récit d'un duel qui vient d'ouvrir une tombe!

D'abord les frivolités de la vie : voix caressantes parlant de chevaux, de tilburys, de courses au bois, puis riches salons, splendides galas, orgies nocturnes, lansquenets, un rendez-vous sous une allée ombreuse, puis une balle qui fait grâce, puis une balle qui tue..... M. de Beauvallon venait de tuer M. Dujarrier.

On s'accostait, le matin, à Paris, en se donnant cette triste nouvelle; et, au milieu des détails qui se croisaient, on laissait tomber des noms très connus, des noms ignorés, et celui de Lola Montès que vous aviez deviné au début de ce récit... Écoutez!

Il y avait brillante soirée chez mademoiselle Liévenne, belle et noble jeune fille dont le fils d'une de nos gloires littéraires fit bientôt la conquête, après dix autres vainqueurs aussi heureux que lui; Liévenne, statue grecque, lèvres dédaigneuses et provocatrices à la fois, enchâssant les perles les plus éblouissantes du monde, taille élégante et flexible comme un bambou, et comédienne d'assez de naturel et d'entrain pour se faire envier par les Funambules et Bobino de douloureuse mémoire.

On trouvait encore là Roger de Beauvoir, esprit élevé, intelligence supérieure, joyeux comme la chanson, brave comme Bayard, mais moins sobre et moins chaste que le preux chevalier, passionné jusqu'au délire, oublieux jusqu'à l'ingratitude.

Puis encore d'Equevilliers, mystère pour tous et pour lui-même peut-être ; puis encore Rosemond de Beauvallon, taille cinq pieds dix pouces, et quelques autres convives parmi lesquel Dujarrier, rédacteur et propriétaire de *la Presse* que sa mauvaise étoile et sa passion d'un jour avaient attiré là, comme une victime couronnée qu'on mène à l'autel.

Le jeu avait échauffé les esprits, mais beaucoup moins que le champagne se promenant dans les cristaux à facettes, lorsqu'un gain douteux laissa quinze louis à la merci de tous les joueurs ; on ne savait à qui appartenait l'enjeu, et il fut décidé que l'on compléterait la somme voulue pour un souper du lendemain aux Frères Provençaux.

Arthur Bertrand, l'un des hommes les plus brillants de cette jeunesse dorée, était de la partie, et avec lui accoururent quelques jeunes prêtresses de nos théâtres secondaires, vivant assez de la vie horizontale et se délassant des études littéraires par les fatigues des nuits les plus orageuses.

Cependant Dujarrier, combattu par un pressentiment secret, ne voulait point aller à la fête ; et, pour s'excuser, il se rendit chez mademoiselle Liévenne qu'il ne trouva pas ; mais la soubrette, confidente de sa maîtresse, lui dit combien on lui garderait rancune de son refus. Dujarrier se décida.....

Lui seul était triste au milieu de la joie des convives ; il ne mangeait pas, il souriait du bout des lèvres et ne répondait que par monosyllabes glacés aux galants défis des minois féminins. Cependant, vaincu par l'exemple, il rougit bientôt de sa conduite de Chartreux ; et, provocateur de toutes les frivoles passions qui germaient dans la poitrine des étourdis dont il était entouré, il se leva et laissa tomber ces paroles :

— Je vais tutoyer toutes les femmes. Anaïs, poursuivit-il en s'adressant à Liévenne, avant six mois tu seras ma conquête.

Puis il porte les toasts les plus excentriques :

— Aux cheveux, à la cravate, au gilet de Roger de Beauvoir !

Celui-ci, piqué au jeu, rend sarcasme pour sarcasme :

— A la santé des *Mémoires de Montholon*, s'écrie-t-il ; *Mémoires* que *la Presse* annonçait depuis trop longtemps.

On se lève de table. Une vive discussion s'engage entre Dujarrier et Roger de Beauvoir, et se termine par une provocation de duel.

Le jeu est ouvert, animé, brûlant; la banque passe aux mains de Saint-Aignan qui n'expose qu'une faible somme, Beauvallon et Dujarrier lui viennent en aide ; et, à la fin de la taille, on s'aperçoit d'une erreur que Beauvallon propose de combler au prorata des mises; Dujarrier s'y refuse. Les joueurs consultés lui donnent raison, et lui, se rappelant alors une ancienne dette de quatre-vingt-quatre louis, en offre soixante-quinze à Beauvallon qui dédaigne cet à-compte. Arthur Bertrand fait le surplus, mais l'outrage est ressenti par Dujarrier qui perdait cent vingt-cinq louis, tandis que Beauvallon gagnait douze mille francs. Un cartel est proposé et accepté; celui de Roger de Beauvoir se videra plus tard. Un rendez-vous est donné pour le surlendemain... Vous savez le résultat.

Mais des bruits sinistres couraient çà et là, bruits accusateurs auxquels il fallait imposer silence par les tribunaux ou de nouveaux défis. La justice eut la voix plus haute, et la Cour d'assises de Rouen condamna de Beauvallon et d'Equevilliers. le premier, pour s'être battu avec des pistolets essayés par lui ; le second, pour avoir servi de témoin, sachant que les armes avaient été essayées.

Les débats furent orageux, il y eut du scandale et du ridicule; quelques-uns des témoins, parmi lesquels Dumas père et fils, laissèrent tomber des paroles qui devinrent proverbiales, et nous aurions ri à ce spectacle, si une fosse n'avait pas été ouverte sur un cadavre d'homme jeune et fort.

Lola Montès, alors esclave dominatrice de la victime, jura sur sa bonne lame de Tolède que Dujarrier serait vengé. Il lui fallait dix cœurs à percer ; ils le furent en effet, mais la lame, immobile dans sa gaîne, resta pure de sang ; ses yeux seuls commirent le crime, et vous savez si les têtes couronnées furent toutes à l'abri de ses séductions.

Aujourd'hui la comtesse de Landsfeld parcourt les Amériques comme sauteuse ; elle entasse piastre sur guinée... Que l'Atlantique lui soit légère, que la brise enfle courtoisement ses voiles ; et si elle revient parmi nous, qu'elle se venge dans le silence et la solitude des brillants ennuis d'une vie trop chaudement colorée!... Madeleine repentante trouva place au ciel à côté des mille vierges enchâssées dans le martyrologe.

Eh! bon Dieu, pourquoi vous ai-je parlé de ces choses si douloureuses? C'est que tout Paris se les répétait avec émotion, c'est qu'aux noms déjà tracés sur ces tablettes s'en adjoignaient d'autres blasonnés par le talent ou par le parchemin, c'est enfin parceque ma ligne de conduite m'est dictée par ma conscience, code régulateur de toutes mes actions.

L'affaire pouvait aisément s'oublier, les cœurs les plus implacables ont pardonné des torts plus graves ; et puis, une balle qui brise un crâne en échange d'une balle qui épargne une poitrine, il y a là quelque chose de sauvage qui brûle les sens et pousserait à l'impiété.

Dujarrier repose de son sommeil éternel, Beauvallon et d'Equevilliers se sont échappés de leur prison et se promènent aujourd'hui libres et fiers... Expliquez les arrêts de Dieu!

Ce que Paris offre de particulier plus encore que les autres capitales européennes, c'est que vous ne voyez la misère que si vous allez la chercher. A Vienne, à Berlin, à Rome, à Naples, à Madrid, elle vous harcelle, quoique vous fassiez pour l'éviter; elle ne craint pas de se poser à la porte des palais, sous le péristyle des églises, et d'escalader vos demeures pour vous demander l'aumône à peu près comme le mendiant de Gil-Blas, l'escopette à l'épaule... Vous n'échapperez à cette lèpre qu'en présentant une main fermée et en la retirant ouverte ; je vous défie de lui opposer un autre argument.

A Paris la pauvreté est plus honteuse ; elle revêt de formes polies ce qu'a d'abrupte son allure quotidienne ; elle s'endimanche pour exploiter certains quartiers, elle se fait coquette pour vous séduire, elle a ses dandis et ses lionnes, son langage brutal ou musqué, son costume en haillons ou en falbalas; de telle sorte que votre refus de lui venir en aide a parfois quelque chose de timide et d'irrésolu qui lui donne de l'audace et de la forfanterie.

A Londres, à Naples, à Madrid, la misère vous soulève le cœur ; ici elle nous attriste l'âme. Là bas, le cadavre du père sert souvent d'oreiller à la tête du fils agonisant ; ici les miasmes des lieux fétides réveillent les voisins au milieu de leurs joies, et puis, disons-le pour l'honneur même de notre génération, l'égoïste et frivole Paris est vraiment charitable, le Paris opulent a du cœur et du pain pour toutes les infortunes.

Dans les grandes capitales rivales de la nôtre, on est mendiant par état, de père en fils, de génération en génération ; chez nous c'est presque toujours le besoin inaccoutumé du moment qui fait la mendicité, quelquefois aussi, hélas! la tendresse fraternelle, la piété filiale ;......... Ecoutez.

Je rentrais une nuit chez moi par un temps rigoureux, par un froid pénétrant ; j'étais en face du mur où le maréchal Ney a été fusillé...... Je venais d'ôter mon chapeau en souvenir de cette illustre victime, lorsqu'une voix faible comme la prière laissa tomber ces paroles : — Donnez-moi quelque chose, s'il vous plaît?

Je doublai mon pas, espérant arriver à la grille de l'Observatoire; mais la voix, devenue plus impérieuse, me dit encore :

—Donnez-moi quelque chose, s'il vous plaît?

Je m'élançais déjà pour fuir l'importun, lorsque, prompt comme l'éclair, et se posant devant moi, il me dit :

— Je vous ai demandé quelque chose, monsieur.

— C'est vrai, mais il est bien tard pour demander.

— J'en conviens, répond mon solliciteur en cachant sa main droite sous sa veste de bure; mais il est bien tard pour refuser.

Je pris cinq francs dans la poche de mon gilet, je les présentai à ce quêteur d'une nouvelle espèce... Ses yeux se ravivèrent, il tremblait de tous ses membres; ses lèvres déposèrent un baiser sur la pièce d'argent, puis, se sauvant à toutes jambes :

— Merci, s'écria-t-il, merci pour ma mère!... elle vivra...

Et il disparut sur le boulevard qui conduit au cimetière de l'Ouest.

Ce qui tue la charité, c'est le cynisme du mendiant; ce qui fait dormir la pièce d'argent dans le gousset de l'homme généreux, c'est la crainte de venir en aide au vice plus encore qu'à la misère...

N'importe, donnez, donnez souvent, donnez toujours; il y a bien des tiraillements dans les entrailles du malheureux qui râle la faim !.. Une mère vécut quelques jours de plus, grâce à l'écu que je fis tomber dans la main du fils armé peut-être d'un couteau. Un meurtre de moins, une vieille mère de plus, et des prières montant au ciel pour celui qui a donné !

Riches, essayez de ce bonheur: il est le plus doux de ceux que procure l'opulence.

Je vais toucher une corde sensible et lui demander des notes poétiques; soyez tranquille cependant, ces vibrations ne blesseront personne ; il y aura de la délicatesse, peut-être même quelque charme dans le registre que je vais parcourir, car je n'oublie pas que je m'adresse à ce qui est honnête et pur, à ce qui vit de douce morale et de chasteté.

Les cieux n'ont pas toujours leur azur, les jardins leurs parfums, les brises leurs caresses, les sources leur limpidité, les bouches leurs sourires, les cœurs leurs enivrements... Naples s'endort à côté du Vésuve, Messine soupire au pied de l'Etna, Londres travaille au milieu des brouillards, Madrid prie rongée par la vermine et les capucins, Paris folâtre sous ses dentelles et ses passions d'épiderme.

Vous devinez déjà, au préambule de ce petit chapitre, qu'il va se glisser sous ma plume peu façonnée à de pareilles études des images vermillonnées, des regards provocateurs, des paroles chatoyantes dont bien des âmes crédules sont et ont été les tristes victimes. Que voulez-vous? Je remplis ma mission, vous serez indulgent pour le pèlerin qui a usé ses genoux à la prière et au repentir.

Vous allez voir comme les années marchent vite, alors surtout que les saisons se partagent les joies de la richesse et les espérances de la pauvreté. N'oubliez pas surtout que je copie et que je ne permets rien à la fiction ; je n'aime pas les couleurs à la détrempe, le vrai seul a de la durée. Or, écoutez :

Si j'en connaissais une plus svelte, plus mignonne, plus gracieuse, j'abandonnerais Marietta qui trotte menu sur la place Bréda. Où va-t-elle donc, ainsi préoccupée, les yeux mi-clos, la tête baissée et un livre doré à la main? Je le saurai, car je n'ai rien à faire ce matin, et Marietta me préoccupe.

La voilà sur le parvis de Notre-Dame de Lorette; elle monte, prend de l'eau bénite de l'extrémité de son gant paille, s'agenouille, ouvre son livre et prie... C'est beau, c'est édifiant, et j'ai bien envie de prier comme Marietta. Un quart d'heure après elle interroge sa montre qui lui dit sans doute une intéressante nouvelle, car elle se lève et court plutôt qu'elle ne marche vers une chapelle voisine où prie aussi un jeune homme brun et bien découplé qui lui adresse de douces paroles... Laissons-les. En glissant le long de la chaise abandonnée par Marietta j'interroge le livre pieux, et je lis *Faublas*, madame de Lignolles était la patronne de Marietta, il lui en fallait une.

Cette jeune fille dont je viens de vous ébaucher la silhouette et qui vit du feu de ses prunelles, du velouté de son incarnat, du corail de ses lèvres, du nacré de ses dents, de la couronne d'ébène qui encadre sa longue et poétique figure, on l'appelle une Lorette.

Le temple a doté Marietta et presque tous les papillons voltigeant dans le quartier, laissant quelque peu du duvet de leurs ailes aux buissons de la route, insoucieuses du lendemain, pourvu que le soleil leur ait souri la veille.

Il y a des Lorettes autrement taillées que Marietta, vous pouvez vous en assurer. J'en connais de blondes, de fades, de rousses, de couperosées, de maigres, de dodues, de bancales; j'en ai vu qui dataient de loin, de bien loin, qui n'auront jamais quarante ans... le cœur a parfois tant de jeunesse!

En général il ne faut pas trop étudier la Lorette chez elle : il n'est pas de grand homme pour son valet de chambre, il y a peu de ravissantes Lorettes aux yeux du porteur d'eau qui les alimente. Le vice de la naissance ne s'efface pas aisément, et les cosmétiques dorment encore dans le boudoir.

Tout cela est bien frivole, n'est-ce pas? je parle des Lorettes. Eh bien! on trouve souvent là des dévouements admirables, de la noblesse, de l'âme, de la dignité, de la grandeur. Allez, allez, ces yeux bleus ou noirs ont répandu bien des larmes, cette bouche rosée a fort souvent été fiévreuse, cette généreuse charpente n'a pas toujours eu du pain à son déjeuner pour en apporter à sa vieille mère, et les plis de la Seine ont étouffé bien des battements dans ces poitrines de dix-huit hivers !

Rien n'est aisé au moraliste comme le blâme et le sarcasme ; jetons de douces émotions au milieu de nos amertumes d'observateur, et disons que sous cet élégant chapeau de paille d'Italie, sous cette robe de velours, il y a peut-être un front qui rêve, une âme qui brûle à une désillusion.

Ma mémoire se fatigue au souvenir de mille actions de pieuse charité de ces Lorettes tant aimées, tant maudites, tant calomniées ; mais les ans vont vite, je marche avec eux.

La Lorette a eu ses jours de grandeur et de décadence ; son étoile a pâli, sa puissance s'est éclipsée, et je vous dois la confidence de mes études... Non loin de la place Bréda, empire déchu de la Lorette détrônée, l'essaim qui s'abattit, à une certaine époque, dans le quartier de la coquette église que vous prendriez pour un boudoir, fut si prodigieux, qu'on en trembla dans les rues les plus isolées de la capitale. Les faubourgs Saint-Jacques, Saint-Marceau se dépeuplèrent au profit du quartier Bréda ; la marchande d'allumettes chimiques se fit Lorette ; la fille de la concierge, la sœur du porteur d'eau, la couturière, la grande dame même se dessinèrent hardiment en Lorettes, et le gouffre était là, béant, prêt à tout engloutir, lorsqu'une large idée germa dans la boîte osseuse d'une Lorette-émérite, indignée du voisinage qui lui était charrié de tous les points de Paris.

Oh ! celle-ci avait des adorateurs, comme les parterres des roses, un peu moins cependant ; comme les grands des flatteurs, un peu moins cependant ; comme les plaines d'Égypte des sauterelles, un peu moins cependant.

Clarisse était la reine des Lorettes pur sang, et la Frédégonde des Lorettes indigènes... Elle alla planter sa tente autre part, rue Neuve-des-Mathurins ; elle s'y fit escorter par ses esclaves. Une rivale l'imita, une troisième suivit l'exemple de la seconde, l'émigration eut lieu, et les Mathurines succédèrent aux Lorettes. Hélas! leur domination fut de courte durée ; la foule des Lorettes abandonnées eut à peine de quoi glaner place Saint-Georges, elle émigra aussi et se rua autour de la demeure de Clarisse qui se flatta bien de les vaincre, car elle avait été fort économe des libéralités de ses amants, et il lui importait fort peu de perdre un terme, pourvu que la vengeance fût au bout: Clarisse n'était pas de l'école de Fabius, je vous l'atteste.

C'est une grande et belle rue que la rue Tronchet... Clarisse s'y installa. Comme les abeilles qui entourent leur reine, les Mathurines dont toute puissance n'était pas morte se logèrent dans les rues adjacentes, et les Madeleines chassèrent les Mathurines. Ainsi se font et se défont les Empires ; ainsi l'Athènes de Périclès n'est plus qu'un cadavre ; ainsi la Rome des Papes n'a plus rien de la Rome des Césars ; ainsi les Lorettes à la tombe ne vivent plus que dans les souvenirs des patriarches de la grande cité.

Toutes les révolutions étaient-elles accomplies, et devions-nous espérer enfin un repos après tant de courses à travers les caps et les promontoires des rues Caumartin, Thiron, de Sèze et autres?... Non, non, non, rien n'est moins stable et plus envahisseur que le cerveau féminin ; et Clarisse, ainsi que ses orgueilleuses compagnes, devait succomber à la peine. Place aux Boules-Rouges !!!

Il y avait naguère à Paris, entre les rues Bergère et Geoffroy-Marie, un immense carré de bâtisses sales, boiteuses et lézardées, ouvrant leurs étroites fenêtres à l'air vicié qu'elles emprisonnaient, et répercutant, le jour et la nuit, des syllabes sonores, brutales, hideuses comme le vagissement d'une eau bourbeuse au fond d'un égout.

Vous ne passiez pas dans les fissures zig-zaguées au pied de ces maisons, sans qu'une voix rauque et malsaine ne vous conviât à je ne sais quelles saturnales, et, si vous reculiez épouvanté, des bras robustes, des poitrines velues vous barraient le passage et vous délestaient de vos bijoux et de votre or. On appelait cet endroit fétide le quartier de la Boule-Rouge, et je ne vous rappellerai pas les détails du crime horrible qui le fit frissonner un jour, tout dépravé qu'il était, et qui conduisit Avril et Lacenaire sur l'échafaud... Presque tout ce quartier appartient cependant aux hospices que la honte et le vice enrichissaient... Avançons vite.

Aujourd'hui le rateau niveleur a passé par là, les chaudronniers, les poêliers, les porteurs d'eau, les balayeurs ont déménagé; de riches hôtels dominent le sol, des demeures princières y étalent leurs magnifiques façades sculptées; la finance en carrosse en a chassé la misère en sabots, et, depuis le faubourg Montmartre jusqu'à la rue Rougemont, règnent le luxe et l'indolence.

A Paris, dès qu'un quartier se bâtit, il ne tarde pas à se peupler; mais je me hâte d'ajouter que ce ne sont guère que les fortunes équivoques, les positions difficiles qui, les premières, s'installent dans les appartements que les rigoureuses saisons rendent fort dangereux. Or, comme les propriétaires se montrent d'abord peu difficiles, on conçoit que le triste désert est bientôt une riante oasis. Les Madeleines régnaient toujours; mais il y a loin de la rue Tronchet au boulevard des Italiens où se récoltent les dupes et les amours; le quartier de la Boule-Rouge fit une rude concurrence à Clarisse, et vous ne serez pas étonné d'apprendre qu'en peu de mois celle-ci passa du faîte de la gloire à l'oubli. Convenez aussi que la Boule-Rouge que je vous signale a droit à cette domination.

Ce n'est pas la Lorette avec ses dentelles ébréchées, ses bijoux en chrysocale; ce n'est pas la Mathurine avec son coupé à quarante sous l'heure; ce n'est pas la Madeleine avec ses soupers à la maison d'Or et son déjeuner de fromage; la Boule-Rouge est Boule-Rouge, voilà tout, et c'est assez. Bien gantée, bien coiffée, sa robe bien taillée par elle et pour elle, est de mousseline de laine, de soie ou de jaconas. La *Ville de Londres* étale à ses yeux ses étoffes coquettes les plus séduisantes. Le chef de la maison est plein d'urbanité, les commis tournent le compliment avec grâce, le comptoir ne surcharge pas les chiffres... où trouverez-vous tous ces avantages? Notre héroïne a du goût, elle choisit, et deux jours plus tard elle se promène endimanchée, fraîche comme la rose de mai, causeuse comme la fauvette, rieuse comme la chanson.

On raffolait de la Lorette, on se désolait pour la Mathurine, on se ruinait pour la Madeleine, on aime la Boule-Rouge, car on la voit si heureuse de ses larmes aux drames de la Porte-Saint-Martin et si flattée de la place qu'on lui offre aux Variétés ou au Gymnase!

Eh bien! les pages de ce livre ne seront peut-être pas fermées encore que la Boule-Rouge aura cessé de briller.

Ainsi mourront sous l'herbe
Génova la superbe,
Stamboul et Pézenas;
Ainsi mourront le Caire,
Rome, Naples, Beaucaire,
Venise et Carpentras!

Ainsi cet œil de flamme,
Ainsi ce corps sans âme
Seront voués aux vers;
Ainsi mourra ce livre
Qu'aveugle je vous livre,
Ainsi mourront ces vers!

Or, puisque tout s'efface,
Se chasse et se remplace,
Roseaux, chênes, œillets;
Faites comme la foule,
Suivez le flot qui roule
Et tournez ces feuillets!

Ceci m'appartient, je m'en empare. Faites valoir vos droits à la propriété, libre à vous; il y a place au soleil pour tout le monde, moins pour les prisonniers; il y a place aux barrières pour tout le monde, moins pour les grandes dames qui ne savent pas varier leurs plaisirs.

Les barrières de Paris ont joué un grand rôle dans toutes nos luttes, et pour peu que vous ayez souvenir de notre gloire en deuil, je vous défie de passer devant celle de Clichy sans ôter votre chapeau et saluer du cœur le maréchal Moncey qui, avant la grande journée que je rappelle, était déjà si noblement *auréolé*.

Salut aussi à l'une de nos premières illustrations artistiques, salut à Horace Vernet dont le patriotique pinceau a consacré cette magnifique défense, où Charlet son émule, Odiot et tant d'autres citoyens dévoués retardèrent de quelques heures l'entrée des ennemis dans la capitale attristée.

Qu'est-ce que la limite d'un royaume, d'une province? Un ruisseau, une rigole, une pierre milliaire, soit; mais cette pierre, ce ruisseau, cette rigole ont une épaisseur, une largeur, une dimension quelconque, et ce que vous avez le droit de faire ici vous est interdit là, c'est à dire à un centimètre, à un millimètre de distance. Ne riez pas, je vous prie, les Princes n'ont pas besoin d'un prétexte plus sérieux pour armer leurs sujets, et bien des guerres ont embrasé le monde qui ne sauraient mieux se justifier ou plutôt s'expliquer.

A qui appartiennent les barrières de Paris? A la grande cité ou à la campagne? Vous pouvez maintenant répondre à la question et conclure en ma faveur; car la partie des poteaux intérieurs est du domaine de l'historien au niveau de sa mission. Les détails font les masses.

Paris n'a que cinquante-six barrières; Thèbes avait cent portes. Et l'on ose dire encore que les siècles marchent!!!

Cent portes comme on en bâtissait à cette époque de constructions cyclopéennes! Cent portes par lesquelles dix chars pouvaient passer de front! et cinquante-six petites ouvertures bouchées par deux ânes, ou par quatre hommes et un caporal, allant mettre fin à une rixe de cochers... C'est là une comparaison singulièrement injurieuse pour la grande cité occidentale.

N'importe, subissons-la, et, le rouge au front, poursuivons nos études. Vous comprenez bien que je ne vais pas vous conduire par la main à travers les cinquante-six misérables barrières de Paris que j'ai dû visiter pour les connaître ; mais parmi elles, quelques-unes se dessinent si nettes, si distinctes des autres, qu'il m'est défendu de ne pas vous en parler. Seulement, pour m'éviter tout reproche de prédilection, je préviens les *citoyennes* auxquelles je rends visite que je ne choisis pas, que je vais à tout hasard.

De mon Observatoire bien aimé à la barrière du Maine, la distance n'est pas fort grande, franchissons-la, car le ciel est pur, la brise courtoise, et le boulevard qui m'y conduit ombreux, égal et sablé.

Halte! nous ne sommes plus à Paris, nous ne sommes pas au village, c'est cela, et ce n'est pas cela ; on y jure, on y fume, on s'y enivre d'une piquette aigre, on y danse, on s'y bat, mais d'une façon toute particulière ; et vous diriez que le violon et le flageolet qui font sauter les amateurs ont des notes à eux, des cadences à eux qu'on ne saurait imiter autre part.

Certes oui, les bonnets des grosses et vieilles femmes, ceux des jeunes et sveltes fillettes peuvent à la rigueur s'appeler des bonnets ; mais, je ne sais, un coup de ciseau, un ruban, un nœud, une épingle, la façon de les porter, tout vous oblige à créer un mot qui caractérise la chose ; sans cela vous n'êtes plus dans le vrai.

On s'aime à la barrière au moins autant que dans le centre de Paris, peut-être s'y aime-t-on avec plus de chaleur, avec plus d'abandon ; eh bien! si vous n'avez pas étudié le catéchisme moral du lieu, je vous défie de distinguer deux amoureux de deux indifférents, deux époux de deux fiancés, deux frères de deux jaloux.

La barrière du Maine offre peu d'habits, et si, par hasard, quelque haut jardinier du voisinage y arrive endimanché, je vous prie de ne pas accuser de cette coupe harmonieuse les Haumann, les Dusautois qui se damneraient plutôt que d'en venir jusque là..... Tout le monde est bossu sous un habit à la barrière du Maine.

Quant aux dames, quant à ces gentes damoiselles, les couleurs les plus tranchées sont celles qu'elles affectionnent, et il est de mauvais goût de se présenter avec des nuances qui ne blessent pas la vue ; il leur faut du rouge, du bleu, du noir, peu de blanc, peu de rose, point de gris de lin.

N'importe, détachez ces agrafes, dénouez ces rubans, enlevez ces bonnets, et vous trouverez là dessous, — on me l'assure du moins, — des formes jeunes et viriles, de la santé, de la fraicheur, enfant des mœurs honnêtes, et presque toujours une âme ouverte aux plus généreux instincts.

Ne tremblez pas, je n'ai nullement l'intention de vous promener dans l'Atlantique, de crevasser votre peau sous les flèches brûlantes d'un soleil tropical, de vous lancer dans les glaces polaires du Sud et de vous faire labourer le Pacifique pour vous bercer dans la rade houleuse de San-Francisco.

Non, non, je suis plus charitable, et si je vous mène aujourd'hui en Californie, c'est une Californie autre que celle où j'ai conduit une cinquantaine d'*Aragonautes* ; une Californie bruyante, rieuse où trois mille estomacs affamés se donnent quotidiennement rendez-vous au profit de leurs appétits voraces et du chef de l'établissement dont la rapide fortune rivalisera bientôt avec celle du fabricant de galette du Gymnase, si cher aux bambins, aux nourrices du quartier, et dont on parle même dans le Céleste Empire.

La Californie de la barrière du Maine n'a de rivale qu'une maison de Rochechouart que je trouverai dans ma course...

Courons vers l'Est, glissons devant la barrière d'Enfer, insignifiante depuis l'invasion de la vapeur, et jetons un regard philosophique sur celle de Saint-Jacques, à cent pas de là, où va se passer quelque chose d'étrange et d'inusité.

Il n'était plus nuit, il n'était pas jour; quatre hommes arrivèrent à pas lents, fumant la pipe, et, après eux, venait une sorte de charrette que le crépuscule m'empêchait de bien voir.

La charrette et les hommes firent halte sur le rond point, et je remarquai que le cheval qui conduisait la machine s'était arrêté aussi comme par instinct; on eût dit qu'il avait reçu le mot d'ordre, qu'il était habitué à cette marche et à ce point de repos.

Un dialogue s'établit entre les quatre hommes, dont un, le plus carré, commandait évidemment aux autres.

— Là, là.

— Pardon, maître, voici la pierre.

— Tu en es sûr?

— C'est moi qui l'ai replacée il y a six mois à peine.

— Bon, pressez-vous, est-ce bien plane?

— Parfaitement.

— Clouez l'échelle.

— Voilà.

— Essayez si la chose monte et descend avec régularité.

— Ça ne fera pas un pli, je l'ai savonnée à plusieurs reprises.

L'un des quatre interlocuteurs avait gravi d'un pas rapide les quelques marches de l'échelle; il faisait monter et descendre un objet lourd et luisant entre deux poteaux de bois rouges et parallèles; vous devinez qu'il y avait là une guillotine, un bourreau, les aides et un homme qui ne voulait pas que le principal acteur du drame qu'on allait jouer arrivât sans que la machine fonctionnât selon les règles usitées. Le chef de ces hommes était reparti pour veiller sur le dépôt que la loi lui avait confié dès le matin.

Des gens armés arrivèrent, prirent place autour de l'instrument, les hommes de la campagne, ne pouvant plus passer pour se rendre au marché, se demandaient si celui qu'allait frapper la loi était grand ou petit, jeune ou vieux, comme si un siècle est quelque chose à côté de l'éternité ! Ah ! s'ils eussent entendu comme moi le dialogue des quatre premiers venus, ils auraient appris que le patient était une femme qui avait ri aux saintes paroles de l'homme de Dieu, qu'elle ne se repentait pas de son crime et qu'elle avait parfaitement déjeuné avant de se mettre en route pour son dernier voyage.

On parlait autour de moi d'affaires de ménage, du prix des pois, de la sécheresse, du mariage de Louis Plouchou et de Gabrielle Robichon ; et comme le soleil était prêt à éclairer la machine, on allait presque jusqu'à injurier la justice qui fait grâce quelquefois.

Un bruit pareil au rugissement du flot sur les galets arriva lentement, lentement ; je me pris à courir du côté opposé en me demandant de quel enseignement était un échafaud.

Les dernières volontés d'un vivant doivent, dit-on, être respectées ; en ce cas, j'écrirai avant de mourir ces deux lignes sur mon testament : *Si je meurs victime d'un meurtre, je désire que la justice des hommes soit aussi généreuse que moi..... Je fais grâce.....* Coquins, vous êtes prévenus.

Croyez-moi, l'échafaud n'est qu'une chose ; les témoins d'une exécution n'ont vu seulement que fonctionner la machine du supplice.

La barrière Saint-Jacques est décidément la plus hideuse de toutes ; j'allais maudir son voisinage, lorsque j'appris que les exécutions capitales auraient lieu à la porte même de la prison où le condamné attend le jour fatal.

C'est un progrès ; selon moi la perfection serait le bris de la machine qui tue.

Plaidez contre, je plaide pour ; si la législation n'est pas changée, j'aime mieux ma défaite que votre victoire.

J'en suis fâché pour vous, barrière de Fontainebleau, mais vous n'aurez que quelques lignes. L'historien dira que vous êtes coquette et belle et qu'en vous suivant à travers les quais, les boulevards et le Jardin des Plantes, vous donnez au voyageur une magnifique idée des splendeurs de Paris.

La barrière de Bercy se distingue par la variété des groupes de promeneurs qui, pendant la saison des fleurs et des fruits, viennent y oublier le tracas de la ville dans des cabarets bien connus, y trompent la vigilance des créanciers, et des mamans qui se sont promenées, elles aussi, sur les bords sinueux de la Seine, témoins de tant de mystères et dont les embrassements ont étouffé tant de râles.

Brûlons le pavé, franchissons une grande distance, et demandons à ces deux colonnes qui se dressent devant nous si elles sont un ouvrage complet ou des signaux dressés comme les phares indicateurs des récifs de la côte.

Ceci s'appelle la barrière du Trône, et vous la voyez incessamment traversée par des militaires de toutes armes, allant bras dessus bras dessous avec leurs compagnes en bonnet et en tablier vers cette vieille citadelle de Vincennes où se sont passés tant de drames, et que Dumesnil, la jambe de bois, a illustrée à une époque de désastreuse mémoire.

Voyez pourtant comme les mots ne disent pas toujours les choses! *Barrière des Vertus!* ne trouvez-vous pas autour de vous la jeune fille en prière, le jeune fils au travail, le vieux père et la vieille mère lisant, le soir, les livres saints à la famille groupée autour d'eux.

Certes oui, en cherchant bien, vous verrez ici dans quelques vieilles mansardes, ou au fond d'un cour malsaine, des femmes honnêtes, vivant de leur travail et priant Dieu ; mais il faut pour cela que vous soyez singulièrement favorisé dans vos excursions.

Tenez, suivez cet homme qui passe là, près de vous, d'un pas lent, une pipe aux lèvres, une blouse sale sur l'épaule, sans cravate, sans bas, presque sans souliers. Sa figure est rude, sa barbe épaisse, sa poitrine velue, son regard fauve, sa démarche paresseuse et avinée.

Près de lui vient de glisser à contre bord un autre individu avec les mêmes allures, le même costume, la même démarche; ils ont échangé un imperceptible coup d'œil et ils se sont compris à merveille. Celui-ci par un chemin, celui-là par un sentier opposé ont pourtant un même point de rendez-vous où ils vont se serrer la main avec une douzaine d'autres camarades attablés, parlant un idiome connu seulement de la police et du bagne.

C'est presque une réunion de famille. Il y a là des rires, des chansons, une joie bruyante comme le frôlement de deux plaques de tôle l'une contre l'autre; il y a là aussi des femmes aux prunelles glauques, aux fortes mamelles, à l'organe caverneux, et près d'elles de beaux enfants, grassouillets, presque nus, se roulant pêle mêle sur un terrain inégal et boueux..... C'est charmant à voir, c'est doux à l'âme !

Nous sommes dans un cabaret de la *barrière des Vertus;* on en rencontre ici de pareils presque à chaque pas, il s'en exhale des miasmes fétides qui font reculer le piéton à la recherche d'une brise généreuse, et cependant, malgré vous, il vous arrive parfois de faire halte en face de ces cloaques impurs, afin de vous assurer que ces choses dont on vous a parlé existent en effet.

Des bancs inégaux et puants, des tables boiteuses, des brocs de vin là, là et là, sur un comptoir suintant par mille fissures, dans les étagères, sur le sol, partout enfin.....

Les poitrines de ce lieu ont besoin de puissants auxiliaires pour la fébrile existence qu'elles se sont faite; l'eau-de-vie coule dans de vastes timbales en étain, le crime s'accomplira.

Les deux *industriels* que je vous ai présentés tout d'abord et qui avaient gardé jusque là un silence plein de méditation, prirent à leur tour la parole, et renversèrent les projets arrêtés

Il s'agissait d'un vol à main armée à commettre chez des coquins, des scélérats qui avaient l'audace d'être millionnaires, et qui ne donnaient pas assez aux pauvres.

On allait se séparer après s'être distribué les rôles de l'entreprise, lorsqu'un valet de la maison s'écria : *La Rousse !*

La Rousse entra, c'est à dire les mouchards et les sergents de ville précédés par un commissaire de police en écharpe, suivis d'un piquet de soldats, la baïonnette au bout du fusil.

Une souricière pour prendre des renards, des loups, des tigres ! le mot n'est pas bien choisi, nous en demandons un autre, on le trouvera.

— Au nom de la loi, je vous arrête ! que pas un ne bouge.

— Ah ! tu crois ça ? répliqua l'un des buveurs ; camarades à la besogne, et ne boudons pas !

Un broc part lancé par une main vigoureuse, une bouteille prend son essor, deux agents sont renversés, un tesson frappe le commissaire et lui ouvre le crâne, les bancs volent en éclats, les tables sont renversées, le comptoir n'existe plus, les projectiles sillonnent l'air, les couteaux seuls ne quittent pas les poignets, et le sang va bientôt couler à flots. C'est que parmi ces gaillards il y a des Achille, des Ajax, des Hercule, et pas un Thersyte. Tous sont à la hauteur de leur mission, et les chefs portent sur l'épaule droite leur diplôme de bravoure et de probité.

Cependant il faut en finir avec ces héros de la grande ville... Un coup de feu part, un homme tombe avec un juron de quinze syllabes, les couteaux, les poinçons répondent à cet appel, la mêlée est affreuse ; et comme les mesures ont été prises énergiquement, un renfort arrive par les croisées, et les poucettes infligées à ces bandits les conduisent en lieu sûr.

Pendant le tumulte, les enfants groupés dans un coin jugeaient de la valeur de l'attaque et de la défense, en grignotant des lambeaux de lard que le combat leur envoyait.... Ce seront à leur tour des Diomède et des Thésée, surtout s'il y a une toison d'or à conquérir.

Ceci, lecteur, n'est qu'une esquisse sans couleur des fréquentes scènes qui ont lieu aux abords de *la barrière des Vertus*; je vous assure que les sœurs de Rochechouart, de la Chapelle et de Ménilmontant rivalisent souvent avec celle dont je viens de vous entretenir.

N'est-ce pas que ce hideux spectacle était digne de la moderne Athènes ? Glissons là dessus, et saluons, avec de pieux battements au cœur, ce mur de clôture que nous côtoyons à droite.

Là dorment du sommeil éternel les grands et les petits, les riches et les pauvres, les bons et les méchants, les magistrats, les généraux, les princes, les prêtres... Là aussi sont couchés dans une fosse commune ceux dont les fils et les mères en deuil n'ont pas eu assez d'argent pour acheter pendant quelques jours un peu de terre et une croix de bois; c'est pour ceux-là surtout que mon front se découvre, et que je fais monter au Ciel ma prière. L'égalité devant la mort ! c'est une fiction.

Voyez ces insolentes statues de marbre et de bronze, voyez cette pierre presque inaperçue que vous foulez du pied !.. Tout parle au dessus, tout est muet au dessous. Jetez dans les bras l'un de l'autre ce cadavre de duc et ce cadavre de manant; et puis, placez la noblesse.

Je me trompais tout à l'heure, il y a égalité devant la mort demandez au ver, vivant de ce qui fut !..

Ne vous alarmez pas, voici encore des ossements, des chairs palpitantes, des râles, des membres broyés, du sang.... Vous êtes chez Nicolet, successeur du célèbre Ramponneau où chaque jour tombent, victimes de voraces appétits, un bœuf, quinze veaux et vingt moutons, c'est la consommation quotidienne...

Quel malheur qu'on ne se rassasie point par le regard ! bien des gens y croient ; quant à moi, je vous défie de me montrer un homme atteint d'indigestion en face de l'étalage de Chevet ou de Potel, si son œil seul a fouillé au milieu des richesses culinaires offertes à sa gloutonnerie.

J'avance rapidement, encore deux ou trois points de repos, et j'aurai promené mon lecteur autour de la Capitale.... Encore quelques pages de ce livre écrit en présence des choses et des hommes que j'étudie, et je déroulerai d'autres tableaux à votre curiosité.

J'ai donné le pas à la misère, au travail ; n'est-il pas juste que l'opulence ait parfois à son tour la dernière place ?... Elle a tant de motifs de consolation !

Nous sommes dans le quartier de la richesse, et vous le reconnaissez à la splendeur des édifices qui vous entourent. La barrière du Roule se fait remarquer par des caractères distincts, et vous parcourez cette interminable rue dont elle a pris le nom, à travers une double haie d'équipages armoiriés, attelés de magnifiques rosses conservées par la reconnaissance et l'économie.

De toutes les barrières, celle-ci est la plus monotone, la plus silencieuse aussi, malgré le bruit des roues vermoulues.

Maintenant inclinez-vous en présence de cet Arc triomphal pavoisé par tant d'illustrations !

La Rome des Césars, l'Athènes de Périclès n'offraient rien aux voyageurs de plus beau, de plus imposant et de plus patriotique à la fois que ces voûtes, ces corniches, cette plateforme, ce couronnement, ces bas-reliefs qui rappellent tant de gloires à la tombe... C'est la barrière de l'Etoile, et nulle capitale au monde ne présente un plus magnifique panorama.

Les Champs-Élysées, la Place de la Concorde, les Tuileries, La Madeleine, les Ponts et les Quais qui emprisonnent la Seine, tout cela éblouit, tout cela donne le vertige, tout cela dit un grand empire, un grand peuple.

Eh bien! ces magiques avenues, ces larges quais, ce fleuve, ces places publiques semées de statues et de fontaines, ces rues, ces riants boulevards, j'ai vu tout cela triste, sombre, ensanglanté.

Ces hommes, ces femmes, ces opulents, ces pauvres si distincts aujourd'hui, je les ai vus mêlés, confondus, armés de sabres, de fourches, de carabines, courant les uns sur les autres avec des cris de vengeance et de mort.

C'est que la guerre civile, le plus épouvantable fléau des nations, avait fait entendre sa voix sinistre comme un tocsin; c'est qu'on dirait qu'il est pour les peuples des heures sanglantes qui font oublier les heures de paix et de douleur, comme si Dieu voulait nous punir de nos fautes, et de nos crimes, de notre ingratitude; c'est que dans la poitrine de celui qui marche, c'est que dans la poitrine de celui qui se promène, traîné par de magnifiques coursiers, il y a des passions qui fermentent et bouillonnent.

Tout ce qui n'est pas cadavre appartient à la folie, à la haine, à l'amour, à la colère, au délire.

Rien ne s'agite sur le corbillard de l'opulence ou de la pauvreté qui passe là, près de vous : seul, le corbillard est une barrière à toutes les passions humaines.

CHAPITRE VI.

Affaire Lecomte. — Dupetit-Thouars. — Pritchard. — Disette. — Le Prisonnier de' Ham
Évasion.

Rien n'est mortel comme une idée fixe, c'est un fer rouge que vous sentez au milieu de vos joies qu'elle assombrit. L'idée fixe n'est pas une aberration, mais un malheur comme la nostalgie, cette implacable visiteuse des navires perdus dans les Océans.

L'idée fixe pousse au suicide, au meurtre, à l'assassinat; elle s'assied à votre chevet et vous écrase de tout son poids quand elle ne vous baigne pas dans le sang.

J'aurais encore un anathème contre le régicide que les événements jettent sous ma plume, mais à défaut de clémence, je verserai sur lui ma pitié... L'idée fixe a dévoré Lecomte; il était dominé, il était maîtrisé par elle; et, tout enfant, il disait à ses camarades, — c'est lui qui nous l'apprend, — qu'il mourrait sur l'échafaud. Plus tard, lorsqu'il put opposer la force de la jeunesse à cette idée fixe, son inséparable compagne, il se sentit encore vaincu par elle ; et le jour même où il vit sur sa poitrine l'étoile des braves, il répondit à ceux qui s'en réjouissaient à ses côtés : « Du rouge sur mon habit, cela ne m'étonne pas. »

Suivez cet homme qui chemine silencieusement, mais d'une allure pressée, vers le mur de clôture d'une partie de la forêt de Fontainebleau ; son regard fouille devant lui, son oreille écoute le bruit le plus léger, ses lèvres convulsivement pressées semblent lancer une bouillante menace.

Nous sommes en plein jour, la brise est caressante, la chevelure des arbres répond à son appel par un joyeux bruissement, et le soleil, prodigue de ses rayons, inonde la nature d'ombres et de clartés qui font rêver de printemps et de bonheur.

Cet homme que je vous ai montré tout à l'heure du doigt a une quarantaine d'années au plus, sa figure est mâle, bien accentuée ; sur sa large poitrine est un ruban rouge noblement conquis sur un champ de bataille, et son épaule est chargée d'une carabine qu'il embrasse de temps à autre, comme on le ferait d'un ami à son départ.

On assure dans le pays que c'est le plus habile et le plus infatigable chasseur de la forêt ; aussi loin que sa balle peut porter, le gibier est atteint, et l'on cite de lui des faits de précision dont les maîtres seraient jaloux.

Il va sans doute à la recherche d'un cerf, d'un sanglier blottis dans quelque endroit reculé du bois, gare à la pauvre bête si elle est ajustée !

Voyez encore : le chasseur est arrivé au pied de la clôture que je vous ai signalée, il y a là des fagots abattus la veille par les bûcherons du lieu, il les pousse du pied les uns contre les autres, puis il les entasse, il en forme un échafaudage et le voilà debout sur son mobile édifice, armant sa carabine, prêt à foudroyer le gibier imprudent.

Le gibier de cet homme qu'on appelle Lecomte est un Roi, un Roi, ni plus ni moins. Il a, dit-il, beaucoup à se plaindre d'un ministre, d'un intendant qui lui a refusé un droit vingt fois sollicité. Aussi, logique comme toutes les mauvaises passions, ce n'est ni à cet intendant ni à ce ministre qu'il veut avoir affaire, c'est au Roi, au chef, au maitre, au dispensateur de toute grâce, à celui, en un mot, qui n'a qu'à faire un geste pour que la chose soit, et qui n'a pas voulu qu'elle fût.

Il y a péril à la royauté, vous le reconnaissez ; cependant peu de trônes restent vides à peine quelques mois, et quand ce n'est pas une légitimité, c'est un usurpateur qui s'assied sur le fauteuil d'or et de velours.

Comptez les Souverains morts sur la couche royale sans avoir été le point de mire d'un poignard, d'une arquebuse ou d'une machine infernale..... Et pourtant vous ne savez pas tout encore !

Ne quittons plus Lecomte accroupi maintenant sur son édifice et fumant un cigare en attendant que la victime soit à sa portée... Un monde d'idées se presse en lui ; son cerveau fouille le passé, sa raison interroge le présent et l'avenir, et toutefois il visite toujours la capsule de son arme immobile auprès de lui.

Un bruit se fait entendre, c'est un char roulant avec lenteur sur le pavé de la route ; il porte un Roi, une Reine, un Intendant, des Princes, des Généraux, tout un groupe étoilé.

Je vous l'ai dit, Lecomte est le plus adroit chasseur des environs; vous devinez donc une poitrine percée, le deuil dans une famille, un cadavre au moins au milieu d'une joie. Quinze pas séparent le pointeur de son gibier, et le mur lui vient en aide : la carabine à deux points d'appui; le coup part, puis un second; les chevaux se cabrent, l'escorte s'élance, chacun s'interroge avec anxiété; bientôt chacun se rassure, on remercie le ciel, et Lecomte se plonge dans la forêt en maudissant le fagot qui a glissé sous ses pieds au moment du crime.

Voyez pourtant! ils étaient douze dans le char-à-bancs armoirié, douze, fort serrés les uns auprès des autres; Lecomte n'en visait qu'un à la vérité; mais il a tiré deux coups, les balles se sont promenées au milieu du groupe, elles ont sifflé comme un éclair descendu des nues; un gland du char est brisé, une draperie est trouée, la bourre fumante encore tombe sur les genoux de la reine... C'est tout.

La Cour des Pairs est assemblée; Lecomte saisi dans sa fuite avait tout avoué : la défense devenait impossible, et puis, le chasseur de Fontainebleau ne voulait pas être défendu.

L'idée fixe de Lecomte reçut son application; une tête fut coupée par le triangle d'acier, on porta la tête à Clamart. Le lendemain, à l'amphithéâtre, on fouilla profondément dans les chairs à peine froides, on étudia le crâne : la Faculté parla, la philosophie garda le silence, et le nom d'un simple régicide fut aligné à côté de ceux dont les royaumes et les empires conservent le souvenir.

Après un scélérat calme et réfléchi, voici un fou, un idiot qui veut qu'on parle de lui, et qui, sans doute, pourrait être comparé à Erostrate... Cela est bête, cela est niais, et cependant tout Paris est en émoi à la nouvelle de *l'horrible attentat* dont Louis-Philippe a failli être victime.

La foule était immense au jardin des Tuileries, foule joyeuse fredonnant à voix basse les fanfares de la musique qui stationnait chaque soir sous les galeries du château.

Le Roi se montre au milieu de ses officiers..... Un coup de pistolet retentit; on arrête un homme encore armé, on l'entraîne, on l'interroge, et il répond qu'il est fâché d'avoir manqué son but... Henri mentait, il avait atteint son but.

Les yeux de la police cherchent une balle et ne la trouvent pas, le pistolet est visité; chargé selon les règles il portera à quinze ou vingt pas; cent au moins le séparent de la cible, et voilà qu'on dit partout : Henri est un régicide.

Il s'ennuyait, le pauvre homme; son commerce de bronze n'allait pas, il avait des chagrins de cœur, et vous comprenez maintenant combien son action était rationnelle.

La Cour des Pairs à qui l'on donnait de la besogne en ce temps-là, logea Henri, non pas dans un cabanon, mais dans un bagne. Bicêtre ou Charenton ne serait pas un enseignement; Brest, Toulon, Rochefort ont plus d'éloquence.

———

Ce que l'historien attentif ne manque pas de remarquer en creusant le terrain que je fouille, c'est que les petites choses en font naître de grandes, et que, fort rarement les grandes produisent de petits effets.

Celles-ci naissent, occupent, éblouissent, et comme les météores célestes qui s'embrasent dans l'espace, elles meurent sans résultat. C'est là peut-être un châtiment de l'ambition et de la vanité.

Si je descends aujourd'hui des hautes régions sociales vers cette classe inférieure à qui le travail de chaque jour donne du pain quand la santé ne lui fait pas défaut, je me sens effrayé des misères qui me poursuivent, et je suis prêt à fermer les véridiques annales que j'interroge.

Non, non, ce n'est point la paresse que nous devons accuser, elle ne trône guère à la mansarde; c'est le luxe, le luxe avec tous ses enivrements, tous ses rêves, toutes ses fascinations.

Les magasins de Paris sont les premiers corrupteurs de la grande cité; ils poursuivent la jeune fille allant quêter son labeur, à pied, par le froid et les giboulées les plus rapides; ils l'arrêtent au milieu de sa course, ils lui font oublier qu'on lui tiendra compte d'une heure perdue, ou que sa mère, sa vieille mère, à genoux, attend faible et souffrante le prix du travail et de l'activité.

Je veux bien, puisque je n'ai pas le pouvoir de l'empêcher sans nuire à l'industrie, que les marchands étalent, sous les fastueuses glaces de leurs magasins, les magnifiques produits de nos manufactures; mais pourquoi, je vous le demande au nom de l'humanité, pourquoi le législateur n'arrache-t-il pas aux regards du pauvre ces masses d'or qu'un simple grillage aisément brisé sépare d'une main amaigrie et fiévreuse.

Joseph n'eût point été frappé de deux coups de poignard au Palais-Royal, et Malagutti et Rata n'eussent point porté leur tête sur l'échafaud; le changeur de la rue Lafeuillade n'eût point été assassiné sur sa chaise, auprès de sa fille, et celui de la rue Vivienne n'aurait pas été poinçonné en plein jour; vingt autres n'eussent pas ouvert le bagne aux coupables et aux égarés sans l'appât fatal offert à toute heure, dans les quartiers les plus riches comme les plus pauvres de la capitale. On en viendra sans doute à la réalisation de ma pensée; mais que de crimes jusque là !

Je m'épouvante, en vérité, à fouiller les pages de honte et de sang, annales des cours d'assises et de la police correctionnelle. L'année 1846 est féconde en crimes : partout des vols, partout des attentats à la pudeur, le deuil et le désespoir dans bien des familles; et si je ne vous dis pas aujourd'hui les drames les plus sombres de cette période, c'est que le repentir est venu s'asseoir à côté de la faute, c'est que le châtiment a parfois son sacerdoce, et qu'on s'absout par le remords.....

Mais d'où nous arrive, en échos prolongés, une nouvelle touchant de si près le ridicule qu'on a bien de la peine à l'accepter, quoiqu'elle remplisse les colonnes de nos journaux les plus sérieux?

Serait-il vrai qu'un droguiste, un pharmacien, un charlatan

mit en présence deux puissants royaumes, l'un contre l'autre, et que des navires armés de leurs canons cinglassent vers le Pacifique, prêts à échanger leurs brûlantes volées?

Cela est vrai pourtant ; et le nom de Pritchard aura désormais du retentissement. Il est là-bas, là-bas, dans une île fortunée, auprès d'une Reine, ma vieille amie, ma folle voisine de natte, ma causeuse intarissable dont je vous parlerai bientôt dans un autre livre ; il est là-bas, l'intrigant Pritchard, soufflant dans l'âme de Pomaré la résistance à nos promesses de pacificateur. Il lui garantit l'appui de la Grande-Bretagne, il lui persuade que nos canons seront muets, et voilà que Paris tout entier est absorbé par les dramatiques scènes qui vont se dérouler à Taïti.

J'ai connu à Papéété ainsi qu'aux Navigateurs le héros de cette Iliade burlesque et tragique à la fois ; j'ai suivi les traces de sang de nos soldats escaladant le diadème pour achever la conquête de l'île, et je m'arme de courage pour ne pas vous conduire sous les orangers des douces vallées qu'ils abritent et rafraîchissent en même temps. J'ai dû vous parler de ces choses, car Paris vote aujourd'hui une épée d'honneur à Dupetit-Thouars qui n'a pas voulu de taches sur notre pavillon. Pourtant, il est triste de le dire, quelques écus demandés par le pharmacien de Papéété ont dû sortir de nos coffres pour l'achat d'une paix qu'une seule amorce brûlée eût changée en guerre européenne.

Taisez-vous, pusillanimes apologistes! il n'y a pas de petites hontes chez les gouvernements, et, selon la parole d'un grand et rusé diplomate que vous connaissez tous, un crime est souvent moins dangereux qu'une faute.

1846.

Ces quatre chiffres ainsi groupés reportent ma pensée vers une des époques les plus désastreuses du pays.

Les saisons avaient donné un démenti aux règles générales qui régissent le monde, la foudre avait promené ses ravages sur les demeures attristées. D'une part, les fleuves débordés engloutissaient les espérances des cultivateurs ; de l'autre, un soleil calcinateur brûlait les plantes jusque dans leurs racines..... La main de Dieu semblait s'être retirée de nous.

Le malaise naissait de ceux chez qui naguère régnait l'abondance, le riche cadenassait ses coffres dans la prévision d'un redoutable avenir, et le pauvre devenu importun par la faim, son escorte habituelle, escaladait le domicile de l'opulence, et allait d'une voix impérieuse lui demander les miettes du pain tombées de sa table. Vous le voyez, tous les cœurs honnêtes doivent se briser à ces désolants tableaux.

Bientôt des hommes armés parcourent les campagnes, comme ces pauvres enfants d'Israël dont nous parlent les livres pieux, forcés d'aller planter leur tentes sous un ciel moins marâtre. On assiège les fermes, on contraint les propriétaires à vendre leur récolte au prix imposé par cette nouvelle classe de mendiants, on fait main basse sur les grandes routes, dans les marchés, dans les magasins, sur tout ce qui peut aider à ne pas mourir de misère. Les navires sont arrêtés et fouillés, et l'armateur se voit obligé de reporter sa cargaison sur la plage ; on achète peu, on pille beaucoup, on menace, on tue, on assassine, et l'on se barricade chez soi, ainsi qu'on le ferait dans une ville prise d'assaut.

Le désastre est immense sans doute ; mais il va grandir encore par la spéculation qui étend ses bras usurpateurs sur les bourgs, les cités et les campagnes. Tandis qu'ici on râle la faim, là, les greniers ploient sous les produits de la terre qu'on y entasse, on vendra bien plus cher à celui qui n'aura pas la force de défendre sa vie..... Et les prisons se peuplent de malheureux, et les juges condamnent, et les échafauds se dressent, et les têtes tombent.

Ce n'est pas tout. L'Orient, le Nord, la Crimée nous envoient leurs navires lestés jusqu'au bastingage, et, si le calme, si les vents contraires les éloignent de nos ports, les bruits les plus sinistres parcourent les airs, et accusent du crime d'accapareurs ceux-là même qu'une probité antique et traditionnelle devrait protéger contre la calomnie.

Pendant ces jours de deuil sur lesquels j'aurais voulu glisser d'un pas rapide, toutes les vertus semblent être méconnues, et l'obole donnée par la générosité est regardée comme le superflu du vol fait au pauvre. En ce temps de douloureuse mémoire, l'opulence charitable avait plus à redouter encore que l'avarice cachant une misère menteuse.

Partout la terreur, partout la flamme, partout les larmes, partout le désespoir; et Paris, cerclé d'un réseau de fer, n'osait plus étaler aux regards avides les trésors de son industrie frappée d'impuissance pour le soulagement des malheureux écrasés sous la faim.

Hélas! hélas! le fléau étendait ses ravages au loin, et saisissait aussi un peuple ami trop longtemps éprouvé! L'Irlande agonisait, cadavre mutilé, sans muscles pour le travail, sans énergie pour une lutte qui durait depuis un demi-siècle; l'Irlande qu'un homme voulut réveiller au sentiment de sa dignité nationale, l'Irlande qui n'a eu de guinées que pour l'infatigable agitateur, seul opulent au milieu de tant de pauvreté.

Cet homme qui faisait trembler les populations, les lançait en avant ou les arrêtait dans leurs courses, comme le *quos ego* de Neptune, c'était O'Connell. Homme aux formes abruptes, à la parole rude, à l'organe éraillé; orateur de carrefours, brutal et retentissant comme un marteau sur une enclume, incisif comme un stylet, vêtissant sa grande pensée de haillons trempés dans la boue ; prédicateur fougueux, bien plus éloquent sur un tonneau en place publique qu'à la tribune, en plein parlement, suant la froideur, terminant chaque période par un geste de boxeur ou un regard aviné. Telle est la silhouette de sir O'Connell, mort opulent sous le beau ciel d'Italie, tandis que les apôtres qui l'avaient envoyé là bas, pour qu'il pût y ressaisir une vie épuisée par cent triomphes inutiles, râlaient sans pain sous les froides giboulées du Nord.

Je ne sache pas d'ouragan qui eût remué plus de masses que Daniel O'Connell. Là où il était s'amoncelait un monde, là où il n'était pas dormait le désert ; il partait, et comme l'avalanche pyrénéenne, il entraînait tout avec lui.... L'Irlande subissait O'Connell qui avait rêvé par l'inertie la conquête de la liberté.

Absurde théorie, arme des pusillanimes qui ne sauve personne, et fait douter même du patriotisme... O'Connell, c'était le tonnerre sans éclairs.

Nous voulions porter des vivres et du pain à l'Irlande notre sœur ; je vous ai dit les violences qui empêchèrent les navires de lever l'ancre, et je ne puis me taire ici sur la coupable imprévoyance d'un ministère immobile et couché, quand il aurait dû se montrer actif et debout ; il aimait mieux réprimer que prévenir, comme si les calamités publiques devaient assurer sa puissance.... honte à lui !

Tournons vite ces pages imprégnées de pleurs, et puisque la transition sera moins brusque, disons ce que fut et ce qu'est de notre temps encore la mendicité à Paris, et comment avec un peu d'études elle peut se faire drôlatique ou sérieuse, selon les besoins du moment.

Le génie vient d'en haut, soit. Mais il ne faut pas croire qu'il ne se promène que dans les régions élevées ; ce n'est pas toujours ce qui domine qui est le plus grand : voyez la bruyère de la montagne, voyez le chêne de la vallée. Suivez-moi...

La morale entre deux récits... Pourquoi pas? J'aime à me singulariser. Et pourtant, j'ai hâte de marquer nettement les nuances qui distinguent les pauvres des divers quartiers de la capitale.

Dans le noble faubourg Saint-Germain, le pauvre en habit noir, en redingote râpée, se tient debout, chapeau à la main, auprès des grands hôtels, et attend que les valets ouvrent la portière du carrosse armorié pour présenter sa requête.

— Mon prince, dit-il en s'inclinant... Et le tour est fait.

Le mendiant de la Chaussée-d'Antin a des allures moins bénignes; il est, en général, rentier ruiné par la révolution, ou bien ouvrier sans travail, tant le riche devient économe; celui-ci connait son monde et flaire la pièce de monnaie, comme le chien le gibier, et c'est la Mathurine, la Lorette ou la Boule-Rouge qu'il poursuit de ses obsessions.

Selon les circonstances, sa voix est timide ou impérieuse, et bien des oboles sont tombées dans sa main attirées par la terreur. Son organe, c'est l'escopette du mendiant de Madrid.

Dans le Marais et au quartier Saint-Antoine, ce sont en général de petits enfants abandonnés qui implorent la charité publique. La mère inquiète leur a montré comment on pleure sans douleur, comment on grimace la faim après dîner, comment on a froid sans frissons. L'ouvrier est compatissant, il donne, il donne encore de sa main calleuse, et il ne se repent pas du bienfait, alors même qu'il s'aperçoit qu'on l'a pris pour dupe.

Le mendiant du quartier latin est ordinairement un vieux portier aujourd'hui sans condition, une vieille servante chassée injustement par son ingrate maîtresse, un vieux propriétaire ruiné par un incendie, un vieux professeur sans élèves.

Le mendiant des écoles de Droit et de Médecine a bien de la

peine à thésauriser ; l'étudiant a son étudiante, son estaminet, sa Chaumière, sa Closerie-des-Lilas, son Prado ; comment voulez-vous qu'avec tant de charge il songe à la bienfaisance? Et puis, les papas sont si parcimonieux ! Ils se souviennent si rarement qu'ils ont été jeunes, que le printemps a ses charmilles, les jardins leur parfum, les bosquets leurs mystères, les sourires leurs enivrements... Oh ! s'il n'y avait point de papas au monde ! Oh ! s'il n'y avait que des mamans ! Elles seules ont des entrailles et comprennent la vie de la jeunesse dont elles pardonnent les égarements.

Je ne vous parle pas du mendiant chanteur, hurlant aux accords de l'orgue qu'il domine, les grands airs, les grandes romances, les grands tralala de nos maitres qu'il vêtit de haillons... Je ne vous dis rien non plus de ces mendiantes que le vice déshérite de leur dix-huit années et dont les liqueurs spiritueuses ont éraillé la voix et vitrifié le regard... Je craindrais de vous désapprendre la charité.

J'aime mieux vous dire un mot ravissant, un mot admirable, plein de cœur et de naïveté à la fois, qui ne tomba pas dans une âme oublieuse. Je cheminais lentement sur le trottoir de la rue Poissonnière, au bras de mon guide attentif ; deux enfants étaient là, l'un contre l'autre, accroupis à la porte d'un restaurateur de quatrième ou cinquième ordre.

Le garçon,—il pouvait avoir six ans,—vint à moi, et me dit : Un pauvre petit sou, Monsieur, s'il vous plaît?

— Pierre ! lui cria sa sœur, veux-tu ne rien demander à monsieur, il est plus pauvre que nous, il ne voit pas.

Oh ! faites comme moi, donnez, donnez aux malheureux enfants de l'Auvergne qui vous tendent leurs menottes gelées ! Si j'avais été riche, les deux marmots quêteurs de la rue Poissonnière ne mendiraient plus.

L'anecdote est le champagne de la conversation ; ce que j'ai à vous dire vous égaiera peut-être.

J'ai vu longtemps,—je voyais alors,—un homme d'une quarantaine d'années, rondelet, rubicon, mais fort misérablement vêtu, venir tous les matins s'agenouiller sur le trottoir du théâtre des Variétés, et arrêter les passants à l'aide d'un caniche portant une sébile à la gueule ; une petite ficelle passée au bras du mendiant tenait le chien captif auprès de son maître.

J'observais un jour mon drôle avec plus d'attention que d'habitude, je remarquai que chaque fois que la pièce de monnaie était donnée par une petite main, l'aveugle disait : Merci, mon capitaine, ou merci, mon beau monsieur, tandis qu'il ne manquait jamais de dire : Dieu vous le rende, madame, quand le bienfaiteur portait bottes et habit.

— Ecoute, dis-je à un petit polisson qui sautillait près de moi, veux-tu gagner dix sous?

— Je veux toujours les gagner, me répondit-il en écarquillant ses grands yeux noirs.

— Eh bien! voilà les dix sous et un canif, va couper la ficelle de ce chien, et sauve-toi.

— Mais l'homme me poursuivra et me flanquera des taloches.

— Comment veux-tu qu'il te poursuive, puisqu'il est aveugle?

— C'est vrai, je n'y pensais pas.

Le gamin s'approche, coupe la ficelle et s'en va..... Mais le mendiant irrité se lève, poursuit le drôle à travers la foule, le soufflette énergiquement, et revient s'agenouiller à sa place en disant : Ayez pitié du pauvre aveugle, s'il vous plaît?

Je chassai cet intrigant de sa place favorite, et aujourd'hui il mendie auprès du pont d'Austerlitz... Je le signale à votre indifférence.

Oh! ma foi, puisque le pauvre m'enrichit de souvenirs, permettez-moi de vous faire la confidence d'un mot qui me fut lancé à la face par un gueux, ou plutôt par un homme qui savait son métier comme vous allez voir.

Il suintait au soleil de Naples ; sa peau jaune était émaillée de perles mouvantes, serpentant en petites rigoles le long de ses robustes flancs. Il était heureux, peut-être eus-je tort de le réveiller de son assoupissement.

— Quel type ! dis-je à mon compagnon de promenade, quelle existence que celle de ces énergiques paresseux qui se croient riches dans l'avenir dès qu'ils ont gagné le macaroni de la journée! Ces gens-là, poursuivis-je, ce sont des misérables, des voleurs qu'un gouvernement sage ferait à merveille de forcer au travail

Le lazzarone leva nonchalamment la tête, et, laissant tomber sur moi un regard empreint de colère :

— Est-ce qu'il n'y a pas de voleurs en France?

— Non.

— Ah! oui, poursuivit le drôle, depuis qu'ils voyagent.

Je jetai à l'impertinent un écu romain ; il le ramassa, et en fit des ricochets sur les flots bleus du golfe.

Écoutez encore, j'ai de l'encre dans ma plume, la race des mendiants pave le monde, et il y a d'utiles leçons dans l'étude philosophique de cette grande famille.

C'était à Makao, ne vous alarmez pas, y va qui veut ou qui peut. Nous logions dans une immense salle servant d'hôpital aux malades de la corvette. Un magnifique palanquin s'arrête à la porte, et nous en voyons descendre une dame richement vêtue qui s'avance vers nous et nous demande l'aumône.

— Comment! Madame, lui dis-je, sous ce costume ?

— Pourquoi pas?

— Mais c'est une indécence, presque une provocation.

— Je ne vous demande ni conseils, ni réflexions, Monsieur, mais bien de l'argent, une aumône.

— Nous ne croyons pas à votre misère.

— Vous avez tort, elle est affreuse.

— Et vous voyagez en palanquin?

— Sans doute, je suis de noblesse portugaise.

— Nous ne vous donnerons rien.

—Donnez-moi au moins de quoi payer les porteurs; ils ne sauront pas si je manque de riz ou de thé.

La femme noble de la colonie portugaise eut de quoi payer, ce jour-là, ses porteurs; j'ignore si, le soir, elle se fit servir le thé; c'est un détail qui ne vous intéresse guère.

Mais rentrons à Paris, de peur qu'on ne me reproche une excursion à six mille lieues de la terre classique de l'industrie et de la civilisation.

J'espère que vous me pardonnerez de ne pas trop vous parler de ces mendiantes de nuit, à l'œil provocateur, à la parole haute, au visage vermillonné, insatiables quêteuses, cyniques effrontées, se drapant dans leur honte comme la zibeline dans sa fourrure, vivant de la vie des autres et boitant sous le poids de leur vingt hivers, qu'elles ont traversés sans une larme à l'œil, sans un battement au cœur.

Il y a dans la mendicité de ces jeunes vieilles filles quelque chose de si étrange, de si triste, de si repoussant, que je ne comprends pas l'opulence leur apportant sa générosité, à moins que vous ne l'expliquiez par la folie.

Le vice qui mendie avec une tendresse menteuse, avec des prières sans religion, oh! c'est là une des plaies les plus saignantes et les plus vivaces de notre société bâtarde et corrompue; et le législateur n'a jamais trouvé de remèdes contre cette lèpre qui nous ronge et nous avilit.

La mendiante qui écrase son bienfaiteur!... Comprenez-vous rien de plus hideux, rien de plus hostile aux saintes lois de la raison et de l'humanité?

A les voir mettre le nez au vent, à l'heure ténébreuse où la cigale prélude à ses concerts, où la fourmi s'abrite sous ses casemates, où les rats envahissent les rues, où le filou guette sa proie, où l'honnête ouvrier va rejoindre sa ménagère, où la pieuse mère couve le berceau de son enfant, vous croiriez que ces mendiantes ont quelques remords à l'âme, et qu'elles aspirent à rétrograder dans la vie d'abjection qui leur a souri jusque là..... point. La nuit est une bienveillante protectrice des injures du temps et des rigueurs de la débauche; dès lors la spéculation s'explique : on ne récolte guère que du moment où meurt le jour jusqu'à celui où l'allouette chante ; ainsi font les chauves-souris et les hibous dont on a épouvanté notre enfance.

— Eh quoi! pas un mot de miséricorde et de pitié pour ces mendiantes que vous étendez sur votre chevalet de fer ? — Si. Je demande que le législateur s'occupe d'elles, que la charité du prêtre plutôt que son anathème leur donne d'utiles enseignements, et que le fou qui les berce dans les parfums ne leur tende la main que pour les sauver des éclaboussures de la rue, dont il a, lui aussi, sa bonne part.

J'aime bien mieux les haillons des vêtements que les haillons de l'âme; le grabat de la mansarde est parfois moins douloureux à visiter que le salon doré du premier étage. L'air se purifie vers les régions élevées. l'ibis, l'aigle et le condor échappent au choléra.

Est-ce un misanthrope fuyant le monde qu'il hait ou qu'il méprise? Est-ce un philosophe courant après la solitude pour y chercher le calme et le bonheur que donnent l'isolement et la méditation ?

Il est encore bien jeune pour la désillusion, le découragement et la sagesse; que fait-il donc là sur cette plate-forme, pensif, recueilli. se promenant à pas lents ?

Je sais qu'il écrit, qu'il écrit beaucoup sur le paupérisme, qu'il voudrait éteindre dans un pays dont il se dit le fils, et je sais aussi qu'il s'occupe sérieusement d'artillerie, son arme favorite.

Doit-il vivre longtemps dans cette citadelle? — Car c'en est une; — l'habite-t-il par goût, ou bien des juges ont-ils voulu qu'il en fût ainsi?

Louis-Napoléon a été condamné à une détention perpétuelle pour avoir fait à main armée une descente à Boulogne afin de renverser le gouvernement de Louis-Philippe.

Une détention perpétuelle! Qui peut répondre de l'avenir quand la journée de demain nous échappe?

La détention perpétuelle n'existe même pas pour le cadavre étendu dans sa bière, cadenassé dans son cénotaphe de bronze ou de marbre; car bien des cimetières sont devenus vastes cités, car bien des ossements ont bâti des villes.

Hier il était captif fort surveillé, à ce qu'on disait autour de nous; des gens non corrompus avaient placé près de lui des hommes incorruptibles; aussi la justice pouvait dormir tranquille, elle devait avoir son cours.

Voyez maintenant: cette histoire se soude à Paris comme le bras à la main, comme la pensée au cerveau, comme l'ingratitude au bienfait, comme la tendresse à la maternité.

Et d'abord, disons que ce château bâti par Louis de Luxembourg, connétable de Saint-Pol, a servi de prison à quelques-uns des ministres de Charles X, signataires d'ordonnances liberticides, et à ce Bou-Maza, rival d'Abd-el-Kader, infidèle à sa parole et prisonnier encore aujourd'hui de la France, qui l'a vaincu.

Le donjon forme un grand carré avec tourelles aux quatre coins, assemblage assez informe et bizarre de casernes, de cantines et de casemates.

Hier, je vous l'ai dit, un homme proprement vêtu se promenait auprès d'un jardin planté par ses soins; il cultivait avec amour des fleurs précieuses, qu'il envoyait de temps à autre aux dames de la ville, fières d'en parer leur corset ou leur chapeau.

Aujourd'hui cet homme a disparu, et voilà, sortant du logement qu'on lui avait donné, un autre individu à la figure onctueuse, aux cheveux en désordre, à la marche alourdie; il porte sur son épaule une grande planche arrachée à une bibliothèque. Abrité par elle, il glisse devant les sentinelles du château, qui le prennent pour un ouvrier ; et, à peine hors de l'enceinte, il monte dans une voiture qui l'attendait et gagne la frontière.

C'était encore Louis-Napoléon, dont la fuite avait été préparée avec une merveilleuse adresse par Conneau, son médecin, et Petit, son valet de chambre.

Petit et Conneau n'existent plus pour nous, le troisième je le trouverai souvent sous ma main dans le cours de ce récit, car il n'a plus de cachot pour demeure; l'Elysée est un palais, et j'écris l'histoire de Paris.

Pourquoi cette fuite d'une prison où, malgré les barreaux de fer, le captif jouissait des caresses de la brise et de la vue d'un vaste horizon ?

Sans compter cet amour de la liberté qui nous domine tous, et dont Louis-Napoléon devait être avide, un puissant motif faisait battre ses artères. Il avait écrit à M. Guizot, et il demandait la permission d'aller embrasser son père alors à l'agonie, engageant son honneur qu'il se constituerait prisonnier après ses tendresses filiales. On avait refusé, on ne croyait donc pas à son honneur; il prit sa volée, et le drame héroï-comique de sa dernière journée à Ham mérite d'être raconté; n'est-ce pas, lecteurs, que vous me pardonnerez cette petite causerie ?

On réparait le château, la forteresse, le donjon, la maison de plaisance, comme vous voudrez ; les amis allaient et venaient; l'occasion était favorable, on ne la laissa pas échapper.

Deux confidents discrets comme la tombe, prudents comme la fraternité, vinrent en aide à Louis-Napoléon. L'un, M. Conneau, son docteur, imagina une fièvre qu'en sa qualité de membre de la Faculté il pouvait hardiment donner. L'autre, M. Petit, devait veiller au guichet et au dehors.

Voici le jour... le gouverneur du château se présente à la porte du Prince :

— Je vous en prie, Monsieur, lui dit tout bas M. Conneau, n'élevez pas la voix ; notre pauvre prisonnier repose, et il a besoin de sommeil

— Je reviendrai dans quelques instants, répondit le gouverneur; et il se retira.

Une heure après, il renouvela sa visite : mêmes instances de sa part, mêmes résistances du médecin, qui voulait gagner du temps.

— Par déférence pour votre profession, dit le gouverneur, je consens à m'éloigner encore ; mais faites savoir au Prince que je serai près de lui dans un quart d'heure au plus tard.

— Vite, vite, dit M. Conneau à son ami : voici une blouse, une casquette, des sabots ; hâtez-vous, chargez cette planche sur vos épaules, et que Dieu vous accompagne.

— Je ne demande pas mieux, dit le Prince, je serai là en bonne compagnie.

Et il s'achemina vers la porte tandis que Petit cherchait à occuper l'attention du concierge.

Pendant cette course, le médecin cachant l'oreiller du Prince sous les draps lui faisait figurer un corps au repos, et attendait le gouverneur à la porte de l'appartement, préparant une potion qu'il tenait dans sa main....

Je vous ai dit le reste ; la potion fit son effet, et M. Conneau est encore médecin de l'Elysée, où il se félicite sans doute de l'efficacité de ses remèdes.

J'ai tracé sur ces pages un nom que les âmes honnêtes gardent précieusement dans le souvenir. Je dois encore quelques lignes à la reine Hortense, fille et femme de souverain, cœur énergique, intelligence supérieure qui comprenait la véritable grandeur et voulait faire asseoir la clémence sur le trône.

La reine Hortense pourrait donner à toutes les mères des exemples de tendresse; son cœur était un foyer ardent où se réchauffaient les sentiments les plus généreux. Dès qu'un danger menaçait un de ses fils, elle accourait, elle était là, bouclier puissant, et vous ne sauriez croire combien d'actes d'héroïsme ont illustré en Italie, en Hongrie cette vie si courte et si longue à la fois.

Jamais prières plus ferventes ne tombèrent d'un cœur maternel, alors qu'elle vint à Paris, pauvre martyre, pour solliciter auprès de Louis-Philippe la grâce de son fils... Hélas! elle ne fut point entendue, et, l'âme brisée, elle dut laisser Louis-Napoléon derrière ses remparts et sous ses casemates.

Je ne vous parlerai pas de ses libéralités vraiment royales dès qu'une misère lui était signalée ; ce sont là des secrets que l'Europe connaît à merveille et que les infortunes politiques n'oublieront jamais.

Née en 1783, à Paris, morte en 1837, elle était fille d'Alexandre, vicomte de Beauharnais et de Joséphine Tascher de La Pagerie, depuis impératrice. Mariée en 1802, presque malgré elle, à Louis Bonaparte, elle devint reine par l'élévation de ce dernier au trône de Hollande, et fut, ainsi que toute sa famille, engloutie par l'ouragan qui ébranla l'Europe et conduisit Napoléon à Sainte-Hélène.

La poussière des monarques n'en est pas moins de la poussière, et le souffle des vents et des révolutions la disperse comme celle de la roture.

CHAPITRE VII.

Procès de Teste, Despans-Cubières, Pellapra et Parmentier. — Assassinat de Mᵐᵉ de Praslin. — Vieux Paris, Paris moderne.

La flamme active la flamme, la corruption pousse à la corruption ; et comme tout petit veut être imitateur, vous comprenez le péril d'une société qui voit venir d'en haut les vices et les hontes.

Nous touchons à une époque de corruption et de vénalité au travers de laquelle je voudrais vous faire passer sans une halte ; mais la mission de l'écrivain impose de sérieux devoirs, et ne pas tout dire, c'est mentir.

De tous les points de l'horizon un souffle pestilentiel pesait sur la France, et Paris donnait l'exemple de l'avilissement. Aussi, faut-il voir avec quel mépris les organes les moins passionnés de la presse étrangère parlaient de nous, pauvres prolétaires indignés de tant de bassesses ! On ne franchissait la frontière qu'avec timidité.

Les honnêtes consciences humiliées de tant d'abaissement avaient beau faire entendre les paroles les plus énergiques, leurs voix étaient étouffées dans les clameurs de la foule dorée intéressée au désordre, et il ne fallut rien moins que le scandale d'un procès dont les archives du pays garderont un douloureux souvenir pour mettre un frein à l'impudeur levant la tête contre les organes de la loi, tièdes à la poursuivre.

Des noms respectés jusque là étaient jetés en pâture au désœuvrement, à la curiosité, à l'indignation; les uns croyaient, les plus vertueux allaient seulement jusqu'au doute, et il fallut enfin, sous peine de forfaiture de la part du gouvernement, que la vérité arrivât à tous.

Un orateur cher à ceux qui regardent l'honneur comme la première richesse d'un peuple monta un jour à la tribune nationale, dont il était l'orgueil, et en fit descendre d'éloquentes paroles.

Vous savez la cause du procès, vous en connaissez le dénouement ; écoutez l'honorable M. Crémieux poursuivant la vérité sous les voiles encore opaques qui l'abritent.

« Où en sommes-nous dans ce pays en matière de pensées de corruption, je ne veux pas dire en fait de corruption même ? quoi donc ! les divers tribunaux du royaume de France, dans ce pays de l'honneur, des sentiments généreux, sont depuis quelque temps, au moment même où je vous parle, sans cesse occupés à examiner de misérables questions de corruption électorale !

« En France ! ah ! je le demande, jamais aucun de nous aurait-il pensé qu'on en viendrait à ce degré d'avilissement désespérant pour tous !

« Eh bien ! savez-vous jusqu'où l'on va comme cela, Messieurs ? on va jusqu'à porter contre le pouvoir les accusations les plus énergiques, les plus désastreuses ; on affaiblit ainsi dans ses mains tout ce qu'il y a de noble, tout ce qu'il y a de plus sacré pour lui, c'est à dire la pensée que l'on devrait avoir de son honnêteté, de sa probité.

« Croyez-vous donc qu'il soit suffisant de venir dire à cette tribune, vous, ministre, que le conseil s'est occupé de savoir comment il faut procéder par les voies légales ? Sans doute, c'est nécessaire ; mais il y a, Messieurs, d'autres enseignements à tirer de ce qui se passe aujourd'hui. Qu'un malheureux plaideur, voulant arracher d'un ministre ou d'un homme en place quelques concessions, se plaigne hautement, avec la publicité des audiences, d'abus de pouvoir ou de quelque acte de corruption plus ou moins démontré pour lui, on conçoit que la chambre ne doive pas être appelée à intervenir dans de pareils débats.

« Mais qui donc parle aujourd'hui ? Qui donc écrit ces lettres incroyables ? C'est un ancien ministre, un ancien ministre du Roi, comme on vous le dit si souvent à cette tribune ; et moi je dis un ancien ministre de la Nation, du Pays, qui a bien le droit de se plaindre à cette tribune, d'attaquer ici tout ministre indigne d'occuper le poste élevé qu'il remplit. Cet ancien ministre, savez-vous ce qu'il dit ?

« Écoutez, Messieurs, ces mots textuels : « *N'oubliez pas que le gouvernement est dans des mains avides et corrompues.* »

« S'il n'y avait que cette accusation, je vous dirais encore qu'elle est effroyable ; mais il y a bien plus : à côté de l'accusation, il y a précision des faits.

« Les actions ! comme elles ont fait de belles choses depuis quelques années ! Comme il est beau, messieurs les ministres, de soulever dans tous les esprits les appétits misérables des intérêts matériels ! Oui, c'est chez vous un système arrêté. Voulez-vous que les intérêts moraux soient dominés par les intérêts matériels ? Vous l'avez proclamé, vous l'avez fait. Vous avez soulevé ces appétits, et vous n'avez été satisfaits que lorsque vous les avez vus à la curée avec toute l'avidité qui les caractérise. Eh bien ! savez-vous ce qui en résulte? C'est que le reproche aujourd'hui s'élève jusqu'à vous, jusqu'à l'un de vous. Oui, c'est un de vos collègues, c'est un homme ayant eu l'honneur de siéger au milieu de vous.

« Vous ne me comprenez pas; je ne parle pas de celui qui écrit les lettres; celui-là était bien votre collègue, membre de votre ministère, il siégeait avec vous; et c'est lui qu'on ose accuser ainsi : « *On a voulu un intéressé dans le sein du conseil des ministres.* » Entendez-vous? dans le sein du conseil des ministres.

« A quel prix obtiendra-t-on cette protection intéressée? Au prix de quatre-vingts actions, qu'on veut bien réduire à cinquante.

« Voici en effet le résumé de la dernière lettre :

« *1° Impossibilité de traîner plus longtemps la négociation ni de continuer à se débattre entre la concession déjà faite et les exigences successivement réduites de quatre-vingts à cinquante, mais qui ne paraissent pas devoir fléchir au dessous de cette dernière limite.*

« *2° Nécessité de conclure promptement et de trancher le différend entre trente à peu près promises, et cinquante toujours exigées; nécessité de proposer quarante-cinq; quand on sera prêt à effectuer cette mesure. Signé de Cubières.* »

« Voilà ce qui est écrit, textuellement écrit à un ancien ministre, par un ancien ministre.

« Ce n'est pas moi, assurément, qui, du haut de cette tribune, viendrai dire que le ministre ainsi accusé est un ministre coupable; ma conviction ne se forme pas sans examen; si je l'avais, cette conviction, je porterais à l'instant même, ici, une accusation contre lui; je ne reculerais pas devant mon devoir.

« Il y a deux hommes devant vous, devant le public, je puis dire devant l'univers entier; car cette grande question de savoir jusqu'où peut aller la corruption au sein d'un ministère, corruption signalée par un ancien ministre, c'est une question qui, partie de la chambre, livrée aux tribunaux, occupera le monde entier.

« De ces deux hommes, l'un est pair de France, lieutenant-général, ancien ministre; l'autre est pair de France, président de la cour de cassation, ancien ministre.

« De quel côté sera le mensonge? de quel côté sera la corruption? Que des débats publics et solennels le disent; mais en même temps tirons de cette triste affaire un grand et bel enseignement! Le député soupçonné, le voici dans une autre lettre du général :

« *Des paroles qu'on m'adresse, des conversations que j'écoute, il résulte que M. K***, député, a pris l'avance.*

« Quel est ce M. K***, député? Il n'y avait en 1843 que deux députés dont le nom commençait par un K : c'était notre bon et regrettable ami Keysèze, et l'honorable M. Kœchlin ; l'un des deux est donc désigné, accusé; car, encore une fois, voilà ce que dit la lettre de M. Cubières : « *Des paroles qu'on m'adresse, des conversations que j'écoute, il résulte que M. K***, député, a pris l'avance des sollicitations, et qu'il a un espoir mieux fondé que celui qui repose sur notre bon droit.* »

« Et en effet, qu'est-ce que le bon droit aujourd'hui? Rien ; c'est la députation qui est tout. Le bon droit! on le foule aux pieds; c'est l'abus des influences des députés qui est tout ; M. le ministre des affaires étrangères traduit ainsi le mot corruption. »

Après ces mémorables paroles, qui eurent un si grand retentissement, ce que le pouvoir compromis avait à faire, c'était de poursuivre les accusés, auxquels s'adjoignit un quatrième nom inconnu jusqu'alors et qu'on devait trop connaître plus tard.

M. Parmentier, dont je trouverai le prénom tout à l'heure, était un de ces hommes pour qui toutes les routes semblent bonnes, pourvu qu'elles aboutissent à un écu. Il écrivait sans le moindre remords, sans le moindre scrupule, des lettres foudroyantes à ses associés dans l'affaire des mines de Gouhenans, il les menaçait de mémoires révélateurs qui devaient les perdre à tout jamais, et il ne craignait pas d'offrir son silence en échange de plus ou moins de millions, tracés en lettres majuscules dans ses *Philippiques*, signées de son nom, avec parafe. On se demande pourquoi ce contact déshonorant, pourquoi ces rapprochements hideux et ces intérêts communs entre hommes dont les uns avaient dignement figuré dans les fastes du pays, ou par la plume ou par l'épée, et un Parmentier, qui n'avait rien à redouter de l'opinion publique, déjà parfaitement éclairée sur ses principes.

Jean-Baptiste Teste, savant jurisconsulte, penseur et logicien comme Locke, éloquent comme Mirabeau.

Amédée-Louis Despans-Cubières, soldat intrépide, ayant gagné tous ses grades sur les champs de bataille.

Leu-Henri-Allain Pellapra, esprit actif, entreprenant, spéculateur audacieux, courant après la fortune, mais ne voulant l'atteindre qu'à travers la route droite.

Et à côté, Marie-Nicolas-Philippe-Auguste Parmentier, pratiquant *le chantage*, pour me servir d'une expression pittoresque et acceptée, avec un cynisme que *Mercadet* seul de flétrissante mémoire pouvait égaler.

La raison se révolte à ces monstrueux accouplements ; mais il faut bien les accepter comme nous le faisons de ces déplorables créations qu'une nature marâtre jette en épouvante aux regards attristés.

Le procès devait donc avoir lieu, la Cour des pairs se réunit présidée par M. Pasquier ; M. Delangle remplissait les fonctions de procureur du Roi, et M. Glandas d'avocat général.

Jamais débats ne furent plus palpitants, jamais lutte ne fut plus vive entre la justice qui demandait des coupables et les défenseurs qui présentaient des innocents.

Chaque jour de nouveaux incidents amenaient de nouvelles péripéties; les croyances de la veille étaient renversées le lendemain, et Paris en émoi se pressait autour de l'enceinte où se déroulait ce drame solennel.

Un accusé manquait à l'appel de la Cour, c'était M. Pellapra ; on ordonna qu'il fût appréhendé au corps, et l'un de ces magnifiques hôtels du quai Malaquais se vit l'objet d'une attention particulière...... J'étais sûr que M. Pellapra se présenterait à heure fixe, et je savais que Chaix d'Est-Ange lui prêterait l'appui de son éloquente et rigide parole.

Dès la première séance un autre accusé devait disparaitre, car lorsqu'on lui demanda son nom et ses titres il répondit : « Je m'appelle Jean-Baptiste Teste, je suis âgé de soixante-sept ans, né à Bagnols; je demeure à Paris, rue de Lille. Quant à ma qualité, M. le Chancelier, en butte à une accusation qui touche de si près à l'honneur d'un homme public, j'ai pensé qu'il était convenable de ne pas apporter sur le banc où je suis assis les dignités dont j'étais revêtu. J'en ai déposé hier les insignes dans les mains du Roi. »

Voici en quels termes M. Teste avait adressé au roi sa démission de pair de France et de président :

« Sire,

« Je dois à votre majesté, en retour d'un dévouement dont je me suis forcé de multiplier les preuves, la dignité de pair de France et l'honneur de siéger dans la plus haute magistrature du royaume comme l'un de ses présidents.

« J'aborde demain une épreuve solennelle avec la ferme conscience d'en sortir sans avoir rien perdu de mes droits à l'estime publique et à celle de votre majesté.

« Mais un pair de France, un magistrat qui a eu le malheur de traverser une accusation de corruption, se doit à lui-même de se retremper dans la confiance du souverain qui lui a conféré ce double caractère.

« Je dépose entre les mains de votre majesté ma démission de pair de France et celle des fonctions de président de la Cour de Cassation, pour n'être défendu dans les débats qui vont s'ouvrir que par mon innocence. »

L'innocence de M. Teste, vous allez l'apprécier. Les débats n'étaient pas clos encore que le président de la Cour des pairs recevait la lettre ci-jointe, portant la date du 13 juillet 1847 :

« Monsieur le Chancelier,

« Les incidents de l'audience d'hier ne laissent plus de place à la contradiction en ce qui me concerne, et je considère à mon égard le débat comme consommé et clos définitivement. J'accepte d'avance tout ce qui sera fait par la Cour en mon absence. Elle ne voudra sans doute pas, pour obtenir une présence désormais inutile à l'action de la justice et à la manifestation de la vérité, prescrire contre moi des voies de contrainte personnelle, ni triompher par la force d'une résistance désespérée. Je la prie aussi d'être convaincue que cette résolution irrévocable de ma part se concilie dans mon cœur avec mon profond respect pour le caractère et l'autorité de mes juges.

« J'ai l'honneur d'être, etc.

« *Signé :* Teste. »

Le lendemain, possesseur de deux pistolets chargés, libre dans sa chambre, M. Teste essaya un suicide, et les témoins appelés constatèrent une tache de sang sur la chemise et une déchirure à la peau.

La Cour ne voulut pas contraindre M. Teste par la force ; elle condamna :

1° Jean-Baptiste Teste à la peine de la dégradation civique, à 94,000 fr. d'amende et à trois années d'emprisonnement ;

2° Amédée-Louis Despans-Cubières à la dégradation civique et à 10,000 fr. d'amende ;

3° Marie-Nicolas-Philippe-Auguste Parmentier à la dégradation civique, à 10,000 fr. d'amende, et solidairement aux frais du procès.

Quant à M. Pellapra, il se présenta, comme je l'ai dit, et la Cour le condamna à la dégradation civique et à 100,000 fr. d'amende.

Le lendemain, les pauvres de Paris recevaient une somme égale de celui que les plus honorables sympathies ont suivi depuis cet arrêt.

Le général Cubières, en Amérique, n'est pas seul non plus ; ses amis de France l'escortent de leurs vœux les plus fervents, de leur estime la plus sincère.

Où est M. Parmentier ?.... C'est une question sans inquiétude que j'adresse à mes lecteurs.

Pourquoi cette foule qui se rue haletante sur un même point et s'interroge bien plus du regard que de la parole? Pourquoi ces visages blêmes, ces lèvres silencieuses au milieu de l'anxiété générale? Pourquoi cet hôtel somptueux, ouvert encore hier aux joyeux visiteurs, ferme-t-il aujourd'hui ses portes, qu'il ne rouvrira que sous les ordres menaçants d'un homme plus familier avec la demeure de la pauvreté qu'avec les salons de l'opulence?

Place ! place à la justice, qui va pénétrer dans cet asile triste et froid comme une tombe!

Place aux hommes d'en bas et aux hommes d'en haut peu façonnés à se coudoyer dans les rues, les carrefours ou les palais ! On se disait tout bas, bien bas qu'il y avait du sang répandu dans une chambre de Duchesse.

On assurait qu'un meurtre, un horrible assassinat avait été commis sur une femme jeune et belle, poignardée dans son sommeil ; mais on ne croyait ni au meurtre, ni au poignard, ni à l'assassinat.

On versait des larmes sur la victime et sur celui qui venait d'être plongé dans le désespoir en l'arrachant à la tendresse d'une épouse adorée, et cependant on recueillait sans y ajouter foi les bruits sinistres qui, du fond de l'hôtel, arrivaient au dehors comme des anathèmes.

Ici, des soldats en armes ; là, des serviteurs effrayés qu'on arrêtait dans leur fuite, à vos côtés, devant vous ; partout des yeux glauques qui fouillaient sous les vêtements.

Oh ! il y avait quelque chose d'étrange, de sérieux, de solennel, disant de grandes misères, prophétisant de sanglantes agonies. Il y avait encore dans tout cela un bruit de marteau clouant sur une place publique du bois rouge à du bois rouge, et dressant à l'air deux bras rouges séparés par un triangle d'acier blanc et poli.

Les fatales nouvelles comme les passions haineuses ont des ailes de feu ; elles embrasent les espaces. Un crime épouvantable vient d'être commis, la victime est encore palpitante, le sang qui couvre le sol est encore chaud, et déjà tout Paris sait qu'un grand deuil sera porté par une grande famille.

On ose douter toujours, et pourtant on va jusqu'à désigner le coupable, on ne le nomme d'abord qu'à voix basse, en tremblant, comme si on se faisait son complice ; puis, plus téméraire, on le charge de fers, on le maudit, on le traîne sur un échafaud, on lui tranche la tête.

Elle était si brillante de jeunesse et de santé cette noble femme dont le cadavre mutilé gît au milieu d'une mare de sang, sur de moelleux tapis ! elle était si heureuse du bonheur de ses enfants, du bonheur de son mari, du bonheur de sa famille, cette pauvre mère, cette énergique épouse percée de coups de poignard au milieu de son calme et de ses rêves dorés !

Suivons pas à pas le drame tout bouillant encore dans nos souvenirs; je vous l'ai dit, la tâche de l'historien est souvent rude et pénible, mais il faut qu'il l'accomplisse avec impartialité pour tous, car sa mission est un sacerdoce.

Constatons ici une déplorable vérité dont le législateur et le moraliste nous expliqueront peut-être la cause : c'est que, lorsqu'un grand crime est commis, si le coupable est haut placé, ce que vous appelez gueux, peuple ou populace bat presque des mains après avoir maudit : il a si rarement l'occasion de se venger sur les grands qui l'oppriment! et quand le destin lui vient en aide, il remercie Dieu de jeter aussi quelque amertume à l'opulence.

Hélas! le cœur humain est ainsi fait, qu'il se réjouit moins parfois du bonheur qui le visite que de l'infortune qui frappe le voisin, alors surtout que les rudes épreuves ne lui ont pas été épargnées. On dit cependant l'*espèce humaine!*

Racontons :

Place! place! Voici une voiture blasonnée.... Place encore! en voici une autre noire, boueuse, stationnant sur les carrefours et courant les rues du matin au soir.

Les portes de l'hôtel Praslin s'ouvrent sur un ordre donné d'une voix sévère par une bouche façonnée au commandement, et l'on voit descendre un grand seigneur tout chamarré de croix, puis deux autres personnages de haut rang sans doute, car ils parlent familièrement au premier... C'est M. Pasquier, président de la Cour des Pairs, c'est M. Cauchy, archiviste, et deux gens de loi.

De la seconde voiture s'élance un homme jeune encore, leste, à l'œil vif, à la physionomie intelligente, sans ruban à la boutonnière et donnant toutefois des ordres précis, rapides, à certains individus échelonnés autour de lui; c'est M. Allard, chef de la police.

Tous guidés par un valet au front pâle, au regard abattu, à

la démarche pénible, aux vêtements en désordre, pénètrent dans les appartements, et s'arrêtent bientôt en face d'une porte close qu'on ouvre à leur arrivée.

Un sentiment d'horreur et de pitié s'empare de toutes les âmes. Là, sur un tapis ensanglanté, près d'un lit ensanglanté, à côté d'un mur ensanglanté, gît une jeune et belle femme qui avait hier le sourire sur les lèvres, la joie au cœur, et qui n'est aujourd'hui qu'un cadavre mutilé, percé de huit coups de poignard.

Vous n'avez pas tout vu.

Là aussi, morne, glacé, livide, assis sur un divan léopardé de taches rouges dans lesquelles il semble se noyer, est un personnage à l'œil sans regard, calme en apparence, mais fébrilement agité par des mouvements convulsifs. Lui, c'est le duc de Praslin; elle, c'était la Duchesse sa femme.

— Vous venez d'être frappé par un bien épouvantable malheur, dit tristement M. Pasquier.

— Un malheur horrible, répond le Duc d'une voix ténébreuse.

— Nous trouverons les coupables.

— Espérons-le, M. le Duc; mais, hélas! ce ne sera pas là une consolation....

— Quand avez-vous connu le crime?

— Il y a deux heures à peine par les cris d'effroi de la femme de chambre de la Duchesse.

— Que cette femme soit appelée, dit M. Allard, dont le regard scrutateur et froid courait de tous côtés et fouillait dans les rideaux, les draperies et les consciences.

La femme de chambre, chancelante, atterrée, est introduite; on lui donne un siége, et sa voix presque inentendue dit qu'au bruit de la sonnette de madame la Duchesse elle s'est élancée; mais que la porte fermée en dedans a résisté à ses efforts; elle ajoute qu'elle a entendu des cris étouffés, les secousses d'une lutte ardente, une sorte de râle qui la faisait frissonner, puis un bruit sourd comme la chute d'un corps, puis... plus rien.

Pendant ce récit fait péniblement et au milieu des sanglots, le duc de Praslin, son mouchoir sur les yeux, répandait d'abondantes larmes ; M. Pasquier, terrifié, se perdait dans un torrent de pensées qui semblaient se combattre; M. Cauchy écrivait, et M. Allard étudiait d'une main les parois de l'appartement, et de l'autre secouait l'espagnolette des croisées donnant sur le jardin... elles étaient fermées, bien fermées, et les glaces non brisées disaient que l'assassin ne pouvait s'être échappé par là. Ce n'est pas tout, sur un geste, sur un mouvement de cet homme, dans le cerveau duquel germait déjà une épouvantable accusation, d'autres hommes, ses valets sans doute, fouillaient le jardin au pied des murs qui l'emprisonnent et ne trouvaient nulle trace sur le sable, nul indice d'escalade sur le mur de clôture.

Allard recevait leur confidence, et ses lèvres comprimées n'avaient pas encore formulé sa pensée tout imprégnée de sang exhalant une odeur d'échafaud qui le suffoquait.

M. Pasquier allait se retirer et porter au Roi la nouvelle de l'horrible attentat qui venait de jeter le deuil et le désespoir dans une illustre famille... — Restez, monsieur le Duc, lui dit Allard ; ceci sera peut-être de votre compétence.

— Comment ! s'écria M. de Praslin d'une voix stridente, oserait-on m'accuser du meurtre de ma femme?

— Je vous en accuse, dit Allard d'un ton bref et ferme. Les coups de poignard qui ont tué madame la Duchesse ont été portés par une main timide, l'assassin n'a été assassin qu'un instant, malgré lui peut-être, au milieu d'une lutte désespérée; je vous accuse donc, M. le duc de Praslin, et je prie M. le Chancelier de donner des ordres pour que celui que j'accuse soit gardé à vue.

— Je vous le confie, répondit douloureusement monsieur Pasquier ; que chacun fasse son devoir.

M. de Praslin, précédé du chef de la police, entra dans un

corridor conduisant à sa chambre, puis il saisit brusquement une fiole et en avala le contenu : on opposa par la violence des remèdes au poison, et les plus rigides investigations furent commencées dans l'hôtel, tandis que la Cour des Pairs se préparait à évoquer l'affaire. Tout Paris était pétrifié.....

Dans un laboratoire du Duc on trouva du poison, quelques traces d'arsenic, et dans un lieu secret de l'hôtel plusieurs flacons renfermant des substances vénéneuses. On disait ces découvertes au Duc, et l'on veillait sur tous ses mouvements.

Encore quelques jours, et il allait partir pour le château de Veaux, illustré par les fastuosités de Fouquet, et accompagné de Mlle de Luzy, institutrice des deux filles de Mme la Duchesse.

Que n'a-t-on pas dit pour la justification de la jalousie corse de Mme de Praslin, jalousie qui assombrissait les jours et les nuits du Duc !

La gouvernante était un malheur et un crime dans l'hôtel, les plus coupables sentiments s'échangeaient entre le mari et la jeune Italienne, que la Duchesse avait déjà renvoyée une fois.

Nous avons sous la main la correspondance de M. de Praslin et de Mlle Luzy, et nous cherchons vainement les traces de cette intimité dont la Duchesse fut si jalouse.

Cependant les témoignages les plus accablants pesaient sur le Duc, qu'Allard ne quittait ni la nuit ni le jour.

Là-bas, là-bas, dans un lieu isolé, au milieu du rond-point de la barrière Saint-Jacques se dressait déjà l'échafaud, le peuple impatient demandait le bourreau, le prêtre la victime. Hélas ! le peuple oublie souvent que le cercle de bois qui emprisonne la tête du condamné peut être une couronne.

Tout à coup un bruit sinistre court en échos multipliés d'un bout de la capitale à l'autre ; on doute du suicide comme on avait douté de l'assassinat. Les petits, c'est à dire les pauvres, soupçonnèrent les grands, c'est à dire les riches, de félonie, de trahison ; les hommes du pouvoir ont volé une tête à ceux qui en ont donné tant d'autres ; ceux-ci la veulent, la cherchent... Ils ne l'auront pas, le duc de Praslin s'est empoisonné! Mais puisque le regard d'aigle d'Allard veillait sur son prisonnier, sur celui dont il devait répondre à la justice, comment et par qui le poison a-t-il été versé? Allard, la voix publique vous accuse de complicité dans le suicide du duc de Praslin, vous avez eu l'absolution des tribunaux... Les tribunaux restèrent muets.

Le lendemain, deux chirurgiens, après avoir prêté serment, scalpèrent un cadavre ; ils reconnurent le Duc... ils dirent que le poison avait fait son office, et signèrent le procès-verbal.

Puis, six heures plus tard, pendant la nuit, par un ciel sombre et terne, on entendit rouler dans la rue de l'Ouest, voisine du Luxembourg, un corbillard traîné par un seul cheval, conduit par un seul homme ; il portait un corps inanimé dont le cœur, l'estomac et les intestins se balançaient à chaque ondulation du char funèbre.

Il arriva au cimetière de l'Est où était creusée une fosse à l'angle nord du champ du repos éternel. Deux fossoyeurs, la pipe à la bouche, lancèrent le cercueil de noyer dans sa demeure, puis couvrirent d'une terre onctueuse les restes d'un Duc, puis ils piétinèrent dessus pour niveler le sol, puis le silence se fit.

Le repos c'est la tombe... Imprudents, montrez-moi du doigt le cadavre qui vous l'a dit.

N'est-ce pas que je viens d'évoquer de bien lamentables souvenirs? N'est-ce pas que le crêpe funèbre qui plana un jour sur l'hôtel Praslin conserve encore sa teinte lugubre, et que vos pensées s'assombrissent aux lignes de sang que je viens de tracer?

Plus d'une fois, au milieu de ce récit, j'ai voulu briser ma plume et m'abriter sous d'autres images ; mais l'histoire a ses enseignements, et tout en respectant d'immenses douleurs, j'ai dû imposer silence à ma pitié.

Un nom glorieux planait sur le drame; je ne l'ai pas prononcé, non par oubli, mais parceque rien au monde ne doit être plus sacré que les larmes d'un père... L'enfance! la vieillesse! Saluez avec amour et respect ces deux portes de la vie.

VIEUX PARIS, PARIS MODERNE.

Rendez à l'œil son regard, au front ses pensées, aux muscles leur élasticité, aux cadavres leur mouvement; faites promener au milieu du Paris de nos jours les morts des siècles éteints, et demandez-leur où ils sont.

Du vieux Paris, il y a si peu d'édifices debout ou intacts, que nulle bouche ne s'ouvrirait pour dire que c'est là l'ancienne Lutèce. Le fleuve lui-même qui serpentait autour des antiques maisons et des monuments les plus solides effacés du sol, le fleuve autrefois si libre et si dévastateur a subi la main des hommes, et le voilà soumis et captif au pied des puissantes barrières qu'on lui a imposées.

Cependant, alors que la Tour de Nesle se mirait dans les eaux de la Seine, alors que l'Hôtel de Cluny étalait ses fastueuses richesses à l'admiration des étrangers, lorsque les Thermes étendaient leurs immenses galeries si loin de leur point de départ, lorsque la Samaritaine faisait chanter ses mille clochettes pour réveiller les habitants assoupis, on se demandait sans doute si le frottement du temps aurait un jour assez de force pour user ces grandes choses. Hélas! le piéton se promène aujourd'hui sur Ninive, on cherche Carthage, on doute de Babylone, Troie est une fiction d'Homère, et les récentes colères du Vésuve nous ont montré Herculanum et Pompéia sous la lave et le bitume qui les engloutirent au milieu de leur joie... Les mondes s'effacent, Dieu seul est éternel.

Promenez-vous par la pensée dans le Paris d'il y a cinquante ans, et dites-moi si les années marchent vite chez nous.

C'étaient des masures, ce sont des palais ; c'étaient des cloaques infects, ce sont de larges rues où l'air peut se promener en liberté... Vous diriez une ville de nababs. Hélas ! hélas ! deux choses demeurent stationnaires au milieu de ces richesses et de ce mouvement : la misère et le vice, contre lesquels les siècles sont sans puissance.

L'opulence attire comme l'aimant, elle ne rayonne pas ainsi que le soleil. Le soleil est prodigue, l'opulence est accapareuse, et quand elle jette au loin ses bienfaits soyez sûr qu'elle espère avoir sa bonne part de la récolte.

Ne me parlez donc pas de vos rares exceptions, elles appuient la règle générale. Silence sur les hommes, occupons-nous des choses ; il y a bénéfice pour le cœur, qui vaut bien la peine qu'on le ménage.

Plus il avance, plus Paris rajeunit ; vous diriez une coquette endimanchée essayant de cacher ses rides, et souriant sous sa parure et ses parfums.

Les magnifiques édifices dont la grande capitale est pavée appartiennent à tous les quartiers. Chacun a ses richesses : l'Observatoire, le Panthéon, le Jardin des Plantes, la Madeleine, Notre-Dame, Saint-Sulpice étalent leurs dômes ou leurs terrasses des deux côtés de la Seine, et cependant deux quartiers seuls ont eu pendant longtemps ici le privilége des beaux hôtels et des belles maisons.

L'aristocratie du parchemin régnait dans les rues de Grenelle, de Lille, de l'Université, de Belle-Chasse ; celle du coffre-fort, sur les boulevards et la Chaussée-d'Antin ; mais, petit à petit, le luxe des bâtisses étendit ses bras et se fit élégant, grâce aux peintres, aux sculpteurs et aux architectes qui, ne voulant rien emprunter au passé, nous enrichirent du fruit de leurs veilles et de leur imagination rivale.

Au surplus, ce que Paris a gagné en somptueux édifices, il l'a perdu en jardins. Les arbres séculaires, les allées ombreuses, les tapis de verdure se changèrent en moellons, et comme la brise fut bientôt emprisonnée, on se vit forcé d'aller la reconquérir dans les hautes régions de l'atmosphère. De là, ces maisons grimpant jusqu'au ciel où s'entassent des populations et qui, les pieds dans la boue, promènent leurs mansardes orgueilleuses au milieu des nuages.

Paris est la cité des gens poussifs; vous en connaissez la cause : huit étages épuisent les forces les plus robustes, et fatiguent les jarrets les plus élastiques.

Cependant l'Athènes occidentale dormit longtemps dans son immobilité, puis elle se réveilla tout à coup à la puissante parole de celui qui creusait de vastes canaux, traçait de larges routes, soumettait les Alpes, soudait le Luxembourg à l'Observatoire, jetait de magnifiques ponts sur les fleuves captifs, créait des greniers d'abondance, appauvrissait Carrare, qu'il taillait en statues, en palais, en arcs triomphaux ; et, partout victorieux, il étendait les limites du pays qui l'avait nommé général et empereur.

A nos désastres politiques le zèle se reposa dans l'attente des graves événements qui devaient en être les conséquences ; de peur d'aller trop vite on éleva des maisons sans solidité, des demeures de carton tremblant à la voix du crieur public et menaçant ruine à la plus légère secousse de l'atmosphère... Le point de repos ne fut pas de longue durée.

Les arts se donnent la main, ils sont solidaires les uns des autres, ils ne peuvent grandir isolément; lorsque celui-ci domine par la volonté de l'homme de génie, ceux-là suivent l'exemple et marquent glorieusement une époque.

Les Tuileries, le Louvre, le Luxembourg, le Jardin-des-Plantes, les Boulevards étalaient leur opulence à l'admiration des étrangers; les Musées se donnaient de l'espace et de l'air, les magasins somptueux rivalisèrent d'élégance, les femmes comprirent que la coquetterie est dans le goût, et notre industrie soutint heureusement la lutte avec celle des Indes, dont jusque là nous avions été les tributaires... Disséquons.

Quelle est cette masse énorme qui se dresse là-bas au sud de Paris, semblable à une forteresse, comme pour en défendre l'approche?.. c'est l'Observatoire, bâti sur les Catacombes où dorment tant d'ossements humains. C'est de là que l'œil de la science dit les phénomènes célestes, trace la marche des astres et proclame la grandeur du Dieu de l'univers.

C'était un monument, c'est un édifice; à cent pas vous l'auriez pris pour une formidable citadelle, œuvre de Vauban. Aujourd'hui vous reconnaissez au premier coup d'œil qu'une puissante main a passé par là et que les canons et les obusiers ont fait place à des machines moins meurtrières, des lunettes, des cercles, des télescopes usurpateurs de l'espace.

Il était honteux que Paris, ce brûlant foyer de tant de lumières, ne possédât point un Observatoire digne des illustrations scientifiques qui ont jeté tant d'éclat sur la France; un homme le comprit, lui dont le regard d'aigle fouille si bien dans les secrets des cieux; et le voilà, impatient de progrès et de gloire, bâtissant, perfectionnant et dotant l'Observatoire qui lui est confié des instruments les plus rares, des mécanismes les plus merveilleux.

Un de ces architectes dont le pays s'honore, Monsieur de Gisors vint en aide à François Arago; il construisit un amphithéâtre d'où la science roule à flots pressés sur les dociles intelligences qui viennent s'en abreuver, et nul empire ne peut désormais nous disputer la palme que nous avons conquise après tant de recherches et de sacrifices.

Je ne vous conduirai pas, de peur de vous fatiguer, à travers les embellissements qui ont enrichi la capitale depuis quelques années. Mais puis-je ne pas vous montrer du doigt ce Panthéon jadis cadenassé par une barrière de maisons noires et décrépites, aujourd'hui dominateur impérieux, libre d'entraves et promenant à l'air son dôme élégant et ses sveltes colonnades qu'on dirait suspendues par une main divine?

Voyez ce Palais de Justice contre lequel vous vous heurtiez et qui a chassé loin de lui les tristes masures où le vice en haillons épouvantait le quartier.

C'est maintenant une splendide cité bâtie sur des ruines, c'est le luxe à la place de la misère, le sourire au lieu de larmes.

Certes, ce sont de magiques jardins que ceux de Batavia et de Calcutta étalant les richesses botaniques et zoologiques de tous les pays du monde; mais notre Jardin des Plantes ne leur cède en rien, et toutes les zones, toutes les forêts, toutes les montagnes, tous les archipels, tous les déserts lui ont apporté leur opulence, leurs mystères, et l'ont doté de leurs habitants: la race simiane surtout, ainsi que les boas, les aigles et les condors y trouvent des palais pour se consoler sans doute de leur liberté perdue... Ces êtres, hélas! ne pensent pas; une prison d'or n'en est pas moins une prison.

Parcourez Londres et l'Angleterre, Berlin et la Prusse, Vienne et l'Autriche, New-York, Philadelphie, la Nouvelle-Orléans et l'Amérique, je vous défie de trouver là, là ou là, un seul embarcadère de chemin de fer qui ne ressemble point à un taudis si vous le comparez aux nôtres.

Tout chez nous est magnifique et tentateur; on se promène l'été entre des brises caressantes, l'hiver sous les chaudes bouffées des calorifères protecteurs, et partout des cafés et des journaux, des salons et des galeries. Les embarcadères de nos chemins de fer sont les palais du pauvre, ce sont aussi les poêles généreux du piéton, qui peut venir s'y abriter contre les rafales du Nord et les averses Tropicales.

Si les églises de Paris étaient chauffées comme les embarcadères, la religion aurait peut-être plus d'apôtres et certainement les prêtres plus d'auditeurs : songez-y donc, mes frères, on se fait dévot en présence des choses saintes, et plus d'un athée s'est peut-être converti à l'aspect de Saint-Pierre de Rome et de Notre-Dame de Paris.

A la bonne heure encore la philanthropique amélioration que je vais vous signaler, c'est nous qui servons de modèle aux autres capitales.

Voyez ces solides édifices jetés çà et là aux abords de presque toutes les barrières ; ce sont les abattoirs.

Naguère, dans le centre de la grande cité, vous entendiez les tristes bêlements des moutons, les lugubres mugissements du bœuf jeté en pâture à vos appétits carnassiers; aujourd'hui vos tables ne vous rappellent plus ni douleurs, ni râles, ni agonie ; et les richesses culinaires étalées chez Potel, Véry, Véfour et Chevet vous trouvent sans regrets et sans remords.

On dansait autrefois à Paris dans des salles basses, noires, enfumées; aujourd'hui la danse a de l'espace, des allées ombreuses, un terrain uni, des bosquets, de la fraîcheur, de la joie, des mystères... la nuit, c'est le jour dans ces jardins privilégiés où la musique la plus provocante vous interdit le repos, où les sourires vous convient aux sourires, où le luxe des toilettes le dispute au luxe de la nature, où l'opulence de tous les climats vous promène dans les régions les plus éloignées, où vous entrez avec défiance, d'où vous ne sortez qu'avec regret.

La Chaumière, la Closerie des Lilas, sa redoutable rivale, le Château-Rouge, qui a subi tant de vicissitudes, certes, ce sont là des points de repos charmants qu'on aime à se rappeler dans les heures de calme.

Mais le puissant dominateur de tous ces établissements, c'est le Jardin Mabile, qu'il est presque honteux de ne pas connaître.

Des fleurs et des parfums, des girandoles de flammes bleues, rouges, violettes courant au travers des lilas, des roses, des œillets, des jasmins; le cliquetis des paroles chatoyantes dites à voix assez basse pour que le sens en arrive seul jusqu'à vous; puis, une joie plus vive, des confidences moins discrètes, des regards plus provocateurs; on ne se donne rendez-vous à Mabile que pour se donner rendez-vous autre part, aussi les adieux de cette délicieuse oasis n'ont-ils qu'une durée de quelques jours, de quelques heures, de quelques minutes, et souvent même ces deux syllabes, qui sont presque toujours une douleur, meurent-elles sur des lèvres sourieuses et leur absence jette-t-elle une ivresse de plus à l'âme.

Tout près de Mabile est le Jardin des Fleurs, coquet, frais et paré comme une fiancée, n'ouvrant cependant ses portes à la foule ébahie que les jours où son orgueilleux rival ferme les siennes.

Bien des visiteurs préfèrent le Jardin des Fleurs à Mabile; je les aime mieux tous deux; et, si l'on m'y rencontre, c'est que j'y presse la main à des hommes de lettres, à des artistes, à des avocats, à des philosophes, à de vieux camarades, à de jeunes amis, sans compter la femme élégante et de bonne maison que je reconnais à ses petits doigts effilés, à son langage consolateur de mon infortune.

Mabile et le Jardin des Fleurs ne mourront que de la mort des Champs-Élysées; car ils en font, avec le Cirque, le plus magnifique ornement; vous voyez qu'ils sont éternels, puisque les Cosaques ont oublié le chemin de Paris.

Et moi qui glissais, ingrat et paresseux, devant le Jardin d'Hiver, dont la somptuosité donne le vertige!

Paris est trop petit pour ce palais oriental où un monde se promène sans se coudoyer, au milieu des arbustes de tous les climats, et où la musique et la danse, sœurs joyeuses, vous font oublier les ennuis de la ville et les blessures du cœur.

Le Jardin d'Hiver de Paris n'a d'émule dans aucune capitale européenne; seul, celui de Berlin pourrait lui disputer la palme.

Mais prenons notre élan, laissez-moi vous conduire dans un quartier moins pailleté, moins vert, et reposons-nous en face de ce gigantesque Hôtel-de-Ville qu'on embellit depuis tant d'années, et qu'on n'achèvera jamais; car chaque nouvel édile y rêve de nouvelles richesses, et les palettes des peintres ne doivent point mourir stériles dans leurs mains.

Tournez vos regards à droite, posez-les à quelques mètres du trottoir, et, triste et morne, évoquez de vieux et récents souvenirs.

C'est là que Damiens a été écartelé, brûlé, ainsi que Cartouche et Mandrin; c'est là que le sanglant échafaud a tranché la tête à Lecouffe et à sa mère de hideuse mémoire; c'est là aussi que Plaigniez, Carbonneau et Tolleron furent guillottinés comme régicides, pauvres corroyeurs qui n'avaient peut-être jamais touché à un poignard ou à un fusil; c'est là encore que Castaing expia le crime d'empoisonnement sur ses amis les frères Ballet; c'est là que Trumeau vint jurer au peuple, à l'heure suprême, qu'il n'avait pas donné d'arsenic à sa fille; c'est là que l'idiot Papavoine fut décollé, sans se douter même du châtiment; car, moi qui fus témoin du meurtre de Vincennes, j'ai toujours été convaincu qu'il n'avait jamais compris qu'il frappait deux innocentes créatures dans les bras de leur pieuse gouvernante.

C'est de là que j'ai vu monter au ciel de nobles victimes, de nobles cœurs, de nobles consciences, quatre jeunes gens, Bories, Roux, Goubin et Pomier, que vous appelez, vous, les quatre sergents de La Rochelle, et que j'appelle, moi, les héroïques martyrs de la liberté.

On ne guillotine plus à la place de Grève, purifiée par Bories et ses amis; on danse trop souvent dans le palais qui la décore : des fleurs et des sourires si près du sang et des agonies! Paris a beau se plaire aux contrastes, celui-ci devait avoir son dernier jour.

J'ai dit que les arts se donnaient la main, c'est là une vérité qui n'a point de contradicteurs, mais c'est surtout la fraternité de la sculpture, de l'architecture et de la peinture qu'il faut proclamer : la gloire de l'une fait la gloire des autres, et lorsque celle-ci meurt, celles-là sont à l'agonie.

En Italie, en Espagne, les belles peintures, les magnifiques fresques sont si multipliées dans les églises, que l'édifice semble n'appartenir qu'au marbre et au pinceau. Saint-Pierre, le Vatican, Sainte-Marie Majeure, l'Annonciata de Gênes, la Cathédrale de Milan éblouissent par leurs richesses, et sous ce rapport la France n'avançait pas.

Aujourd'hui nos églises se décorent, nos plus célèbres artistes s'y inspirent des livres saints et des grands modèles de toutes les époques.... La Madeleine, ce temple grec, Saint-Sulpice à la silhouette inachevée et ridicule, Notre-Dame, qui, pareille au Jupiter Olympien, apprendrait une religion, le boudoir de Notre-Dame-de-Lorette, Saint-Paul peuvent désormais rivaliser avec les plus somptueuses églises de Rome, de Séville, de Venise, de Madrid ou de Gênes, et nous avons le droit de marcher les premiers dans la lice en montrant du doigt aux étrangers humiliés les deux admirables frontons de la Madeleine et de Sainte-Geneviève, œuvre du ciseau, j'allais dire du génie de Lemaire et de David, le Phidias moderne. Quant à la coupole du Panthéon, c'est là une page immortelle qui nous jette la tristesse au cœur, puisqu'elle nous dit la mort de Gros, que la bataille d'Aboukir, le champ de bataille d'Eylau et les pestiférés de Jaffa auraient dû sauver des morsures de l'envie.

Je suis bien malheureux, me dit-il un jour où il venait de lire dans de méchantes feuilles quelques amères critiques de son dernier tableau, Hercule étouffant Anthée ; je suis bien malheureux, ces hommes me tueront, car les chiens ne mordent que ceux qui marchent.

Et le lendemain la Seine déposait sur la rive le cadavre de l'auteur des Pestiférés de Jaffa, et deux jours plus tard ceux-là mêmes dont la plume avait distillé le venin le portaient sur leurs épaules au champ du repos éternel !

Phidias, Praxitèle, Canova, Michel-Ange, Raphael, Murillo, Vélasquez, Albane, Titien, Van-Dick, le Dominicain, Rembrandt, Léopold Robert, Pradier, Gros sont dans la tombe..... Zoïle est immortel !

Ce qui surtout nous enivre d'un juste orgueil et fait l'admiration des étrangers, c'est le nombre considérable de monuments et d'édifices dont l'utilité le dispute à la splendeur.

Oh! ces richesses, nulle puissance européenne n'aura jamais le droit de nous en déshériter, car elles appartiennent encore moins au sol qu'aux hommes de talent et de génie qui les répandent çà et là au bénéfice des jeunes générations impatientes de gloire et d'avenir.

Voyez ces hôpitaux et cette admirable clinique où le scapel étudie dans la mort les secrets de la vie.

Ce Conservatoire des Arts et Métiers où la perfection naît de l'étude des choses incomplètes datant des premiers âges.

Arrêtez-vous dans les vastes salles de cet imposant Musée d'Artillerie et d'Armures où vous croyez voir revivre et combattre devant vous les héros et les Princes dont les noms sont arrivés jusqu'à nous rayonnants de leurs tournois et de leurs fabuleuses estocades.

Charlemagne, Clovis, Chilpéric, Bayard, Duguesclin, l'héroïque Pucelle ont touché ces glaives, ces cuirasses, ces hauberts, ces cottes de mailles, ces masses d'armes que nos mains débiles peuvent à peine mouvoir, et il vous semble entendre résonner autour de vous les pertuisanes aiguës sur les casques d'acier dans les champs de Bouvines, au pied des remparts de Rouen ou dans les plaines d'Ivry, oubliées maintenant, grâce aux guerres plus récentes qui ont si vaillamment jalonné les diverses époques de notre histoire.

Est-ce que vous n'êtes pas effrayé en songeant aux immenses

bibliothèques où tous les âges et tous les pays ont apporté leur opulence intellectuelle? Rien n'échappe à la savante main qui classe avec tant de goût et de méthode les impérissables enfantements du génie et les sérieuses méditations des penseurs, des historiens et des poètes qui savaient bien que les seuls privilégiés de Dieu ne meurent jamais tout entiers.

La bibliothèque nationale, celles de Sainte-Geneviève, de l'Arsenal, de l'Institut, quel monde d'erreurs, de vérités, de sophismes, de rêves, de grandes pensées de tous ces savants, de ces hommes d'élite dont nous sommes fiers de posséder les manuscrits.

Ces cerveaux qui créaient, ces yeux qui lançaient des flammes, ces poitrines qui battaient si fort, tout cela est aujourd'hui la pâture des vers ; ce qu'ils ont médité est éternel ; la torche d'Erostrate est éteinte.

Combien de cafés à Paris qui sont de véritables palais ; combien de magasins où reposent si peu de temps les plus magnifiques produits de tous les pays du globe ! c'est un éblouissement continuel.

Partout des maisons de bains, partout des restaurateurs, partout des théâtres pour la poésie, le drame, l'harmonie, le rire et les douces émotions.

Partout des chants et des bals, l'été comme l'hiver, sous la bure, sous la mousseline et le velours.

Le Paris d'autrefois avait de la peine à s'alimenter d'eau ; le Paris moderne a des fontaines dans tous les quartiers, des fontaines dont quelques-unes sont de véritables monuments.

Aux grandes chaleurs, des bornes jaillissantes jettent la fraicheur et la santé dans toutes les rues ; aussi les incendies sont-ils aujourd'hui moins à redouter ; l'ennemi est là pour combattre le redoutable fléau.

Une voix seule, je crois, a manqué naguère au Conseil général du département de la Seine pour qu'une turbine placée au

Pont-Marie apportât de l'eau en abondance dans les quartiers les plus pauvres et les plus élevés de la capitale. C'est là un bienfait dont on eût été redevable à François Arago, qui nous a déjà doté du puits artésien de Grenelle.

Espérons que la cause de l'indigence et de la salubrité sera gagnée une autre fois, et qu'à l'instar de Gènes et de Londres les hautes demeures des citoyens auront leur robinet protecteur, sans qu'il en coûte rien à la bourse du pauvre.

Vous connaissez Auber et ses mélodies, vous vous êtes doucement bercé aux chants harmonieux des Meyerbeer, des Rossini, des Boïeldieu, des Halévy, des Thomas, des Donizetti et de cent autres génies créateurs dont les suaves compositions caressent vos nuits.

Hé bien ! voici le conservatoire de musique où se forment, sous les maîtres les plus habiles, les interprètes de ces grands compositeurs que je viens de vous nommer, tandis que là aussi une jeunesse intelligente et studieuse meuble sa mémoire des beaux vers de Corneille, de Racine, de Molière, de Casimir Delavigne, et apprend à penser et à dire en même temps.

Est-ce que vous trouverez en creusant dans les richesses de toutes les capitales européennes un monument comme nos Gobelins? Cela est impossible.

Là, des ouvriers, des gens du peuple, à l'aide de fils savamment combinés, traduisent d'une façon impérissable et avec une exactitude à défier le compas les chefs-d'œuvre de nos peintres et les plus belles pages des hommes qui ont illustré leur époque.

On incline son front en présence des toiles gigantesques sorties de ce magnifique arsenal, et, si l'œil admire, la pensée s'épouvante à l'aspect de ces magiques travaux...... rien n'est envahisseur comme le génie.

Il fallait un temple aux hommes de cœur qui avaient défendu contre l'étranger le sol de la patrie. Louis XIV le comprit, et le voilà donnant des ordres, afin que les débris de ses armées trouvassent pour leurs vieux jours du pain, un asile, des souvenirs de gloire et une religion consolatrice de toutes les misères.

L'hôtel des Invalides n'est pas seulement un palais; c'est aussi un arsenal, un musée, un tabernacle, gardien des mille richesses conquises sur nos ennemis et que les envieux de notre gloire ne voient qu'avec terreur.

Combien de morts immortels sous cette coupole dorée qui domine Paris, comme Sainte-Sophie domine Constantinople, la cité des Sultans, comme Saint-Pierre domine Rome, la ville des Papes!

La capitale du monde c'est l'Europe; la capitale de l'Europe c'est la France; la capitale de la France c'est Paris; il ne serait pas ridicule de dire que le Louvre est la capitale de Paris, et l'architecte italien que Louis XIV avait appelé pour bâtir un palais fut fort sage de s'écrier à l'aspect de la fameuse colonnade: *A quoi bon aller chercher à l'étranger quand on possède chez soi un homme capable de créer un tel chef-d'œuvre?....* Cet homme, c'était Claude Perrault.

Imitez-moi; mais plus heureux puisque vous n'êtes pas déshérité de lumière, montez en ballon et planez sur la capitale assoupie ou réveillée; c'est un panorama que vous ne trouverez nulle part, à moins que là-bas, là-bas entre le Pacifique et l'Océan indien vous ne voyiez à vos pieds les magiques îles dont les mers sont pavées, et qui, à vol d'oiseau, ressemblent à des bouquets promeneurs. J'ai joui de ce spectacle éblouissant, et aujourd'hui.... du noir, toujours du noir!,..

Voyez, voyez: des dômes, des aiguilles, des terrasses, des colonnes, cette immense artère appelée rue de Rivoli, des prés, des bois, des fleurs, et tout cela confondu, douteux, estompé comme un monde lointain à travers une brume, moins la couleur, le mouvement, car vous cheminez sans secousses puisque la brise vous a pris sous son aile et voyage avec vous.

CHAPITRE VIII.

Les cinquante-neuf. — Affaire Léotade et Cécile Combette. — Banquets réformistes.

Est-ce ma faute à moi si les pages de ce livre s'ouvrent si souvent à des récits de meurtre, d'empoisonnement, de luttes ardentes dans les rues, de querelles dans les familles?

Est-ce ma faute à moi si la fraternité semble s'exiler de cette terre de déceptions où nous ne passons, hélas! que pour souffrir, pleurer et mourir?

Certes, oui, cela est beau, une grande et florissante cité, toute pavée de palais et de monuments fastueux, incessamment sillonnée par des milliers de chars promenant l'opulence et l'oisiveté en quête d'une fantaisie ou d'une joie...

Cela est curieux et chatoyant, cette masse compacte d'hommes, de femmes, occupés nuit et jour des riens immenses qui colorent leur vie...

Mais, si vous fouilliez au fond de ces carrosses armoiriés, dans ces temples silencieux disant une religion, sous ces robes de soie et ces bouquets de fleurs dont on cherche à parfumer les heures trop rapides, vous vous sauveriez vite, épouvanté des hontes, des bassesses et des misères qu'ils abritent.

Allez, allez, la civilisation n'est consolatrice que pour les privilégiés dans cette Europe gangrenée.

Ce n'est que chez nous qu'on meurt de faim à côté de l'opulence qui meurt d'indigestion, et si je fouille dans mon passé, je vois se grouper autour de moi, pour fêter mon arrivée, les peuplades que vous appelez sauvages des Carolines, des Mariannes, de Taïti la bienheureuse, où ce qui m'appartient t'appartient, où je me rafraichis à tes cocos, où je me berce dans tes ondes, où je me repose sur ta natte, où les plus doux rêves étoilent les nuits, où ta sœur m'appelle son frère, où le mot *merci* est inconnu, où le *bonjour* est plus qu'une parole, où tout le monde est également riche, parceque chacun a sa case, son rima, son bananier, son oranger, et que le flot qui vient mourir sur la grève prodigue à tous sa fraicheur, son harmonie et ses embrassements.

Il y a bien des gens parmi nous qui se fatiguent à interroger le jour qui vient de finir pour eux; je me délasse, moi, au travers des pérégrinations qui se sont partagé mon existence.

Cependant me voilà ramené par mon devoir au récit des événements que j'ai promis... Poursuivons notre tâche, ou plutôt subissons notre sort.

Je ne voudrais me nommer ni Tibère, ni Néron, ni Caligula, ni Héliogabale, ni Alexandre Borgia, je ne serais pas flatté de m'appeler Cartouche ou Mandrin; si le sort m'eût fait naîtr Lecouffe ou Trumeau, j'aurais demandé qu'on me déba tisât... Il doit pourtant y avoir d'honnêtes familles dotées ces syllabes tristement célèbres, et je ne sache pas qu'elles aient porté malheur.

Au surplus, Pascal s'appelait Blaise, Poussin Nicolas, les deux Corneille Thomas et Pierre, le philosophe de Genève Jean-Jacques, noms tous plébéiens et que le martyrologe relègue dédaigneusement dans ses dernières colonnes.

Claude et Tibère rappellent une désastreuse époque de l'antique Rome; rassurez-vous, celui dont j'ai à vous parler aujourd'hui n'est flétri que par la moitié d'un de ses devanciers, l'orthographe l'absout du deuxième; ne le châtions pas trop, il s'avoue coupable, et semble se repentir de bonne foi.

Claude Thibert que vous voyez là, sur les bancs de la Cour d'assises, est reconnu chef d'une bande de coquins, contre lesquels pendant longtemps la police avait été sans puissance; ils ont commis cent dix-neuf vols, dévalisé toutes les auberges où ils faisaient halte, enlevé les chevaux des voitures ; pourtant, comme Cartouche et Mandrin, ils ne tuaient pas; ils avaient horreur du sang, les bons petits agneaux !

Claude Thibert est petit, son front large ; ses yeux vifs et perçants ne regardent pas, ils interrogent ; ses lèvres fines et pincées disent l'astuce ; son langage bref et accentué annonce des études que les haillons du vice ont étouffées à leur naissance.

Mon héros a toujours vécu de la vie de vagabond, et il a usé à la course autant de montures qu'Abd-el-Kader, cet insaisissable jaguar, qui pendant vingt ans a lassé nos armées et résolu le problème : Peut-on se trouver à la même minute, au même instant là et là ?

Abd-el-Kader, que je vais chercher un peu loin peut-être, Mina, le soldat catalan que je trouve plus près, et Claude Thibert, que j'ai sous la main, me disent le mouvement, *l'infatigabilité*, la vie : ils me rappellent le tornado, l'ouragan, le typhon sous lequel frémissent les mers du Japon, de la Chine et des îles Malaises, dont je conserve de si magnifiques souvenirs.

Claude Thibert, que j'ennoblis en le plaçant à côté d'Abd-el-Kader et de Mina, ne possédait qu'une des qualités de ces grands guerriers,... il ne dormait jamais.

Quant au patriotisme, au dévouement à leur cause, à la fièvre d'indépendance qui brûlait les deux chefs Espagnol et Arabe et les ont rendus immortels, notre Claude, notre Thibert n'en avait aucun souci.

Sa gloire à lui était le vol d'une charrette, de deux ou trois charrettes bien chargées, de vingt, trente, cinquante ballots fort dodus; il négligeait les petits larcins, il *travaillait* en grand, il ne comprenait pas les mesquines taquineries des filous de bas étage, et son bonheur le plus doux était la dévastation d'un château ou d'une maison de campagne appartenant à ses ennemis.

Les ennemis de Thibert, ceux surtout contre lesquels il s'insurge, sont les châtelains, les possesseurs de riches villas, les présidents des tribunaux, les procureurs du Roi... Oh! à ceux-là Thibert ne fait pas grâce d'une obole; aussi va-t-on lui rendre la monnaie de sa pièce, comme on dit dans ses rangs, et si vous le voyez, en tête de sa bande, confirmer les aveux qu'il a faits le jour de son arrestation au chef de la police de sûreté, c'est qu'il sait très bien les bénéfices que lui rapportera sa délation.

Suivez-le d'un regard scrutateur sur la sellette qu'il occupe; il baisse le front, semble attendri, il répand des larmes; mais, ne vous y trompez pas, ce sont les larmes du crocodile désolé de n'avoir avalé qu'un enfant quand il y en avait deux à sa portée... Brave Claude! digne Thibert!

Que dit la Cour en réponse aux paroles de l'accusé et de ses complices? Le voici, c'est bref et sans réplique:

Sont condamnés:

Thibert et Dufour à dix ans de réclusion sans exposition· Chobeaux, Roche et Prud'homme à vingt ans de travaux forcés avec exposition; Barthélemy à dix ans de travaux forcés; Lefèbre à sept ans de travaux forcés; femme Deschamps à six ans de travaux forcés; femme Perrot à cinq ans de travaux forcés.

Moïse Lévy, Masson, Villette et Roger à dix années de réclusion ; Dickers, Prévost et Lejeune à huit années de réclusion.

Espagne, femme Espagne, Pierrot, Kauffmann, Larmilly, Broquet et fille Voilet à cinq années de réclusion.

Larzillière, Guérin, Lepreuil, Bombard, Gosset et Langrade à cinq années d'emprisonnement.

Femme Masson, Basset et veuve Roche à trois années d'emprisonnement.

Hugo, Forfait, Hermann, Hirtz, Boudet et fille Clément à deux années d'emprisonnement.

Dix-neuf sont déclarés non coupables.

———

Oui sans doute, la province reflète Paris ; mais Paris reflète bien plus souvent la province, avec cette différence qu'ici on se glorifie de l'imitation, tandis que là on croit descendre à copier.

Vous vous feriez difficilement une idée de la joie du petit village, du petit bourg, du petit hameau, à l'annonce dans le journal du maire qu'on parle de lui sur les bords de la Seine. Les jeunes filles s'endimanchent, les jeunes gens se font beaux ; ils comptent pour quelque chose, pour beaucoup même dans l'histoire du pays, et cette vanité leur est favorable, en ce sens qu'ils apprennent à lire si déjà ils ne savent épeler.

A la vérité les choses ont changé depuis quelques années, surtout depuis que, grâce aux chemins de fer, les capitales semblent se donner la main : on est de Paris quand on est de Lyon ; on est de Lyon quand on est de Marseille : vous voyez donc bien que Marseille est Parisien et que la Canebière et les allées Meillan coudoient le Luxembourg et les Tuileries.... Encore un demi-siècle, et nos fils nous regarderont comme bien arriérés ; le génie n'est jamais stationnaire.

Un bruit lugubre nous arrive aujourd'hui du fond de la province, et nous apporte un drame taché de boue et de sang.... la politique aura tort, et cependant elle dresse la tête, elle élève la voix, et tout annonce le choc des partis.

Que disent les feuilles de Toulouse ? qu'un crime horrible a été commis, qu'un homme est arrêté, qu'on a eu bien de la peine à l'arracher aux vengeances populaires et que toute une communauté sera peut-être solidaire de l'assassinat.

Pourquoi le prêtre serait-il plus coupable que le séculier pour une faute égale ?

En opposition avec certains jurisconsultes, selon moi peu réfléchis, je pense qu'il est des crimes commis par des prêtres dont il serait juste d'atténuer la gravité.

Je le sais, vous les avez revêtus d'un caractère qu'on est habitué à regarder comme le Palladium des mœurs honnêtes ; mais ils ne connaissent qu'à demi les saintes émotions de la famille, ils reçoivent dans un tête-à-tête solennel les confidences de l'épouse heureuse de sa tendresse et de sa chasteté, ils écoutent les confessions de la jeune fille que le repentir et l'espérance appellent parfois auprès d'eux ; ne sont-ils pas condamnés par vos lois au célibat, c'est à dire à l'isolement, eux, hommes comme vous, nés comme vous, avec des passions aussi brûlantes que les vôtres ? Leur vie n'est-elle pas une lutte de tous les instants, de toutes les heures contre ce que vous appelez l'abstinence et la pureté.

Mais quand un soldat se trouve constamment sur la brèche, il est difficile, il est impossible qu'il n'y soit pas blessé.

L'ennemi du prêtre est là, près de lui, à ses côtés, à ses genoux, et la croix n'a pas toujours la puissance que vous lui attribuez.

Je me répète, le viol, par exemple, est à mes yeux chez le

prêtre un crime plus pardonnable que chez le séculier. On écrirait cent volumes pour me convaincre que j'ai tort qu'on ne parviendrait pas à m'ébranler dans ma foi.

Racontons maintenant le crime de Bonafous, dit frère Léotade.

A quinze ans les désillusions n'ont pas encore assombri la vie qui s'ouvre à peine ; à quinze ans on croit aux choses saintes, on a foi en Dieu, quand une bonne mère vous a bercé dans ses bras, quand vous êtes fils ou fille de parents qui savent la valeur des mots vertu, travail, probité.

Elle allait avoir seize ans ; elle était blonde, gracieuse, rieuse aussi ; ses compagnes l'aimaient comme une sœur, les jeunes gens les moins fougueux de son village se la disputaient déjà dans l'avenir, tandis qu'elle, la charmante fauvette, chantait les refrains de son pays et allait presque tous les matins à travers les charmilles de la route apporter des provisions et des ustensiles dans un couvent dont je ne veux pas que le nom salisse les feuilles de ce livre.

Sa mère l'embrassait à son départ, elle l'embrassait plus fort encore à son retour ; puis on priait Dieu, puis on s'endormait et on rêvait d'Anges, de Vierge et d'Éternité.

La vierge que je vous montre du doigt pour que vous la protégiez de votre bénédiction s'appelait Cécile Combette.

Il est huit heures, et sa mère l'attend encore... Neuf heures sonnent, et on ne la voit pas sur la route. Les mères, hélas ! n'attendent pas longtemps leurs filles bien aimées ; celle de Cécile Combette laisse ses sabots pour aller plus vite, et la voilà courant vers la pieuse maison où on l'aura peut-être retenue pour quelque service divin.

Elle arrive... Les frères assurent qu'ils n'ont pas vu Cécile. Un frisson parcourt les membres de la pauvre mère qui se dit que puisque sa fille n'est pas là elle est morte.

Une mère ! une mère ! c'est si fort et si faible à la fois ; quo d'extases dans le cœur d'une mère, que de tortures aussi dans son âme!

En ce moment la mère de Cécile voudrait n'avoir pas eu de fille, car elle craint de l'avoir perdue, et le dernier adieu de la fille à la mère est souvent la mort de toutes deux.

Cependant le désespoir appelle les gens de loi... Ils arrivent, tous les frères du couvent sont d'accord ; on n'a pas vu Cécile.

On cherche encore, on cherche toujours. On suit le long du mur des traces de petits pieds, on se heurte à un cadavre..... C'est celui de Cécile Combette.

Ce n'est pas un maillet qui a tué Cécile, ce n'est pas un couteau ; il y a plus que cela, il y a les caractères accusateurs du forfait le plus épouvantable, dont la communauté se défend avec une énergique indignation.

Attendez, attendez. Voici les traces d'une lutte désespérée ; des déchirures à une main, des cheveux à un soulier. La main est celle de Léotade, et le soulier couvre exactement l'empreinte laissée sur la terre où gisait le corps de la victime.

N'importe, nul frère n'a vu Cécile, nul ne peut être poursuivi ; on fera des neuvaines pour trouver le coupable, et Dieu aidant il n'échappera pas à la justice des hommes... La clémence du ciel fera le reste.

Le frère Léotade, arrêté, conduit en prison, proteste de son innocence ; la communauté se fait sa caution ; les débats s'ouvrent ; bientôt ils sont interrompus par les graves événements politiques qui menacent le pays.

Les prêtres de Paris, ceux de la province disaient à haute voix que le crime était impossible, que l'Esprit saint éclairerait les juges, que le martyr Léotade serait un jour canonisé.

Après nos troubles, la Cour de justice s'assembla de nouveau ; les amis de Bonafous, dit frère Léotade, déposèrent avec une adresse, une audace, un cynisme à ébranler les convictions ; mais, à défaut des complices qu'on était sur le point de saisir et qui échappaient à la rigide intégrité des juges, Léotade seul fut reconnu coupable et condamné aux galères perpétuelles.

Il est mort au bagne, il s'est confessé avant d'aller rendre compte à Dieu, et il a dit qu'il était innocent du *double crime* qu'on lui imputait.

Le double crime. N'en aurait-il commis qu'un seul, les aurait-il commis tous deux? Les galères sont une expiation.

Frère Léotade, faites-vous absoudre par vos amis de la communauté où a péri une pauvre jeune fille dont la mère est toujours en deuil; moi, je vous crois coupable, et je l'écris. Comme la vôtre, la robe de Contrafatto a été tachée de sang.

J'ai souvent remarqué qu'à chaque crise du pays un grand crime venait occuper l'attention publique... Est-ce coïncidence ou calcul? Cette question peut être faite, elle a de la portée.

BANQUETS RÉFORMISTES.

De tous les moyens révolutionnaires le plus efficace, à coup sûr, c'est le théâtre.

Il ne faut jamais prendre les hommes à froid; on a bien meilleur marché d'eux à les attaquer au milieu de leurs émotions, lorsque leurs fibres sont en jeu, lorsque la terreur les domine ou que la joie les absorbe.

Je n'ai pas à défendre cette cause, elle est gagnée d'avance. La parole porte plus loin que le mousquet, j'ai dit cela quelque part; elle fait plus de bruit que le canon, elle se répercute beaucoup plus loin; ni les fleuves, ni les montagnes, ni les mers ne peuvent l'arrêter; elle caresse, elle gronde, elle menace, elle tonne, elle subjugue, elle écrase.... Elle fait les révolutions.

Le boulet ne sera jamais civilisateur, la parole édifie; les feux de file admirablement nourris ont gagné moins de batailles à l'empereur Napoléon Ier que ses proclamations. Les uns ne s'adressent qu'au sang-froid, les autres au patriotisme, à l'honneur, au sentiment de la dignité. Le canon fera les braves, la parole fera les martyrs. Sans eux point de religion; interrogez les annales du monde, la parole est le vêtement de la pensée, l'éloquence en est le glaive.

Quand le souffle révolutionnaire se fait sentir sur un peuple, rien ne l'arrête; c'est le flux océanique, renversant les plus solides barrières et laissant à sa suite débris et chaos.

Conspirer, c'est presque révolutionner; c'est le premier pas vers la solution du problème, c'est l'étincelle qui va décider l'incendie.

L'année que je parcours est féconde en petits moyens; eh bien ! ces petits moyens seuls ont brisé un trône, renversé une dynastie. Le ministère ne voulait pas, le peuple voulait; le peuple eut le dessus, et un palais fut désert.

A cette époque de turbulente mémoire et de puériles taquineries du pouvoir contre des actes de résistance sans portée, tout le monde conspirait à Paris, mais en plein soleil et d'une façon si régulière que la police n'avait besoin que d'un œil pour voir et d'une main pour saisir les *forcenés;* aussi en eut-elle à plaisir, et les prisons s'éventraient sous le nombre des détenus. Savez-vous le moyen de conspirer? Le voici, vous diriez un conte de vieille grand'mère.

Dix, vingt, trente, quarante personnes faisaient courir çà et là des listes de souscription; chacun s'engageait à donner deux ou trois francs, quarante centimes, même vingt-cinq centimes; puis on devait se réunir à un endroit indiqué, s'asseoir à côté de tables boiteuses, en face d'une bouteille de piquette et d'un lambeau de bœuf; puis encore on chantait deux ou trois refrains rimés à peu près, et l'on buvait à la chute du ministère, qui n'en restait pas moins debout.

Le ridicule et le sublime se touchent, les grandes et les petites choses sont emportées par le même tourbillon physique et moral. Une croisade générale unit les uns aux autres les vingt centimes et les pièces de cinq francs, et voilà que de toutes parts on cria au despotisme, à la tyrannie, au proconsulat.

Une sérieuse résistance fut organisée; la province, qui avait suivi l'exemple de la capitale, se fit rebelle à son tour ; le pouvoir, opiniâtre dans son omnipotence, ne voulut pas faire un pas rétrograde, et un beau matin parut sur tous les murs de Paris un écrit ainsi conçu:

« Considérant que, d'après la notoriété publique, un grand nombre de personnes doivent prendre part au banquet donné dans le douzième arrondissement, pour lequel des commissaires ont été nommés et des souscriptions publiques provoquées par la voix de la presse;

« Considérant que dans les circonstances présentes les rassemblement, réunion et banquet projetés sont de nature à compromettre le bon ordre et la tranquilité pubique ;

« Avons arrêté et arrêtons ce qui suit:

« Article 1er. La réunion et le banquet précités sont interdits.

« Art. 2. Le présent arrêté sera notifié à qui de droit.

« Art. 3. Toutes mesures seront prises pour assurer l'exécution du présent arrêté.

« Fait à Paris, le 20 février 1848.

« Delessert ,
« Pair de France, Préfet de Police. »

Mais déjà les banquets réformistes, banquets sérieux ceux-ci, avaient eu lieu à Mâcon, Lille, Montargis, Dijon et Compiègne.

Dans la première de ces villes, façonnée à la résistance, Ferdinand Flocon, rédacteur en chef de *la Réforme,* homme d'énergie et de spontanéité, glorifia la déclaration des droits de l'homme par la Convention... Ce fut d'abord de l'étonnement; l'enthousiasme eut son tour.

A Dijon, les réformistes furent salués du titre d'*éclaireurs de la Montagne*, titre qu'ils ambitionnaient et qu'ils méritaient par leur patriotique dévouement.

Dans les autres cités le feu couvait aussi, et à la première étincelle il allait embraser les cœurs.

Au reste, Ledru-Rollin, Lamartine, Odilon Barrot étaient tour à tour l'âme de ces réunions populaires, qu'ils poussaient en avant ou maîtrisaient selon les nécessités du moment ; mais je me hâte d'ajouter que peu de sympathie accueillait alors les éloquentes paroles des deux derniers orateurs, qui semblaient reculer à chaque pas avancé de la démocratie.

Aussi l'œil ardent de Guizot, ouvert sur toutes les manœuvres de l'opposition, sut-il exploiter adroitement dans les feuilles du pouvoir la divergence de principes servant d'oriflamme à ceux qu'il proclamait les ennemis du pays.

Écoutez le *Journal des Débats*, écrit sous l'inspiration du premier ministre :

« Trois banquets à la fois ! et nous qui disions que les banquets étaient finis ! Un banquet *montagnard* à Dijon, un banquet *fouriériste* à Montargis, un banquet *Odilon Barrot* à Compiègne ! M. Duvergier de Hauranne doit être bien fier de son œuvre ; elle grandit et prospère à vue d'œil. Déjà les banquets *montagnards* lancent des défis et des menaces aux banquets *girondins* de la gauche. On se proscrit mutuellement des salles à manger, en attendant des proscriptions plus sérieuses. Pour avoir exclu M. Odilon Barrot du banquet de Lille, M. Ledru-Rollin a été exclu du banquet d'Amiens.

« En revanche, les montagnards de Dijon ont exclu la simple opposition, de peur qu'un *modérantisme* suspect ne vînt souiller leur grande et pure manifestation terroriste !

« *Si l'ennemi commun* n'était pas là pour séparer les combattants, il y a déjà longtemps que les montagnards de Dijon et les girondins de Compiègne, M. Odilon Barrot et Ledru-Rollin, en seraient aux prises avec d'autres armes que d'innocentes paroles et de ridicules exclusions. »

Vous le voyez, la dissidence des organes républicains donnait des armes à leurs ennemis, fort peu soucieux de se blesser eux-mêmes pourvu que leurs adversaires sentissent les piqûres du glaive, et pourtant ce n'était pas aux plus avancés que l'opinion publique semblait attacher son blâme; car si les masses aiment le calme, elles sourient au courage des téméraires, vainqueurs du pusillanime.

La Réforme et *le National* étaient en lutte ardente; Marrast, cette plume adroite, intelligente, serrée, cet esprit actif, impatient, convaincu, qu'on estimait en le combattant, voulait un président au lieu d'un Roi, comme si le mot changeait la chose; puis, il supprimait une chambre, et étendait le cens électoral jusqu'au suffrage universel.... Marrast s'arrêtait en route; ce ne sont pas des haltes qui décident le gain d'une cause.

Le comité de la réforme, énergique jusqu'à la passion, inébranlable dans sa foi politique, avait hardiment formulé son programme de la façon suivante sous la plume de Louis Blanc :

« Tous les hommes sont frères.

« Là où l'égalité n'existe pas, la liberté est un mensonge.

« La société ne saurait vivre que par l'inégalité des aptitudes et la diversité de fonctions; mais des aptitudes supérieures ne doivent pas conférer de plus grands droits, elles imposent de plus grands devoirs.

« C'est là le principe de l'égalité; l'association en est la forme nécessaire.

« Le but final de l'association est d'arriver à l'association des besoins intellectuels, moraux et matériels de tous, par l'emploi de leurs aptitudes diverses et le concours de leurs efforts.

« Les travailleurs ont été *esclaves*, ils ont été *serfs*; ils sont aujourd'hui *salariés*; il faut tendre à les faire passer à l'état d'*associés*.

« Ce résultat ne saurait être atteint que par l'action d'un pouvoir démocratique.

« Un pouvoir démocratique est celui qui a la souveraineté du peuple pour principe, le suffrage universel pour origine, et pour but la réalisation de cette formule : Liberté, Égalité, Fraternité.

« Les gouvernants, dans une démocratie bien constituée, ne sont que les mandataires du peuple ; ils doivent donc être responsables et révocables.

« Les fonctions publiques ne sont pas des distinctions, elles ne doivent pas être des priviléges ; elles sont des devoirs.

« Tous les citoyens ayant un droit égal de concourir à la nomination de mandataires du peuple et à la formation de la loi, il faut, pour que cette égalité de droit ne soit pas illusoire, que toute fonction publique soit rétribuée.

« La loi est la volonté du peuple, formulée par ses mandataires. Tous doivent à la loi obéissance ; mais tous ont le droit de l'apprécier hautement, pour qu'on la change si elle est mauvaise.

« La liberté de la presse doit être maintenue et consacrée comme garantie contre les erreurs possibles de la majorité et comme instrument de progrès de l'esprit humain.

« L'éducation des citoyens doit être commune et gratuite. C'est à l'état qu'il appartient d'y pourvoir.

« Tout citoyen doit passer par l'éducation de soldat. Nul ne peut se décharger moyennant finances du devoir de concourir à la défense de son pays.

« C'est à l'Etat de prendre l'initiative des réformes industrielles propres à amener une organisation du travail qui élève les travailleurs de la condition de salariés à celle d'associés.

« Il importe de substituer à la commandite du crédit individuel celle du crédit de l'Etat. L'Etat, jusqu'à ce que les prolétaires soient émancipés, doit se faire le banquier des pauvres.

« Le travailleur a le même titre que le soldat à la reconnaissance de l'Etat. Au citoyen vigoureux et bien portant l'Etat doit le travail, au vieillard et à l'infirme il doit aide et protection. »

Ce programme ou plutôt ce manifeste était parfaitement connu ; on aurait dû peut-être s'en inquiéter en haut lieu et protester contre les principes qu'il professait ; mais Guizot était trop orgueilleux pour accepter franchement le combat et descendre dans la lice. Le ministre si bien ancré dans son fauteuil essaya le sarcasme et la raillerie pour jeter le ridicule sur les hommes attelés au char qui devait bientôt l'écraser.

Cette manœuvre ne fut pas heureuse ; Guizot se vit accusé de faiblesse, et ce fut de ce jour-là peut-être que data sa décadence.

La session des Chambres ouvrit le 28 décembre 1847 ; Guizot avait compté sa majorité, sa majorité docile, j'allais dire esclave ; il était sûr d'elle comme le planteur l'est de son noir, et ses votes à lui c'étaient les places et les rubans qu'il prodiguait avec une impudeur héroïque.

C'est dans la conviction intime de son triomphe que, fidèle conseiller du Roi, il osa faire glisser dans le discours de la couronne une phrase qui le priva de ses soldats les plus intrépides ; car elle formulait un blâme sévère contre les députés qui s'étaient joints aux manifestations de la province et de Paris. Cette phrase, qui portait dans ses flancs un si brûlant incendie, la voici textuellement d'après *le Moniteur :*

« Au milieu de l'agitation que fomentent des *passions ennemies ou aveugles*, une conviction m'anime et me soutient : c'est que nous possédons dans la monarchie constitutionnelle, dans l'union des grands pouvoirs de l'État, le moyen assuré de surmonter tous les obstacles et de satisfaire à tous les intérêts moraux et matériels de notre chère patrie. Maintenons fermement, selon la charte, l'ordre social et toutes ses conditions.... »

La discussion de l'adresse fut assez orageuse pour qu'on osât croire à la dissolution du ministère; mais Guizot était le rocher d'Horace, et les flots bouillonnants lancés par Odilon Barrot, Thiers et Lamartine ne l'ébranlaient que faiblement. Il faut le dire, il soutint la lutte avec une incroyable énergie; et tandis qu'il se sentait plus ferme à la tribune ou sur son fauteuil, le prestige royal s'effaçait et perdait du terrain.

Ah! c'est que toute cause est mauvaise quand elle cesse d'avoir pour base l'égalité pour tous, la liberté pour tous.

L'époque des priviléges était à la tombe; Louis XIV dormait dans sa couche royale, et nous avions bien marché depuis que le vainqueur du Rhin, qu'il n'osa pas franchir, dit: *L'État c'est moi.*

Après les premiers chocs où chacun des adversaires laissait sur le terrain un lambeau de sa puissance compromise, le combat sérieux s'engagea sur les banquets.

Le fougueux Hébert, ministre de la justice, invoqua contre les réunions politiques les lois de 1791, et envenima le débat par une violence dont il avait pris l'habitude dans les discussions du palais.

Aussi l'étincelle dont je vous ai parlé plus haut brilla-t-elle au travers des ténèbres, et le projet d'adresse en réponse au discours de la couronne décida-t-il de l'incendie.

« Sire, disait la majorité, en vous dévouant au service de notre patrie avec un courage que rien n'abat, pas même les coups qui vous atteignent dans les affections les plus chères; en consacrant votre vie et celle de vos enfants aux soins de nos intérêts, de notre dignité, vous affermissez chaque jour l'édifice que nous avons fondé avec vous. Comptez sur notre appui pour vous aider à le défendre. Les agitations que soulèvent des *passions ennemies* ou des *entraînements aveugles* tomberont devant la raison publique, éclairée par nos libres discussions, par les manifestations de toutes les opinions légitimes dans une monarchie constitutionnelle.

« L'union des grands pouvoirs de l'État surmonte tous les obstacles, et permet de satisfaire à tous les intérêts moraux et matériels du pays. Par cette union, Sire, nous maintiendrons l'ordre social et toutes ses conditions ; nous garantirons les libertés publiques et tous leurs développements.

« Notre Charte de 1830, par nous transmise aux générations qui nous suivent comme un inviolable dépôt, leur assurera le plus précieux héritage qu'il soit donné aux nations de recueillir, l'alliance de l'ordre et de la liberté. »

Une partie de la chambre, minorité encore, ne se tint pas pour battue, et voulut protester hautement par un acte qu'on regardait alors comme téméraire ; les électeurs du 12e arrondissement, fidèles à leurs principes, organisèrent un banquet réformiste, auquel promirent d'assister un assez grand nombre de députés, et, comme il devait avoir lieu dans la maison de l'un d'eux, ils se contentèrent d'en donner avis au commissaire de police du quartier, qui voulut en conférer avec le préfet ; celui-ci répondit qu'il s'opposait à la réunion et que force resterait à la loi.

A cette défense les commissaires de la réunion répliquèrent en des termes que je vais reproduire :

« Vu la sommation de M. le Préfet de police,

« La commission du banquet réformiste du 12e arrondisment s'est réunie, et considérant qu'en fait nulle autorisation n'a été sollicitée, que M. le préfet a bien voulu confondre une déclaration pure et simple du lieu et du jour du banquet avec une demande en autorisation qu'on n'avait ni à demander ni à refuser ; s'appuyant sur les lois de 1831 et 1834, qui ne prohibent point les réunions accidentelles ; sur la déclaration formelle de l'orateur du gouvernement dans la discussion de ces lois ; sur le récent arrêt de la Cour de cassation et sur la pratique constante du gouvernement, la commission décide à l'unanimité qu'elle regarde la sommation de M. le préfet de police comme un acte de pur arbitraire et de nul effet. »

La résistance, ainsi qu'on le voit, ne marchandait point ses termes, et pourtant, quoique le président du banquet fût M. Boissel, député du 12ᵉ arrondissement, et le vice-président M. Poupinel, lieutenant-colonel de la 12ᵉ légion, on ne se tint pas à la hauteur de la position, et l'on continua de parlementer.

A la chambre des pairs, M. d'Alton-Shée, énergique comme d'habitude, interpella le ministre de l'intérieur, M. Duchâtel, qui assuma sur lui seul la responsabilité des actes du gouvernement, et le banquet fut remis sans être abandonné.

Ne parlez jamais de demi-mesures, de demi-menaces sans effet, alors que les paroles doivent être brèves et nettes et les actions décidées. C'est une fuite, une fuite presque honteuse que de s'arrêter quand le bon droit vous dit d'aller en avant ; ce n'est point par l'immobilité qu'on arrive au but.

Toutefois, comme dans la séance du 14 février, trente voix de majorité votèrent le blâme formulé contre l'opposition ; celle-ci, indignée, se sentant du cœur au cœur, se décida hardiment à poursuivre par tous les moyens légaux et constitutionnels son droit de réunion.

On se rappelle peut-être encore la phrase éclatante que Lamartine, qui s'était placé en première ligne dans tous ces débats, laissa tomber du haut de la tribune :

« Venez donc mettre la main de la police sur la bouche du pays ! Rappelez-vous que le *Jeu de Paume* n'a été autre chose que l'interdiction arbitraire du droit de réunion dans un lieu public... Le Jeu de Paume fut un lieu fermé par le ministre, ouvert par la liberté. »

Je vous le répéterai encore, quoique vous ne l'ayez pas oublié, la parole porte plus loin que le mousquet ; aussi cette poétique exhumation d'un passé si rapproché de nous produisit-elle un immense effet sur la Chambre, honteuse pour la première fois de son irrésolution.

Le banquet du 12ᵉ arrondissement, véritable point de départ de la République prête à naître, mais qu'on ne voyait que dans un lointain douteux, fut fixé au dimanche 20 février, et le lieu de la réunion était Chaillot.

Les destins de la monarchie, chacun le comprend, allaient se décider sur une simple équivoque de mots comme devant un tribunal de police correctionnelle.

Mais il était dit que le parti de la fermeté trouverait encore des obstacles ; bien des timides hésitaient, et le nombre des énergiques semblait diminuer dans les discussions de chaque jour.

La minorité, *flétrie* par le vote du 14 février, avait d'abord voulu en appeler à la majorité parlementaire ; le moyen était digne, il fallait l'adopter ; car c'était traduire le Gouvernement devant les assises du pays.

Eh bien ! cette résolution fut écartée, non point parcequ'elle était logique, mais parcequ'on craignit peut-être d'obtenir le glorieux résultat qu'on paraissait désirer.

Un homme actif, adroit, ferme toujours, audacieux jusqu'à la témérité, qui s'était déjà fait un magnifique nom par la plume dans les diverses luttes du pays contre le pouvoir et dans les querelles du pouvoir contre le pays; infatigable athlète usant sa vie dans des combats de chaque jour, Emile de Girardin en un mot, homme de spontanéité bien plus que de réflexion, qui avait, quelques mois avant, abandonné les rangs de la majorité pour ceux de l'opposition, Emile de Girardin, de qui l'on pourrait dire avec raison :

> Fidèle aux révoltés, fidèle à l'anarchie,
> Fidèle au positif, fidèle à l'incertain,
> Fidèle à l'Empereur comme à la Monarchie,
> Enfin il est fidèle à tout le genre humain ;

Emile de Girardin, député de la Creuse, s'élança à la tribune, et s'écria fièrement :

« Entre la majorité intolérante et la minorité inconséquente il n'y a pas de place pour qui ne comprend pas :

« Le pouvoir sans l'initiative et le progrès ;

« L'opposition sans la vigueur et la logique.

« Je donne ma démission ;

« J'attendrai les élections générales. »

Déjà, dans une lettre qui mérite d'être conservée et dans laquelle l'audacieux publiciste avait fait pressentir à Odilon Barrot sa détermination bien arrêtée, on avait lu cette phrase que nous n'avons pas oubliée :

« Je n'ai ni le désir ni la crainte d'être seul. »

L'exemple de Girardin ne fut pas suivi ; mais, à défaut de démission collective, on en revint aux banquets comme protestation efficace, et l'on nomma un comité directeur composé de députés, de journalistes et d'électeurs pour l'organiser.

Le ministère acculé se décida ; il fit annoncer qu'il ne s'opposait point au banquet, mais qu'il ferait constater la contravention par un commissaire de police, afin de traduire les coupables devant les tribunaux, qui prononceraient en dernier ressort.

Je ne sache pas de plus grands poltrons que les faux braves ; ceux qui avouent leur faiblesse ont leur moment d'intrépidité, les bavards jamais, et le ministère, si loquace dans cette circonstance, cadenassa ses lèvres et s'imposa lui-même des menottes au poignet, parcequ'on n'avait pas crainte de le regarder en face.

Il était dès lors évident que la démonstration serait pacifique; mais le ministère, qui se serait cru vaincu par cette résistance passive, revint de sa première détermination, et voulut ainsi s'opposer à ce que les gardes nationaux convoqués à se présenter sans armes donnassent, par leur présence, gain de cause au parti persécuté.

Voilà donc les deux armées en présence, toutes deux devaient faire retraite pour que la bataille n'eût pas lieu, et vous comprenez que la fuite simultanée des deux camps était impossible.

Paris vivait dans une agitation fiévreuse, la province attendait haletante; et l'Europe, l'œil sur nous, savait bien que du choc des partis naîtrait une révolution ou une monarchie absolue.

Le général Thiars, député, avait prêté un local à la réunion; trois pairs de France, de Boissy, d'Harcourt et d'Alton-Shée, s'étaient promis d'y assister; on le savait, et on s'en réjouissait ouvertement.

Les ouvriers dressaient déjà un pavillon immense sous lequel devait avoir lieu la démonstration ; et l'on comprend combien l'appel fait à la garde nationale donnait de la portée à cet acte de résistance d'une minorité presque toujours vaincue.

M. Odilon Barrot, homme parlementaire avant tout, monta de nouveau à la tribune, interpella le ministre sur sa détermination nouvelle, et M. Duchâtel d'une voix tonnante n'hésita pas à déclarer qu'appuyé sur son droit le gouvernement était résolu à dissiper *par la force* toute tentative de banquet.

L'étincelle avait brillé, l'incendie ne pouvait tarder à jeter çà et là ses langues de feu; l'insolent défi du ministre était une provocation nette, et l'on ne pouvait sans lâcheté ne pas y répondre d'une façon énergique.

De son côté le ministère ne négligea rien pour se donner la victoire. Les chefs de corps choisis parmi les plus dévoués prirent toutes les dispositions pour faire face à une émeute, à un combat.

Les chemins de fer charrièrent bientôt des forces considérables à Paris et dans les environs. L'artillerie de Vincennes reçut l'ordre de se rendre au premier appel à l'entrée du faubourg Saint-Antoine. Les troupes abondamment pourvues de vivres et de munitions furent consignées dans leurs casernes : quatre-vingt mille hommes se trouvèrent ainsi réunis autour de Paris.

La capitale elle-même était occupée par trente-sept bataillons d'infanterie, un bataillon de chasseurs d'Orléans, trois compagnies du génie, quatre mille hommes de garde municipale et de vétérans, vingt escadrons et sept batteries.

La grande ville étouffait dans un réseau de fer; la résistance n'était pas impossible, mais difficile; les organes de l'opinion énergique, la *Réforme* et le *National* en tête, lançaient leurs foudroyantes menaces contre ceux qui jetaient le pays au milieu de la guerre civile.

M. Thiers donna le premier l'exemple d'une volte-face qui ne remédiait à rien et armait le ministère; il proposa de s'abstenir devant l'intimidation qui, s'appuyant sur la force matérielle, pouvait conduire aux plus graves catastrophes. Nous savions bien qu'Odilon Barrot se rangerait du côté de son ami, et peut-être ne serait-il pas téméraire d'écrire que l'hésitation dont il voulut se draper à la tribune cachait un sentiment de pusillanimité fort dangereux au moment où les événements devaient s'accomplir.

MM. Lamartine, Mathieu, de Saône-et-Loire, et quelques autres députés déclarèrent qu'il fallait passer outre. Une scission eut lieu; l'opposition perdit de ses forces, et le banquet du dimanche fut remis au 22... C'était une défaite.

Un moyen terme fut encore proposé, et l'on convint que, si la majorité consentait à interpeller le ministère sur le *droit de réunion*, l'opposition à son tour s'abstiendrait, puisqu'elle verrait ses rangs se grossir par la défection de quelques-uns de ses ennemis. De puérils motifs d'amour-propre firent avorter ce projet extrême, et l'on se décida enfin à en appeler aux armes.

Le champ de bataille était ouvert; la *Réforme* et le *National*, ces jouteurs inflexibles, jetaient le gant, et voici le manifeste que les deux feuilles énergiques firent paraître au moment où la lutte allait s'engager :

Manifestations réformistes. « La commission générale, chargée d'organiser le banquet du douzième arrondissement, croit devoir rappeler que la manifestation fixée à demain, mardi, a pour objet l'exercice légal et pacifique d'un droit constitutionnel, le droit de réunion politique, sans lequel le gouvernement représentatif ne serait qu'une dérision.

« Comme il est naturel de prévoir que cette protestation publique peut attirer un concours considérable de citoyens; comme on doit présumer aussi que les gardes nationaux de Paris, fidèles à leur devise de *Liberté, Ordre public,* voudront en cette circonstance accomplir ce double devoir, qu'ils voudront défendre la liberté en se joignant à la manifestation, protéger l'ordre et empêcher toute collision par leur présence; que, dans la prévision d'une réunion nombreuse de gardes nationaux et de citoyens, il semble convenable de prendre des dispositions qui éloignent toute cause de trouble et de tumulte.

« La commission a pensé que la manifestation devait avoir lieu dans un quartier de la capitale où la largeur des rues et des places permit à la population de s'agglomérer sans qu'il en résultât d'encombrement.

« A cet effet, les députés, les pairs de France et les autres personnes invitées au banquet s'assembleront mardi prochain, à onze heures, au lieu ordinaire des réunions de l'opposition parlementaire, place de la Madeleine.

« Les souscripteurs du banquet qui font partie de la garde nationale sont priés de se réunir devant l'église de la Madeleine et de former deux haies parallèles entre lesquelles se placeront les invités.

« Le cortége aura en tête des officiers supérieurs de la garde nationale qui se présenteront pour se joindre à la manifestation.

« Immédiatement après les invités et les convives, se placera un rang d'officiers de la garde nationale;

« Derrière ceux-ci, les gardes nationaux formés en colonne, suivant le numéro des légions;

« Entre la troisième et la quatrième colonnes, les jeunes gens des écoles, sous la conduite des commissaires désignés par eux;

« Puis les autres gardes nationaux de Paris et de la Banlieue dans l'ordre désigné plus haut.

« Le cortége partira à onze heures et demie, et se dirigera, par la Place de la Concorde et les Champs-Élysées, vers le lieu du banquet.

« La Commission, convaincue que cette manifestation sera d'autant plus efficace qu'elle sera plus calme, d'autant plus imposante qu'elle évitera même tout prétexte de conflit, invite les citoyens à ne pousser aucun cri, à ne porter aucun drapeau ni signe extérieur; elle invite les gardes nationaux qui prendront part à cette manifestation à se présenter sans armes. Il s'agit ici d'une protestation légale et pacifique, qui doit être surtout puissante par le nombre et l'attitude ferme et tranquille des citoyens.

« La Commission espère que, dans cette occasion, tout homme présent se considérera comme un fonctionnaire chargé de faire respecter l'ordre; elle se confie à la présence des gardes nationaux; elle se confie aux sentiments de la population parisienne, qui veut la paix publique avec la liberté et qui sait que, pour assurer le maintien de ses droits, elle n'a besoin que d'une démonstration paisible, comme il convient à une nation intelligente, éclairée, qui a la conscience de l'autorité irrésistible de sa force morale et qui est assurée de faire prévaloir ses vœux légitimes par l'expression légale et calme de son opinion. »

Comme on le voit, ces paroles de paix étaient des paroles de guerre; car les ministres devaient s'opposer à la manifestation pour peu qu'ils tinssent à conserver leur portefeuille déjà lacéré.

Voici une des proclamations par lesquelles le pouvoir répondit à l'appel de la *Réforme* et du *National*.

« Habitants de Paris,

« Une inquiétude qui nuit au travail et aux affaires règne depuis quelques jours dans les esprits; elle provient des manifestations qui se préparent. Le gouvernement, déterminé par des motifs d'ordre public qui ne sont que trop justifiés, et usant d'un droit que les lois lui donnent et qui a été constamment exercé sans contestation, a interdit le banquet du douzième arrondissement.

« Néanmoins, comme il a déclaré devant la Chambre des députés que cette question était de nature à recevoir une solution judiciaire, au lieu de s'opposer par la force à la réunion projetée, il a pris la résolution de laisser constater la contravention, en permettant l'entrée des convives dans la salle du banquet, espérant que les convives auraient la sagesse de se retirer à la première sommation, afin de ne pas convertir une simple contravention en un acte de rébellion. C'était le seul moyen de faire juger la question devant l'autorité suprême de la Cour de cassation.

« Le gouvernement persiste dans la détermination qu'il a prise; mais le manifeste publié ce matin par les journaux de l'opposition annonce un autre but, d'autres intentions; il élève un gouvernement à côté du véritable gouvernement du pays, de celui qui est institué par la Charte, et qui s'appuie sur la majorité des Chambres; il appelle une manifestation publique, dangereuse pour le repos de la cité; il convoque, en violation de la loi de 1831, les gardes nationaux, qu'il dispose d'avance en haie régulière, par numéro de légion, les officiers en tête. Ici aucun doute n'est possible, de bonne foi; les lois les plus claires, les mieux établies sont violées. Le gouvernement saura les faire respecter; elles sont le fondement et la garantie de l'ordre public.

« J'invite tous les bons citoyens à se conformer à ces lois, à ne se joindre à aucun rassemblement, de crainte de donner lieu à des troubles regrettables. Je fais cet appel à leur patriotisme et à leur raison, au nom de nos institutions, du repos public et des intérêts les plus chers de la cité.

« Paris, le 24 février 1848.

« Le pair de France, préfet de police,

« Gabriel Delessert. »

Les attroupements étaient défendus; mais nulle force au monde n'aurait empêché ceux qui se formaient auprès des murs sur lesquels une affiche placardée annonçait la nomination de Bugeaud comme gouverneur de Paris.

Le sang bouillonnait dans les veines, les fronts se coloraient de rougeur, on se serrait la main comme pour se donner rendez-vous sur le champ de bataille; on se demandait à voix basse des armes, pour répondre à l'insolente provocation du ministère... Bugeaud était le brandon de discorde, Bugeaud était la guerre civile.

Bugeaud, homme sabre, mais sabre ébréché, bavard comme une plaque de tôle, incisif comme un clou rouillé.

Bugeaud, soldat heureux, intrépide à jour donné, habile stratégiste, organisateur intelligent, aimé des troupes, se posant en gladiateur et assez populaire pour faire avorter la cause la plus sainte et la plus patriotique confiée à son dévouement.

Bugeaud, sorti du peuple et insolent avec le peuple, qui lui rendait en haine et en mépris ce qu'il ressentait pour les humbles et les petits de mépris et de haine.

— « Si ces b... là ne se courbent point devant ma volonté, dit-il un jour au Roi, qui venait de le nommer, comme vous le savez, au commandement en chef des gardes nationales, je leur ferai avaler mon sabre jusqu'à la poignée. »

« Donnez-moi quatre hommes et un caporal, avait-il dit une

autre fois, et je me fais fort de museler tous ces gredins d'émeutiers. »

Il y a pourtant des fous qui vantent l'éloquence de Bugeaud! quant à moi, j'aime mieux le flot irrité qui court sur le rivage, le ronflement d'un orgue en désaccord, et j'irais plus loin dans mon appréciation de ce foudre de guerre, s'il pouvait entendre mes paroles comme il entendit celles que je lui adressai le soir où tombèrent sur l'échafaud les têtes de Fieschi, de Peupin et de Morey... j'y voyais alors.

Je ne sais où l'on va élever une statue à la mémoire du maréchal Bugeaud; mais l'on m'assure, sans me convaincre, que la rue Transnonain, ivre de joie et de gratitude, a souscrit pour l'achat du bronze ou de la boue tachée de sang qui doit se dresser sur le sol... Est-ce un fait accompli?

Un crêpe de deuil planait sur la capitale; le nom de Bugeaud était vomi par toutes les bouches, et tandis qu'on fouillait par la pensée dans les magasins qui pouvaient fournir des armes aux hommes de cœur, Odilon Barrot à la tribune demandait encore au ministre si sa résolution d'allumer la guerre civile était arrêtée en s'opposant à la réunion du douzième arrondissement.

M. Duchâtel répondit qu'il s'en serait volontiers rapporté aux tribunaux, mais que le programme publié par *la Réforme* était une provocation manifeste, et qu'il était de son devoir, à lui ministre, de repousser toute manifestation par la force.

Le soir une réunion de députés eut lieu; on rédigea une note énergique dont le corollaire était la mise en accusation des hommes du pouvoir.. la voici :

« Une grande et solennelle manifestation devait avoir lieu aujourd'hui en faveur du droit de réunion, contesté par le gouvernement. Toutes les mesures avaient été prises pour assurer l'ordre et pour prévenir toute espèce de trouble. Le gouvernement était instruit depuis plusieurs jours de ces mesures, et savait quelle serait la forme de cette protestation.

« Il n'ignorait pas que les députés se rendraient en corps au lieu du banquet, accompagnés de citoyens et de gardes nationaux sans armes. Il avait annoncé l'intention de n'apporter aucun obstacle à cette démonstration tant que l'ordre ne serait pas troublé, et de se borner à constater par un procès-verbal ce qu'il regarde comme une contravention et ce que l'opposition regarde comme l'exercice d'un droit.

« Tout à coup, en prenant pour prétexte une publication dont le seul but était de prévenir les désordres qui auraient pu naître d'une grande affluence de citoyens, le gouvernement a fait connaître sa résolution d'empêcher par la force tout rassemblement sur la voie publique, et d'interdire, soit à la population, soit aux gardes nationaux, toute participation à la manifestation projetée.

« Cette tardive résolution du gouvernement ne permettait plus à l'opposition de changer le caractère de la démonstration; elle se trouvait donc placée dans l'alternative de provoquer une collision entre les citoyens et la force publique, ou de renoncer à la protestation légale et pacifique qu'elle avait résolue. Dans cette situation, les membres de l'opposition, personnellement protégés par leur qualité de députés, ne pouvaient pas exposer volontairement les citoyens aux conséquences d'une lutte aussi funeste à l'ordre qu'à la liberté.

« L'opposition a donc pensé qu'elle devait s'abstenir, et laisser au gouvernement toute la responsabilité de ses mesures. Elle engage tous les bons citoyens à suivre son exemple.

« En ajournant ainsi l'exercice d'un droit, l'opposition prend envers le pays l'engagement de faire prévaloir ce droit par toutes les voies constitutionnelles. Elle ne manquera pas à ce devoir; elle poursuivra avec persévérance et avec plus d'énergie que jamais la lutte qu'elle a entreprise contre une politique corruptrice, violente et anti-nationale.

« En ne se rendant pas au banquet, l'opposition accomplit un acte de modération et d'humanité; elle sait qu'il lui reste à accomplir un grand acte de fermeté et de justice. »

L'acte de justice et de fermeté fut la mise en accusation du ministère, et je vais dire ici les noms des députés qui, fidèles à leur mandat, la signèrent dès le matin même :

MM. Odilon Barrot, Arago, Mathieu (de Saône-et-Loire), Duvergier de Hauranne, de Malleville, d'Aragon, Abbatucci, Beaumont (de la Somme), Georges de Lafayette, Boissel, Garnier-Pagès, Carnot, Chambolle, Drouin de Lhuys, Ferdinand de Lasteyrie, Havin, de Courtais, Vavin, Garnon, Marquis, Jouvencel, Taillandier, Bureau de Puzy, Luneau, Saint-Albain, Cambacérès, Moreau (Seine), Berger, Marie, Bethmont, de Thiars, Dupont (de l'Eure), etc.

La soirée se passa dans une anxiété mortelle, des groupes silencieux stationnaient sur tous les points de la capitale; le mutisme était une menace, il y avait des coups de fusil, il y avait du sang à la fin de chaque discussion, et les plus avancés des orateurs voyaient déjà dans un avenir peu éloigné le but qu'ils voulaient atteindre.

Quelques dissidences eurent lieu; et, le soir, chez M. de Lamartine, les adversaires de l'opposition dynastique pouvaient se compter... Hélas! le nombre en était restreint; disons les noms des fidèles : Ledru-Rollin, Lamartine, Lherbette, Thiars, Marie, Marrast, Ballanche, Dupont (de l'Eure), F. de Lasteyrie, Mathieu (de Saône-et-Loire), Duvergier de Hauranne et Mathey. Les pairs étaient : de Boissy, d'Alton-Shée et d'Harcourt.

Plusieurs autres députés se proposaient aussi d'assister au banquet, mais avaient refusé de se rendre chez Lamartine... Les sympathies s'inspirent comme les répulsions.

Il fut donc décidé que le lendemain on tenterait la réunion même à travers les baïonnettes; et Lamartine, qui avait toujours son mot comme chaque théâtre sa décoration, lança cette phrase digne des fanfaronnades du Cid :

« La place de la Concorde fût-elle déserte, et tous les députés dussent-ils se retirer de leur devoir, que j'irais seul au banquet sans autre compagnon que mon ombre. »

L'ombre de Lamartine le suivit autre part.

A minuit, et malgré cette attitude énergique, on apprit avec stupeur que l'opposition avait cédé devant le pouvoir en armes et que la cause de la liberté était perdue.

Comme toute chose sainte, elle devait dominer le naufrage, et peu d'heures suffirent pour la rendre triomphante.

BANQUETS DE LA PROVINCE.

L'histoire des banquets est l'histoire de la révolution de février, et je comprends combien on aurait raison de me reprocher tout oubli sérieux à cet égard ; non seulement les partis, mais encore les nuances des partis se heurtaient alors avec un éclat qui avait un grand retentissement dans le pays, et je dois le dire, si je ne l'ai déjà fait, c'était là un grand malheur pour la fraction vraiment révolutionnaire.

Le foyer brûlant d'où partaient les éclairs qui devaient anéantir un trône, on le montrait du doigt en désignant quatre importantes villes de province, et je ne vois rien de plus sage pour l'explication des principes qui se proclamaient que la reproduction fidèle des discours prononcés par ceux qu'on regardait comme les têtes de colonne du mouvement.

Ecoutez-les, et prononcez avec connaissance de cause ; ce sont autant de réquisitoires qu'une rigoureuse analyse serait inhabile à disséquer.

N'interrogez pas le squelette lorsque le torse plein de vie est sous votre scalpel.

Le banquet du 9 juillet, qui eut lieu au Château-Rouge,

offert aux quatre-vingts représentants du libéralisme, donna le branle aux esprits, et de tous côtés des banquets furent organisés, afin de trouver un remède au mal qui rongeait la France ; mais le mal et ses causes étaient diversement appréciés par les partis, aussi différait-on sur les moyens.

D'un côté la gauche dynastique, augmentée de ses nouveaux alliés les radicaux constitutionnels, ayant à sa tête M. Odilon Barrot, n'attaquait que le ministère, tout en maintenant la royauté, car ils espéraient en élargissant légèrement les listes électorales remplacer leurs ennemis.

D'un autre côté les démocrates dévoués et sincères, qui jusqu'alors s'étaient tenus sous leur tente et qui devaient bientôt paraître dans la lice, ne voyaient dans la réforme électorale qu'un moyen de marcher à la conquête des principes républicains et de renverser la monarchie de son piédestal vermoulu.

Ainsi la Montagne et la Gironde étaient de nouveau sur la brèche ; mais ces luttes, tantôt acharnées et formidables, tantôt se changeant en taquineries de tribune, avaient pu donner une force puissante à Guizot, et peut-être serait-il parvenu à relever le trône si depuis longtemps l'opinion publique n'en avait fait justice..... La mort après l'agonie.

Des banquets de la province, —je ne parlerai que des principaux, de ceux qui eurent le plus d'éclat : Mâcon, Lille, Dijon et Châlons-sur-Saône.

Les députés des villes et des campagnes voisines s'étaient rendus à Mâcon pour assister au banquet offert à M. de Lamartine. Plus de trois mille personnes étaient réunies dans la salle du festin, lorsqu'au moment où l'on portait les toasts un orage effrayant éclate sur les tentes, le vent souffle avec furie, déchire les toiles, ébranle et renverse les charpentes, une pluie torrentielle tombe pendant quelques heures.

Quel spectacle imposant, grandiose, sublime se présente alors !

Les convives et les spectateurs comme un seul homme se rapprochent du centre lentement, sans tumulte, sans désordre ; les dames restent intrépidement à leur poste, et là, au milieu des éclairs qui sillonnent les nues, au bruit éclatant de la foudre, au milieu des mugissements formidables du vent, un chant solennel s'élève comme pour braver la tempête : c'est le dernier couplet de la *Marseillaise*, répété sur un mode lent et religieux.

On voulait entendre Lamartine, qui, pressé de toutes parts, prit la parole en ces termes :

« Je cède à vos flatteurs et patriotiques encouragements, car vous me rappelez les Gaulois, dont vous êtes les dignes fils et qui disaient le jour d'une bataille : « Si le ciel tombait, nous le soutiendrions sur la pointe de nos lances. »

Puis, après avoir passé en revue la révolution et exposé les idées sociales qui ont germé sous l'empire et la restauration, M. de Lamartine continue :

« Maintenant où en sommes-nous ? Ici, messieurs, ne craignez pas que je fasse descendre la vérité historique de sa hauteur sereine et impartiale pour en faire une arme de parti. Nous sommes dans l'histoire, n'en descendons pas ; mais voyons cependant à quelle distance nous avons été rejetés de nos principes par les réactions, non pas par les réactions de gouvernement seulement, — celles-là sont les moins dangereuses, — mais par les réactions de l'opinion qui se manque à elle-même en France depuis trente ans.

« Le dogme de la révolution, c'est la souveraineté exercée par l'universalité des citoyens ; le fait, c'est une élection qui n'embrasse encore que des catégories restreintes. L'exercice de la souveraineté est borné par un chiffre, et laisse des millions d'âmes en dehors du droit, c'est à dire en dehors de la justice. L'élection est matérialiste.

« Le principe enfin, c'est le patronage moral et avoué de la

France libre sur tous les peuples attardés, voulant, à son exemple, transformer leurs institutions et corriger leurs vieilles servitudes. En fait, c'est la France qui affaiblit la liberté de tous et la sienne en isolant sa cause en Europe, qui cherche ses alliances dans les dynasties et non dans les idées, qui recrée en Espagne *les pactes de famille* au lieu des pactes de peuples, et qui, ici même, à quelques pas de nous, dans cette Suisse dont nous voyons les montagnes de la place où je parle, menace d'une intervention à contre-sens, non pas seulement l'esprit de démocratie, qui y est aussi vieux que ses Alpes, mais l'esprit de confédération plus forte et de nationalité mieux constituée, qui s'y révolte contre l'anarchie de ses cantons ; en sorte que nous irions faire la police de l'Autriche en Suisse avec une armée française, et que nous irions reporter au bout de nos baïonnettes le joug de sa propre faiblesse à cette Helvétie d'où a soufflé sur nous l'air pur de la liberté civile et de la liberté religieuse! Non, cela n'est pas possible! nos baïonnettes se retourneraient d'elles-mêmes. Nous ne devons pas nous mêler des questions intérieures de constitution qui s'agitent en ce moment en Suisse . là où l'on n'a pas son sang, on ne doit pas avoir son opinion! Mais souffrir, mais aider une intervention extérieure contre ce pays, dont l'indépendance est aussi nécessaire à nos frontières que les Alpes à la pondération du globe, jamais!

« La raison dit que l'élection doit être spiritualiste comme la pensée de la révolution, et compter des âmes et non des centimes. Mesurez la distance!

« En principe, la représentation nationale doit exister sans acception de classes, de citoyens, de fortune, de professions sociales.

« En fait, la loi d'éligibilité, le cens obligatoire, le salaire national aux députés supprimé, excluent des catégories entières d'intérêts de la représentation, et livrent les droits et les intérêts des plus grandes masses à la merci des intérêts des moins nombreux!

« Le principe? c'est la liberté réelle des cultes sans opposition comme sans faveurs. Le fait? c'est une religion non d'État, mais de majorité; c'est un concordat civil comme Louis XIV ou Napoléon! Qu'est-ce qu'un concordat civil, si ce n'est un pacte par lequel l'État traite du régime des consciences dans l'empire? A quelle distance cela ne nous tient-il pas de la véritable et impartiale liberté de conscience?...

« Le principe libéral, c'est la pensée et la presse libre comme l'air vital de l'opinion. En fait, c'est le gouvernement étouffant les uns, vivifiant les autres, mettant dans les organes de la pensée publique le poids de ses faveurs ou de ses antipathies, et frappant, pour ainsi dire, à l'usage des citoyens, une fausse monnaie d'opinion publique.

« Et voilà cependant où nous en sommes! Où nous arrêterons-nous! et jusqu'où l'esprit humain se laissera-t-il dévier ainsi et déposséder une à une de toutes les vérités où il était entré? Ah! si nous continuons encore quelques années à abandonner, par notre propre inconstance, tout le terrain gagné par la pensée française, prenons garde! Ce ne sont pas seulement tous les progrès, toutes les lumières, toutes les conquêtes de l'esprit moderne; ce n'est pas seulement notre nom, notre honneur, notre rang intellectuel, notre influence d'initiative sur les nations qu'il nous faudra déserter, laisser honteusement derrière nous · c'est la mémoire et le sang de ces milliers d'hommes, combattants ou victimes, qui sont morts pour nous assurer ces conquêtes.

« Mais ne nous occupons pas beaucoup de la durée de ces réactions, et voyons ce qui se passera quand elles auront achevé leur mouvement irrégulier en arrière.

« Si la royauté trompe les espérances que la prudence du pays a placées, en 1830, moins dans sa nature que dans son nom; si elle s'isole sur son élévation constitutionnelle; si elle ne s'incorpore pas entièrement dans l'esprit et dans l'intérêt légitime des masses; si elle s'entoure d'une aristocratie électorale, au lieu de se faire peuple tout entier; si, sous prétexte de favoriser le sentiment religieux des populations, le plus beau, le plus haut, le plus saint des sentiments de l'humanité, mais qui n'est beau et saint qu'autant qu'il est libre, elle se ligue avec les réactions sourdes de sacerdoces affidés pour acheter de leurs mains les respects superstitieux des peuples; si elle se campe dans une capitale fortifiée; si elle se défie de la nation organisée en milices civiques et la désarme peu à peu comme un vaincu; si elle caresse l'esprit militaire, à la fois si nécessaire et si dangereux à la liberté dans un pays continental et brave comme la France; si, sans attenter ouvertement à la volonté de la nation, elle corrompt cette volonté, et achète, sous le nom d'influence, une dictature d'autant plus dangereuse qu'elle aura été achetée sous le manteau de la constitution; si elle parvient à faire d'une nation de citoyens une vile meute de trafiquants, n'ayant conquis leur liberté au prix du sang de leurs pères que pour la revendre aux enchères des plus sordides faveurs; si elle fait rougir la France de ses vices officiels, et si elle nous laisse descendre, comme nous le voyons en ce moment même dans un procès déplorable, si elle nous laisse descendre jusqu'aux tragédies de la corruption; si elle laisse affliger, humilier la nation et la postérité par l'improbité des pouvoirs publics, elle tombera cette royauté, soyez-en sûrs! elle tombera non dans son sang, comme celle de 89, mais elle tombera dans son piége! Et, après avoir eu les révolutions de la liberté et les contre-révolutions de la gloire, vous aurez la révolution de la conscience publique et la révolution du mépris!

« Aussi nous triompherons, soyez-en sûrs.

« Et si vous demandez : « Quelle est donc cette force morale qui pliera le gouvernement sous la volonté nationale? » je vous répondrai : « C'est la souveraineté des idées, c'est la royauté des esprits ! c'est la république ! la vraie république ! la république des intelligences ! en un mot, c'est l'opinion ! cette puissance moderne dont le nom même était inconnu de l'antiquité.

« Messieurs, l'opinion est née le jour même où ce Guttemberg que j'ai appelé le mécanicien d'un nouveau monde a inventé par l'imprimerie la multiplication et la communication indéfinie de la pensée et de la raison humaine ! Cette puissance incompréhensible de l'opinion n'a besoin pour régner ni du glaive de la vengeance, ni de l'épée de la justice, ni de l'échafaud de la terreur. Elle tient dans ses mains l'équilibre entre les idées et les institutions ; elle tient la balance de l'esprit humain ! Dans un des plateaux de cette balance on mettra longtemps, sachez-le bien, les crédulités d'esprit, les préjugés soi-disant utiles, le droit divin des rois, les distinctions de droits entre les castes, les haines entre les nations, l'esprit de conquête, les unions simoniaques entre le sacerdoce et l'empire, la censure des pensées, le silence des tribunes, l'ignorance et l'abrutissement systématique des masses !

« Dans l'autre nous mettrons, nous, Messieurs, la chose la plus impalpable, la plus impondérable de toutes celles que Dieu a créées : la lumière ! un peu de cette lumière que la révolution française fit jaillir, à la fin du dernier siècle, d'un volcan, sans doute, oui, mais d'un volcan de vérités ! »

Le pouvoir avait beau lutter, et malgré ses sarcasmes, ses chicanes puériles, ses provocations, ses défenses de toute nature, l'élan était donné, et tous, électeurs, éligibles, membres des conseils de département et d'arrondissement, officiers de la garde nationale, magistrats même de cours royales, grands propriétaires, riches industriels, tous accouraient aux banquets qui s'organisaient avec une incroyable promptitude.

Réforme ! réforme ! était le cri qui retentissait d'un bout de la France à l'autre, de la capitale au hameau le plus obscur; ce n'était point le cri de la fièvre qui lutte contre le délire, mais bien l'expression du sentiment universel et national manifesté par un peuple vivant sur la terre sacrée du patriotisme.

Le génie de la France, attaqué dans sa dignité, dans sa moralité, dans sa liberté, par une législation électorale vicieuse, voulait répondre en renversant cette majorité de 1846, produit de la débauche, du débordement des intérêts ministériels; cette majorité qui acceptait avec reconnaissance cet argument invoqué par Guizot pour faire repousser la proposition de M. Duvergier de Hauranne :

« On vous demande la réforme de la loi électorale par laquelle vous existez; mais c'est vous proposer tout simplement le suicide : or, y êtes-vous disposés ? »

Argument égoïste et bas, dans lequel on voyait percer le mépris de celui qui l'adressait pour ceux à qui il s'adressait; argument profondément impolitique, qui rendait toute réforme impossible et portait une violente révolution.

Il fut accueilli et sanctionné par les votes de la majorité.

Comment pouvait-il en être autrement? comment nommait-on les députés?

La chambre n'était qu'une succursale d'administration; le ministère faisait les députés comme il faisait les préfets, les électeurs choisissaient des fonctionnaires dont ils taillaient des députés. Ainsi tout venait du pouvoir et tout y retournait ; chacun exploitait à son profit le mandat qui lui était confié, et les intérêts si chers du pays se voyaient exposés à une politique stérile et besogneuse qui portait l'empreinte des honteuses passions dont elle était l'expression indigne.

Qu'espérer d'une chambre ainsi constituée? Rien qui soit profitable au pays s'il ne se déclare en lutte ouverte contre tous les abus, car bientôt la France se verra annihilée au souffle glacé de l'égoïsme et des intérêts matériels.

L'impulsion est donnée maintenant, il ne reste plus qu'à la faire tourner au profit du peuple, car après la provocation les hommes du pouvoir se réfugient derrière les baïonnettes de la répression, lorsque le peuple prend rendez-vous dans la rue.

M. Odilon Barrot, l'homme de ces fêtes patriotiques, se montrait infatigable, et dans ses harangues il variait avec une verve intarissable le thème ingrat de la probité politique.

Aussi faut-il le voir aux banquets où il est appelé, avec quelle inconcevable habileté il retourne toutes les questions, et comment au banquet de Saint-Germain il réduit au droit de pétition la part de l'universalité des citoyens dans la souveraineté active.

Comment vouloir admettre cet homme à un banquet où les principes républicains, le suffrage universel vont être débattus avec tant de chaleur?

C'était le 7 novembre 1847. M. Barrot et ses amis s'étaient rendus à Lille pour assister au banquet réformiste organisé par les patriotes du Nord. Au moment d'entrer dans la salle, le soutien de la gauche dynastique eut des scrupules; il voulut faire exclure M. Ledru-Rollin, qu'il considérait comme son rival d'influence; il trouva le toast qu'il avait accepté trop républicain, et à ces mots : *A la réforme électorale et parlementaire!* il ajouta ce complément : *Comme moyen d'assurer la pureté des institutions représentatives fondées en juillet 1830.*

La colère fut à son comble, et Lille fut pour M. Odilon Barrot un nouveau Leipzig.

M. Ledru-Rollin triompha, jamais on ne vit pareil enthousiasme que celui qui accueillit le député de la Sarthe, et ce fut au milieu d'applaudissements frénétiques qu'il porta un toast *à l'amélioration du sort des classes laborieuses! aux travailleurs!*

Après avoir protesté contre les accusations calomnieuses d'incapacité, d'ignorance, de grossièreté, portées contre le peuple par ses ennemis implacables qui ne ne veulent point le laisser jouir de ses droits, car ce serait, selon eux, l'anarchie, M. Ledru-Rollin continue en ces termes.

« Messieurs, vous le connaissez, le peuple, vous, dans cette ville industrielle, à la fois si opulente et si pauvre; croyez-vous que ce tableau soit vrai ?

« Oh ! sans doute si nous jetons les yeux sur les œuvres de quelques romanciers à qui le grand côté des choses a paru trivial, vulgaire; qui ont cherché des effets d'art dans le bizarre, le fantasque, l'exceptionnel; le peuple, c'est cela ! Prenant pour la vie normale de nos villes celle d'un point où se réfugient les repris de justice, la lie, l'écume des sociétés, ils vous ont dit : Voilà le peuple !

« Sans doute encore tel serait le peuple, si nous en croyions ces écrivains mercenaires qui, pour effrayer ceux qui possèdent, crient à l'invasion des barbares.

« *Barbares !* Ils ont jeté ce mot au peuple comme la plus outrageante des injures. Ah ! si *barbares* signifie toujours hommes pleins de naïveté, de sève, d'énergie communicative et rajeunissante, ces barbares seuls peuvent sauver votre vieux monde officiel qui se dissout dans l'impuissance et la corruption !

« Non, mille fois non, ce n'est pas là le peuple ! ce n'est pas sur le théâtre du crime et de la débauche qu'il faut le chercher. Pour le connaître, il faut se transporter dans les villes manufacturières, où le fabricant, luttant contre une concurrence sans frein qui l'écrase, entre la pression tyrannique du capital et la résistance du salaire qui le ronge, est obligé de réduire ce salaire, à peine de faillir et de se déshonorer! Ah! ne croyez pas que le peuple accuse toujours le maître de cette dure nécessité. Ne sait-il pas que notre industrie manque de débouchés, que nous nous sommes vu fermer la plupart des marchés du monde, et que notre commerce a péri là où notre drapeau a été foulé aux pieds?

« Eh bien ! au milieu de ces incertitudes, de ces fluctuations, de ces crises de salaires, que devient l'ouvrier? Le travail du père ne suffisant plus au pain de la famille, la fille se prostituera pour manger ; l'enfant ira avant l'âge servir les formidables machines, y épuiser ses forces non encore développées, et à côté de ces admirables tissus, merveilles de notre industrie, vos yeux se porteront tristement sur des enfants rachitiques, des jeunes filles fanées, des hommes affaiblis, brisés sous le fardeau de leurs travaux prématurés !

« Et cependant, de ces populations physiquement déchues, ce qui aura pu échapper à l'inervation, à la maladie, ce qui aura pu pousser jusqu'à la taille légale ira bravement, pour défendre le pays, se faire tuer sous les drapeaux.

« Voilà le peuple des villes, sociable, bon, patient au milieu de ces tortures quotidiennes; faisant plus, prenant de lui-même l'essor vers la lumière de l'intelligence qui lui est si parcimonieusement mesurée, lisant sur le métier, composant quelquefois des vers sur ses douleurs ou sur ses espérances, se cotisant pour publier des journaux qui éclairent et préparent les redoutables problèmes de l'avenir des sociétés ! C'est ce peuple des villes que des écrivains qui ne l'ont jugé que par ses lambeaux appellent des barbares !

« Et le peuple des campagnes est-il moins méconnu, moins calomnié? Il est, dit-on, égoïste, intéressé, avide ; ah ! sans doute il est avide comme la terre qui boit ses sueurs et ne dit jamais : Assez !

« Oui, le paysan, dans un légitime amour de la liberté, ne dort pas qu'il n'ait acquis une parcelle de terre. Selon lui, et à raison, la propriété est un premier élément d'indépendance. Il sera donc propriétaire ; mais, avec les charges qui pèsent sur la propriété, cette position nouvelle ne sera pour lui qu'un éternel combat. Usure du capital emprunté, hypothèques, frais, impôts, façons ; tout cela cumulé, il devra plus chaque année qu'il n'aura récolté, malgré sa parcimonie et son avidité.

« Et l'on reproche au paysan d'être intéressé, cupide! Que l'on protége l'agriculture au lieu de tolérer les joueurs, les dilapidateurs, les concussionnaires, les voleurs! oui, que l'on protége l'agriculture, que cette mère féconde obtienne plus d'un cent huitième dans nos dépenses, elle qui compte pour plus de moitié dans nos recettes, et le paysan ne sera plus égoïste, il ne sera plus avide. Aujourd'hui, ce n'est pas vice chez lui, c'est nécessité, je dirai presque que, pour faire honneur à ses engagements, c'est vertu. J'ai entendu dire bien souvent : « Pas d'institutions politiques sans les mœurs! » et ceux qui parlent ainsi corrompent toujours les mœurs, pour ne pas améliorer les institutions.

« Je réponds à mon tour que ce sont les institutions qui font, dans une grande proportion, les vertus et les vices d'un pays. Améliorer, compléter l'œuvre ébauchée de la Providence, a dû être, dans de secrets desseins, la mission de l'homme sur cette terre, le grand problème proposé à l'activité du génie humain.

« Non, non, la perpétuité du mal ne peut pas être une nécessité, comme certains fatalistes se plaisent à le proclamer. L'ardente, l'universelle protestation qui s'élève des profondeurs de la conscience humaine ; la succession lente d'abord et si rapide aujourd'hui, la succession non interrompue du progrès depuis les rudiments de l'histoire, voilà ce qui montre que la doctrine de la perpétuité du mal est un mensonge à l'usage des impuissants et des aristocrates : telle est ma foi.

« Dans cette esquisse rapide, incomplète, nous n'avons vu du peuple que sa vie habituelle, que sa lutte quotidienne ; mais qu'il se présente tout à coup un de ces fléaux imprévus et dévastateurs; qu'une inondation fougueuse entraîne tout dans l'immensité de ses flots; qu'un incendie, que le choléra sévissent; qui courra des premiers, qui oubliera la famille pour l'humanité, sa femme sur son grabat, ses enfants qui pourront mourir de faim, qui prodiguera sa vie sans compter, et fuira, le service rendu, sans laisser son nom? Le peuple !

Intelligence et dévouement, tête ou cœur, le peuple est donc digne d'exercer les droits qu'il réclame.

« Et qui le sait mieux que la bourgeoisie, qui a vaincu, par les efforts sublimes du peuple, la double tyrannie de la noblesse et du clergé?

« C'est à ce clergé, c'est à cette noblesse qu'aux Etats de 1614, je crois, un membre de la bourgeoisie disait : « Vous nos frères aînés, vous nos frères puînés, car nous sommes tous frères, ne formant qu'une seule et même nation. »

« Et le clergé et la noblesse voulurent faire rétracter et fustiger par leurs valets le courageux membre du tiers, tenant pareil roturier pour race inférieure et conquise.

« L'iniquité qui a fait souffrir la bourgeoisie si longtemps voudrait-elle à son tour la faire endurer au peuple, qui fut son compagnon de délivrance?

« Non seulement, Messieurs, le peuple est digne de se représenter lui-même; mais c'est que, si l'on veut être juste, lui seul peut utilement se représenter. Qui donc, en effet, dans une chambre législative, connaît assez ses intérêts, ses besoins, pour oser les défendre?

« Sans doute j'ai défendu le peuple, sans doute je l'ai fait, le cœur saignant à toutes ses misères, les larmes aux yeux; mais si mon cœur me rapproche de lui, plusieurs générations m'en séparent, l'éducation, l'habitude, le bien-être. Est-ce que jamais j'ai éprouvé, moi, les quarante-huit heures de la faim? Est-ce que j'ai jamais vu autour de moi, l'hiver, entre quatre murs humides, les miens sans pain, sans espoir d'en avoir, sans feu, sans argent pour payer le loyer, prêts à être jetés à la porte pour de là tomber dans la prison? Est-ce que j'ai jamais été placé dans cette terrible alternative, ou de mourir mille fois par l'agonie des miens ou de me faire voleur? Ah! que ceux qui ont passé par tous ces vertiges en parleraient autrement que moi!

« Vous vous rappelez tous cette nuit immortelle du 4 août 1789, dans laquelle la noblesse vint, sur l'autel de la patrie, offrir en holocauste les débris de la féodalité : certes, il y avait dans l'assemblée des bouches éloquentes, des hommes animés de sentiments généreux; mais, entre tous ce fut le plus simple, il en était un qui produisit un indescriptible effet. C'était un paysan breton, au visage rude, au costume grossier : « Qu'on nous apporte, dit-il, ces titres qui outragent la pudeur, qui insultent à l'humanité, qui forcent des hommes à s'atteler à une charrette comme les animaux du labourage! Qu'on nous apporte ces titres en vertu desquels des hommes passent les nuits à battre les étangs pour empêcher les grenouilles de troubler le sommeil d'un voluptueux seigneur ! »

« Et l'assemblée frémissante fut entraînée par un mouvement unanime. Si donc ce peuple est assez intelligent, assez éclairé, assez calme pour se représenter ; si lui seul, en outre, peut raisonnablement le faire, dans quelle mesure, dans quelle proportion doit s'effectuer la réforme ?

« Pour moi, mon opinion est connue : chaque citoyen a le droit de choisir librement et directement ses représentants, et en dehors de cette formule il n'y a que transaction et abâtardissement. Que celui-là qui paie de son travail, de son argent, de son sang prenne part au gouvernement qui dispose par l'impôt de toutes ces richesses.

« Voilà mon principe ; je le crois le seul bon, parcequ'il s'appuie sur la base solide et large du droit ; je l'estime le seul habile, parceque, comprenant tous les intérêts, il n'en laisse aucun en dehors, à l'état d'exclusion, et que le gouvernement n'est plus environné d'une espèce d'océan qui vient incessamment le battre et le miner.

« Je le répète, c'est mon système; mais je comprends parfaitement que d'autres, plus timorés ou se croyant plus prudents, n'aillent vers ce but qu'à leur pas, par des essais et des transitions. Je crois qu'ils ont tort et qu'ils laissent grossir les orages en pensant les conjurer ; mais enfin la liberté pour moi n'est pas un masque, et, dans la discussion comme ailleurs, je la veux pour tout le monde. Ainsi, je regrette que d'autres que moi, par suite de prétentions que vous avez jugées, ne se soient pas fait entendre. Je n'invoque pour mon opinion que la propagande, ils auraient pu en faire autant. Il faut respecter les convictions d'autrui, et ne pas se croire assez le maître pour leur fermer la porte : aujourd'hui comme autrefois, brûler n'est pas répondre. On vous aurait soutenu que l'électorat n'est pas un droit absolu, mais une fonction. Cette conviction n'est pas la mienne. J'aurais essayé de la combattre, car j'ai compris les banquets comme une occasion de lutte dans le cercle de la légalité, et non comme une pure occasion de dithyrambe. J'aurais tenté de prouver comment, au nom de la justice et de la prudence, il fallait en cette matière aller jusqu'à la racine du mal.

« Si, dans la réforme, perdant de vue la satisfaction due au droit, on ne se propose pour objet qu'un remède transitoire contre une corruption devenue trop dangereuse, je me serais efforcé de prouver que, dans ce cas encore, la réforme doit être complète, radicale.

« On nous dit avec raison que la corruption s'infiltre partout, qu'elle déborde; trop de scandales se révèlent chaque jour pour que je vous en fasse le hideux tableau; de la cime à la base, tout est contagion.

« A un si grand mal qui a empoisonné pour longtemps le pays légal, quel antidote propose-t-on? Des demi-mesures, de petits moyens, des étais vermoulus déjà et qui ne peuvent faire digue. On me découvre avec indignation des plaies honteuses; où est le fer puissant qui va les cicatriser? Parfois aussi les flaques d'eau du Nil desséché, les détritus en dissolution sur ses rives apportent la corruption et l'épidémie : mais que l'inondation arrive, le fleuve, dans son cours impétueux, balaiera puissamment toutes ces impuretés, et sur ses bords resteront déposés des germes de fécondité et de vie nouvelle.

« Tel serait le suffrage universel !

« On corrompt une agglomération d'hommes, des catégories; mais une nation ne s'achète point elle-même.

« En dehors de ce principe, la réforme ne fera que reculer la difficulté sans la trancher; on agrandira le cercle, on ne le brisera pas; on menacera le donjon, la forteresse ducale, on conservera le fief. Combattre si faiblement le mal, c'est, à son insu, s'en faire l'auxiliaire.

« Eh bien ! Messieurs, il est beaucoup d'hommes qui iraient droit à notre principe, car il est l'évidence même; mais ils doutent encore des destinées prochaines de la démocratie, et jamais cependant mouvement solennel et décisif dans la marche de l'humanité n'a été précédé par de plus significatifs augures. »

Peut-on comparer ce langage ferme, énergique, cette déclaration de principes vrais et sans ambiguïté, cet hommage rendu avec tout le respect et l'éclat dus à la souveraineté nationale, au langage emphatique, aux périphrases ambitieuses et boursouflées de M. Barrot.

Que disait-il, en effet, au banquet de Vincennes :

« Tout ne se passe pas pour les pays libres dans le monde officiel. Il y a, Dieu merci! *quelque chose* en dehors, et ce quelque chose est la nation prise dans sa généralité, envers laquelle le corps électoral lui-même est responsable de la délégation qui lui a été faite. »

A quoi servent tous ces subterfuges; que signifie une nation *qui est tout* et qui n'est seulement *que quelque chose?* Où mène cet ergotage politique, pourquoi placer la nation *en dehors*? Comme au contraire, elle devait être *en dedans* du monde officiel? Comme le bout de l'oreille se laisse entrevoir! qu'on reconnait bien là l'homme, politique avant tout, qui ne veut point voir ce qu'il peut toucher, mais percer les profondeurs de l'avenir!

M. Thiers, de son côté, espérait obtenir tous les bénéfices de la bataille: aussi, sans se mêler à la discussion des banquets, ni aux luttes soutenues contre la corruption, attendait-il que le dernier mot fût prononcé. Hélas! l'invasion de la démocratie déjoua tous les beaux projets qu'il avait conçus sur l'action réformiste: ses amis et lui devaient bientôt être battus.

Les démocrates de Dijon, étonnés du mépris qu'avaient affecté les députés dynastiques, montrèrent, trois jours après le banquet de Lille, que le bon droit et la force existaient où trônaient les principes.

On résolut aussitôt l'organisation d'un banquet; de tous côtés circulèrent les listes de souscription qui bientôt se trouvèrent chargées de signatures; mais l'exiguité du local qui devait servir à la réunion força de refuser bien des adhésions.

Comme on désirait que ce banquet eût une signification franche et positive, on repoussa tout appel aux opinions soi-disant libérales, car on ne voulait pas s'exposer à combattre des prétentions qui, toutes consolatrices qu'elles pussent être, cachaient hypocritement une volonté de domination exclusive.

Etienne Arago est appelé à cette fête et développe un toast *aux beaux-arts et à la littérature du Peuple.*

Après avoir blâmé avec énergie la coupable indifférence des artistes et des hommes de lettres en matière politique, il veut ramener ces hommes égarés à servir de puissants auxiliaires à la cause démocratique.

« Est-ce qu'ils n'avaient pas, s'écrie-t-il avec conviction, une pensée grande, utile, populaire, ces sculpteurs de l'antique Grèce, quand ils taillaient les images de leurs héros, de leurs hommes illustres dans le marbre de Paros?

« Est-ce qu'ils n'avaient pas souci des peuples les Eschyle, les Sophocle, les Euripide, les Aristophane, quand ils faisaient réciter leurs drames devant la foule attentive?

« Oui, certes, ils savaient qu'ils faisaient œuvre d'éducateurs publics. Mais il faut dire aussi que le gouvernement d'Athènes les aidait merveilleusement. Il disait à Phidias et à Praxitèle : « Peuplez les temples et les places publiques des chefs-d'œuvre « éclos sous votre ciseau immortel. » Il se gardait bien de leur dire comme nos gouvernants, à propos de la statue de Molière : « Un coin de rue est assez bon pour un comédien ; il faut réser- « ver nos places, nos jardins publics, pour les Rois de France. »

« Et, loin de faire de ses vastes théâtres ce que l'on fait de nos salles de spectacle, les lieux de privilége où l'homme de travail, le prolétaire ne peuvent entrer qu'à de rares intervalles, le gouvernement d'Athènes appelait le peuple tout entier aux solennités de la tragédie et de la comédie ; on le payait même pour qu'il allât écouter les grandes, les sublimes, les utiles leçons du génie.

« Le théâtre ! le peuple ! ces deux mots me rappellent une anecdote.

« Peu de jours après la grande semaine, un projet d'organisation des théâtres en France fut conçu par un ami du peuple ; il demandait que les hautes places des théâtres subventionnés par la nation fussent réservées à la population ouvrière, qui arriverait avec des billets dont les maîtres, les chefs d'ateliers disposeraient en faveur des travailleurs honnêtes et laborieux.

« On fit néant à la requête. A celui qui voulait faire concourir les arts de la peinture, de la danse, de la musique, de la déclamation à un but d'utilité, de moralisation ; à celui qui résumait sa pensée en disant que les théâtres devaient être les *journaux du soir*, on répondit en haut lieu : « Non, les théâtres ne doivent être qu'un délassement aux occupations du jour. »

« Cette réponse ne fut pas seulement un acte d'ingratitude envers le peuple, qui venait de faire une révolution ; ce fut aussi un malheur pour l'art.

« Du mélange des spectateurs serait née infailliblement la

nécessité d'heureuses modifications dans la littérature dramatique. Loin de refaire du vieux ou de rester dans la fantaisie, l'art se serait inspiré des intérêts palpitants de la société ; il aurait jeté ses regards sur l'existence de ce peuple qu'il aurait eu pour public, juge et partie ; il aurait fouillé dans ses vices pour les corriger, dans ses défauts pour les redresser, dans ses vertus pour les donner en exemple.

« Quels drames ! quelles comédies alors ! Oh ! la mine était riche et vierge encore ; car il y a du nouveau dans le passé du peuple, il y a des richesses dans sa pauvreté. En l'observant de près, on aurait découvert bien des pleurs jusque dans sa joie et quelquefois du rire dans ses larmes.

« Est-ce donc une chose nouvelle que nous demandons aux artistes et aux littérateurs? Les plus grands n'ont-ils pas retrempé leur génie au sentiment populaire, au saint amour de la patrie?...

« Voyez le front radieux de Dante et de Michel-Ange en Italie, de Milton en Angleterre..... Mais pourquoi sortir de la France ? ne sommes-nous pas assez riches de nos propres souvenirs?

« L'esprit de liberté et d'opposition, l'esprit frondeur, l'esprit français dans les arts et dans la littérature remonte à nos premiers livres, à nos premiers poèmes, à nos plus anciennes chansons.

« Nos trouvères étaient de gentils moqueurs qui chansonnaient les grands avec autant de sens que de raison.

« L'auteur du *Roman de la Rose* flagellait la *papelardise* bien avant Rabelais, le grand satirique.

« Sous Louis XII, les Enfants sans-souci, les clercs de la Basoche jouaient en plein théâtre l'avarice du Roi.

« Sous la Ligue, d'Aubigné, le grand-père de madame de Maintenon, jeta à pleine verve la honte et le mépris sur les saturnales de Henri III.

« Combien d'autres avant et après la Ligue sont arrivés à la gloire en se préoccupant des intérêts du pays, en prenant part aux controverses religieuses, en se mêlant activement aux guerres civiles !

« Dans la poésie, Clément Marot, dont les vers servirent d'auxiliaires au réformateur Luther;

« Dans l'histoire, le président de Thou;

« Dans l'éloquence, L'Hôpital, qui dit aux hommes de se garnir de vertus et de se munir de bonnes mœurs en face des bûchers et des tortures;

« Dans la philosophie, Michel Montaigne et La Béotie, qui eut les idées d'un républicain au temps des infâmes Valois.

« Lorsqu'à la Ligue succède la Fronde, La Rochefoucauld se trouve jeté au milieu de cette insurrection galante, parfumée, et y apprend à connaître les hommes, dont il formule les sentiments, les passions, les penchants, bons ou mauvais, en spirituelles maximes.

« Corneille arrive, et il ressuscite, au profit de l'avenir, toute la république romaine.

« Molière enfant a vu la bourgeoisie qui commençait à jouer un rôle politique, et plus tard il la constitua en la corrigeant de ses ridicules, tandis qu'il montra sans cesse la noblesse pleine de vices incorrigibles.

« Je ne dirai rien de Voltaire..... qui parle assez pour lui; de Rousseau, qu'à Dijon surtout on ne doit pas oublier; de tous les encyclopédistes, ces immortels précurseurs de la Révolution française; de Beaumarchais, qui mêla les conditions dans sa comédie, comme elles allaient être mêlées dans le monde..... Mais je m'arrête un moment à cette époque où le peuple voulut compter et compta pour quelque chose.

« Quels sont les noms de ces temps-là restés dans l'histoire des lettres et des arts?

« Ceux précisément des hommes pour qui le peuple n'était pas un vain mot : Fabre d'Églantine, qui eut le mâle courage de continuer Molière et qui n'y succomba point ; Chénier, chez lequel la forme se subordonne à la leçon ; Lemercier, qui ne termina pas à l'Empire et à la Restauration son opposition patriotique ; Picard, qui eut son théâtre révolutionnaire ; et dans les arts David, dont le pinceau était romain ; Proudhon, qui prouva que la force d'une opinion n'exclut pas la douceur de la palette ; le sculpteur Houdon, qui comprit à la fois le génie de Molière et celui de Voltaire, et qui, en reproduisant leurs figures, nous a laissé deux immortels ouvrages.

« Que les temps sont changés !

« Produisant sans principes, marchant à l'aventure, voyez comme les arts ont dévié à la fois de la double ligne parallèle du *beau* et de l'*utile*. Aussi, quel a été le résultat de leurs explorations sans gouvernail ni boussole ? Qu'ont-ils trouvé au bout de leur course vagabonde ? Le *scepticisme* et la *corruption*.

« Pouvait-il en être autrement ? Ne cherche-t-on pas à amuser au lieu d'instruire ? à réveiller les sens, et non à élever l'âme ? Dans leur plus noble appellation, les artistes sont donc tout au plus aujourd'hui des complaisants et des amuseurs.

« Presque toujours le théâtre ou le roman, presque toujours le dessin, la sculpture, la peinture ne présentent le peuple que grossier ou ridicule ; il faut qu'il provoque le rire ou qu'il fasse naître le dégoût !

« A quoi bon étaler ses vices, qui sont les fruits de l'ignorance où on le tient et de l'abandon où on le laisse ? A quoi bon montrer les plaies des pauvres lépreux, sur lesquelles, à défaut de baume, on devrait au moins jeter un voile compatissant ?

« Peintres, dessinateurs, auteurs dramatiques, vous traînez complaisamment le peuple en haillons jusqu'à la boue et au ruisseau ; et vous oubliez à plaisir de nous le montrer dans l'atelier où il use ses forces, au fond d'une mine où il s'étiole, privé d'air et de soleil, sur les échafauds chancelants où il passe ses jours pour gagner son pain quotidien. Vous nous le présentez dans ces rares exceptions de paresse ou de débauche, et vous nous le cachez là où il est grand, généreux, patient, plein de dévouement et de vertu.

« Ah! si les artistes avaient songé à se mettre au service du peuple, ils auraient pesé fortement dans la balance politique, sans compter que, travaillant pour lui, ils eussent travaillé pour eux-mêmes. Les beaux-arts sont les fils aînés de la République; déchus un instant, il faut, pour se relever, qu'ils se retrempent dans le sentiment démocratique. »

Louis Blanc remplaça Etienne à la tribune, et dans un toast à *l'avenir de la France* il traça un tableau fidèle du pays depuis un demi-siècle livré au plus cruel antagonisme, et termina ainsi :

« Au temps des croisades, lorsque l'Europe partit pour aller conquérir le tombeau du Christ, où reposait la liberté, ce fut la France qui prit le mouvement sous son aile. Plus tard, quand les prêtres ultramontains voulurent imposer le joug de la papauté, ce furent les évêques gallicans qui défendirent les consciences, et aux derniers jours de la monarchie, qui soutint, dans le Nouveau-Monde, la jeune Amérique ? La France, toujours la France ! et, par un mystérieux calcul de la fortune, ce fut la plus vieille monarchie de l'ancien monde qui vola au secours de la première république du monde nouveau !

« Et ce qui est vrai, Messieurs, de la France monarchique, comment ne le serait-il pas, surtout, de la France républicaine ? On rencontre dans l'histoire quelque chose qui ressemble à cet admirable dévouement de la République, quand, épuisée par le sang qu'elle a versé sur les frontières et sur les échafauds, elle en trouve encore à répandre pour ses frères bataves ; lorsque, vaincus ou vainqueurs, elle illumine ses ennemis mêmes des éclairs de son génie ?

« Que l'Europe nous envoie seize armées, nous lui rendons la liberté !

« Et, en effet, nous l'avons apportée à toute l'Europe, et si générale, si large, que c'est encore en vertu de ses principes que des peuples qui paraissent abattus se soulèvent. La révolution qui sommeille en France prend sa revanche en Suisse et en Italie.

« Mais, que personne ne s'y trompe, c'est toujours l'idée française qui combat; car la France des idées, la France des sentiments se retrouve sur tous les points du globe.

« Aussi ne mourra-t-elle jamais, car son existence est une des nécessités de la vie européenne. Le jour où la France viendrait à périr, il se ferait un vide immense qui ne pourrait être comblé.

« Nous avons vu les portes de Paris ouvertes à l'invasion de nos plus cruels ennemis. Eh bien ! à peine touchaient-ils cette terre sacrée, ils l'ont tellement sentie frémir sous les pas de leurs chevaux, qu'ils en sont sortis tout pleins de l'effroi de leur triomphe.

« Ils espéraient nous imposer le despotisme, ils ont remporté la contagion de la liberté. »

A ce discours, plein de la grandeur, de la puissance, de la précision de l'éloquence antique, succéda un *toast à la souveraineté du peuple!* porté par Ledru-Rollin.

Toujours fidèle à ses nobles antécédents, le fougueux orateur démontra que vouloir chasser la corruption sans le suffrage universel, c'était un effort ridicule et inutile. Il prouva, l'histoire en main, que toutes les craintes hypocrites manifestées dans les différents banquets des députés de la gauche tombaient devant l'urne où chacun pouvait venir déposer son vote ; que le scrutin était alors environné de garanties au milieu des passions même les plus opposées à la révolution.

« Comment ne point croire alors que ce principe ne soit reconquis par la volonté du peuple ? »

Après Dijon, Châlons-sur-Saône voulut avoir son tour. Les patriotes, jaloux de montrer qu'ils n'étaient point restés en arrière, sentant la cruelle blessure faite à leur dignité, à leurs opinions républicaines, tinrent aussi à honneur d'organiser un banquet.

L'approche de l'hiver, la neige qui couvrait déjà les montagnes, loin de ralentir le zèle des démocrates, doubla au contraire leur énergie.

Aussi vit-on, le 18 décembre 1847, la ville regorger d'étrangers charriés par des voitures publiques ou particulières et les bateaux à vapeur. Le banquet fut aussi imposant qu'à Lille et qu'à Dijon. Ledru-Rollin y porta le toast suivant :

« A l'unité de la révolution française, à l'indivisibilité des trois grandes époques qui la caractérisent, des trois grandes assemblées qui la personnifient : à la Constituante, à la Législative, à la Convention ! »

Toast inspiré par les deux dates 1789 et 1830 qui ornaient seules les drapeaux de fêtes des ennemis de la révolution.

« Pourquoi ces deux dates, et pas une autre? pourquoi la Constituante, et pas la Convention? Est-ce un cercle que vous voulez tracer où doivent s'éterniser les destinées du monde? 1789, qui ouvrit la carrière à la bourgeoisie ; 1830, qui, à vos yeux, la referme sans doute! 1789-1830, les ébauches à compléter. Et le peuple donc!... Le peuple effraie, la Convention fait peur, voilà pourquoi 1792-1793 sont restés au bout du pinceau.

« Et ici alors l'éternel refrain, oui, refrain chevrotant et hébété de la peur : 1793, la Convention, c'est le génie du mal, le chaos, la Terreur!

« La Terreur! ah! citoyens, nous pouvons en parler librement, nous à qui elle a légué une patrie, et qui n'aurons point à la recommencer. Laissons-la donc dormir au plus profond de l'histoire; mais répondons éternellement à ceux qui en font éternellement un épouvantail que les écrivains même qu'elle contriste le plus sont obligés de reconnaitre que sans elle il n'y aurait plus de France.

« Plus de France! entendez-vous? Ah! je l'avouerai, à cette idée ma tête se trouble. Oui, plus de France, les Rois le disaient déjà; ses frontières étaient envahies, Toulon aux Anglais, Lyon, la Vendée aux royalistes; nos ports bloqués, des baïonnettes et des vaisseaux à la circonférence, une conspiration permanente au centre.

« La France était perdue; et c'est pour l'avoir sauvée, pour avoir sauvé les destinées du monde que vous comptez avec la terreur pour le sang répandu! Avez-vous auparavant compté avec les nobles, avec les prêtres, avec les Rois, eux qui ont si longtemps fait verser le sang de millions d'hommes pour un mot, pour un vain trophée, souvent pour l'étroit et stérile espace d'un champ de bataille!

« Je le répète, aujourd'hui plus de terreur à redouter. La violence de l'attaque est en raison des forces de la résistance. La résistance, où est-elle? Il y avait alors la ligue formidable des nobles et des prêtres A l'heure qu'il est il n'y a plus sérieusement de noblesse, elle est un mot; je me trompe, elle est un ridicule!

« Il n'y a plus de nobles depuis qu'un paysan a pu répondre à un émigré qui se vantait bien haut que ses ancêtres avaient gagné des batailles : « Moi aussi j'en ai gagné; donc que je suis un ancêtre. »

Le *Journal des Débats*, qui, jusqu'alors, avait varié le thème de sa politique tantôt en persiflant, tantôt en jouant l'ironie, finit par comprendre la situation et voir le danger que courait la royauté. Il ne pouvait pas cependant se ranger franchement du côté des démocrates, car il fallait qu'il défendît quand même ceux qui le payaient. Aussi de l'ironie, du persiflage, il en vint aux réticences, aux demi-mots, aux faux semblants d'ignorance.

« Les banquets, disait-il, ont déchiré le voile! Il est clair que ce n'est pas au cabinet que l'on en veut, mais à la majorité tout entière, au parti conservateur dans toutes ses nuances, au gouvernement, en prenant ce mot dans son acception la plus étendue. Déjà, il est facile de le voir, le centre gauche est dépassé de beaucoup; la gauche elle-même ne serait pour le mouvement qu'une étape bien courte, un point d'arrêt bien faible. C'est à peine si les radicaux croient encore avoir besoin de se dissimuler derrière M. Barrot. Les radicaux, à leur tour, sont tout au plus quelques pas en arrière des socialistes. Ceux-ci forment le dernier bataillon de l'anarchie, et déclarent sans détour que toute réforme politique ne sera pour eux de quelque valeur qu'à titre de brèche faite à la société. Tout pas imprudent ou mal assuré sur cette pente rapide pourrait-il avoir d'autre résultat qu'une chute affreuse? »

Le gouvernement, ainsi que le journal, n'avait plus de confiance dans son bon droit.

Odilon Barrot et ses amis, témoins du caractère effrayant que prenait le mouvement provoqué par eux, en furent vivement alarmés. Aussi, pour se venger des attaques de leurs ennemis, appelaient-ils *voltigeurs de* 93 ces hommes animés des plus nobles sentiments pour la plus sainte des causes, la Liberté! les démocrates, faisant allusion à M. Barrot, disaient qu'ils valaient tout autant que les *voltigeurs de* 1815.

Et maintenant, je vous le demande à vous royalistes, hommes du pouvoir; à vous aussi démocrates, hommes de la liberté; à vous tous hommes du travail, qui ne voyez la patrie que dans la famille, sous quel drapeau le droit s'est-il assis dans cette longue lutte parlementaire qui tenait le pays en éveil?

Est-ce que ceux qui ont fait la révolution doivent être accusés comme ceux qui ont essayé de la prévenir? Non, à coup sûr, et vous n'oserez pas soutenir la thèse opposée.

Il vous fallait, à vous inhabiles à penser, insoucieux d'indépendance, une tête qui pensât pour vous et des bras sans nerfs armés de sabres rouillés, pour vous défendre dans les occasions périlleuses; nous voulions davantage, nous dont le cœur battait fort au souvenir de nos beaux jours de gloire, et c'est pour cela que vous nous avez vus debout au premier appel de la France menacée dans son indépendance et dans son honneur.

Ainsi avons-nous fait ; et la grande victoire des trois jours n'est pas si loin de nous qu'elle se soit effacée déjà de notre mémoire.

Il est des époques impérissables ; ce sont celles de l'agonie d'un peuple, c'est l'heure de sa résurrection, et vous allez voir les conséquences de la secousse voltaïque qui ébranla le pays par la violence d'un pouvoir sans logique, sans pudeur, sans énergie, et par la ferme volonté de quelques âmes bien trempées, façonnées aux combats de la plume et aux batailles de la place publique... Si vous ne les aimez pas, estimez-les.

Vous tenez désormais en main les pièces du procès.

Cela vous est démontré, je crois, ils couraient vers le même but, ils visaient au même résultat, mais à travers des routes diverses; celles-ci larges et planes, celles-là étroites et raboteuses : les premiers cheminant dans toute la liberté de leurs allures de républicain, les seconds gênés et boitant, quoique sincères et passionnés.

Ce fut là un grand malheur; la sainte cause se voyait morcelée par ceux-là mêmes qui auraient dû la river sur sa base éternelle.

Cependant le gant était jeté ; le carrousel de la parole devait bientôt se changer en champ-clos, l'épée à la main, le fusil sur l'épaule... Vous allez voir maintenant comment se dénouera le drame, vous assisterez au dernier soupir d'une monarchie qui se disait impérissable... Courons vite avec les événements.

CHAPITRE IX.

22, 23, 24 février

22

Paris ne courait pas, il bondissait dans l'incertitude du chemin qu'il devait suivre; il attendait les bras croisés, mais la tête haute, que le pouvoir prît une résolution, bien décidé à la combattre si nos libertés étaient menacées.

Le calme est parfois le repos, mais souvent aussi l'action ; car l'énergie y puise des forces, et l'on prévoit que le premier élan sera décisif.

Dans les rues, sur les boulevards, dans les carrefours, on ne s'accostait que pour s'interroger plus encore du regard que de la parole; on paraissait se compter, on pesait la force de chacun des partis ; et, quel qu'il fût, le résultat devait coûter du sang.

En général, et si vous avez étudié l'histoire du monde, vous devez être convaincu de cette grande vérité : les hommes forts, les hommes qui dominent les masses ne sont pas toujours ceux qui déchaînent les ouragans populaires ; ils semblent se contenir tout d'abord pour les remorquer ou les combattre; et vous ne voyez en tête des révolutions que des jeunes gens qui se jettent en avant sans songer aux périls dont ils sont entourés.

De tout temps les écoles des grandes cités ont joué un rôle sérieux dans nos luttes; Toulouse, Poitiers, Lyon, Bordeaux seraient nos arguments si nous avions besoin de les invoquer ; et vous voyez les écoles de Paris se dresser comme un seul homme à toutes commotions, à toutes crises, à tout événement politique.

On a hâte d'avancer dans la vie alors que les heures doivent être à l'étude, c'est à dire à la fatigue. Le besoin d'émancipation domine les jeunes cervelles, et dans ces moments d'effervescence ce sont presque toujours les tièdes qui deviennent les audacieux; l'occasion fait l'homme bien plus que l'homme ne fait l'occasion.

Paris était sur une fournaise, on désertait les bancs classiques, chaque chambre d'étudiant était un club d'amis, chaque rue avait les siens; on se tendait la main en signe de fraternité, et, comme on n'est presque jamais poltron qu'en secret, on comprend combien le premier coup de fusil doit créer de héros dans une ville livrée au mouvement anarchique ou révolutionnaire.

Laissez-moi vous raconter jour par jour, presque heure par heure, les événements qui se pressent sous ma plume.

N'était-ce pas en effet un spectacle tout palpitant que ces flots immenses d'hommes, de femmes, de tous les rangs, de tous les âges, en bourgeois, en uniforme, en soie ou en bure, se dirigeant vers les Champs-Elysées, comme pour assister à un banquet qu'on savait pourtant contremandé ?

On allait là dans l'attente d'un événement solennel ; il y avait quelque chose de froid et de réfléchi dans le regard; il y avait du mutisme sur les lèvres, il y avait des orages dans les cœurs.

La tempête allait se déchaîner, et nul ne rebroussait chemin. De quel point de l'horizon devait partir la foudre? Personne ne le savait; et telle était la disposition des esprits que les plus timides se seraient dirigés sans peur vers le point le plus menacé si on leur avait dit que l'ennemi était là, que Guizot était là, que le ministère en masse était là, protégé par tous les soldats et tous les généraux de l'armée.

C'est pendant cette course presque au hasard qu'on apprit la détermination de Barrot et de la plupart de ses amis...

« Cela est infâme, s'écriait-on de tous côtés, cela mérite châtiment, et puisqu'on recule à une menace, puisque ceux qui devraient nous guider font face en arrière et rétrogradent, c'est à nous d'avancer et de nous purifier de cet avilissement. »

Il était à peine dix heures, et des deux rives de la Seine les chants de la *Marseillaise* et des *Girondins* appelaient le peuple aux armes; le peuple, dont on venait de sacrifier les droits; le peuple, qui voulait reconquérir sa liberté perdue et qui demanait des sabres avec des menaces, avec la promesse du châtiment des traîtres.

Dans son fougueux enthousiasme, ce peuple si calomnié jetait pêle-mêle, couverts du même mépris, les noms de Barrot, de Guizot et du ministère.

La gauche dynastique lui semblait plus coupable encore que les royalistes quand même, car ceux-ci n'avaient rien promis, car les autres avaient juré indépendance et liberté.

Mais ce n'était pas seulement aux Champs-Elysées que retentissait la tempête; les nuages se dressaient menaçants là-bas, là-bas, près du Panthéon, où déjà par la parole on préludait au combat du peuple contre la royauté, au duel de la légalité contre le despotisme.

Suivez le flot.

Une députation des élèves des écoles s'est rassemblée sur la place du Panthéon, d'où les jeunes gens sont descendus par la rue Dauphine, le Pont-Neuf, la rue de la Monnaie et la rue Saint-Honoré vers la Madeleine; ils marchent en ordre dans le plus grand silence, jusqu'au moment où, arrivés là, ils se trouvent rejoints par une foule d'hommes en blouse qui veulent fraterniser avec eux.

Tous ensemble se dirigent d'abord vers la rue de la Ferme des Mathurins, puis ils gagnent l'Hôtel du ministère des affaires étrangères, au coin du boulevard et de la rue Neuve-des-Capucines, en poussant les cris de *Vive la Réforme ! à bas Guizot !* et en chantant la *Marseillaise* et le chœur des *Girondins*.

Quelques instants après, une partie de cette foule tumultueuse veut pénétrer dans l'hôtel, qui n'est gardé que par le poste ordinaire de la troupe de ligne, au nombre de quinze ou vingt hommes ; un garde municipal à cheval se place en travers de la porte, et tente de contenir la foule. Des pierres lui sont lancées, et une bûche même le heurte dans sa course ; mais la foule proteste contre cette lâche agression, et, un peloton de gardes municipaux étant survenu, l'hôtel du ministre est dégagé, puis entouré par la troupe pendant le reste de la journée.

Les gardes alors ont vivement éloigné la foule, qui s'est précipitée dans les contre-allées des boulevards. Un grand nombre de curieux, pour se soustraire à cette poursuite, ont sauté dans la rue Basse, devenue en un instant un véritable champ de bataille.

Le massacre s'organise, les groupes se forment ; un escadron de gardes municipaux à cheval arrive à bride abattue et charge à coups de sabre.

A peine les groupes sont-ils dispersés qu'il s'en forme de nouveaux; car les curieux refoulés des boulevards se précipitent par les escaliers dans la rue, et se montrent menaçants aux municipaux, qui reviennent furieux sur leurs pas.

Que pouvait faire une foule sans armes contre un escadron armé non seulement de sabres et de carabines, mais encore d'une colère aveugle puisée dans un dévouement stupide au pouvoir?... Force resta bientôt aux municipaux.

Les élèves des écoles, plus indociles, plus déterminés, s'étaient dirigés du côté de la Chambre des Députés; arrivés à la place de la Concorde, ils allaient déboucher sur le pont lorsque le chemin leur fut barré par une douzaine de gardes municipaux détachés en toute hâte d'un des postes voisins. La foule hésite, mais une charrette arrive. Un des plus audacieux s'empare du siége du cocher, s'arme du fouet, frappe vigoureusement les chevaux, les lance à toute bride, ouvre un passage et laisse le champ libre aux étudiants enhardis, qui arrivent bientôt jusqu'à la grille du Palais-Bourbon.

La grille est fermée, on menace de la briser; elle est ouverte, et une foule immense envahit le grand escalier.

Un jeune homme d'une vingtaine d'années se perche sur un des battants de la porte, harangue la foule, jette à l'air les plus énergiques paroles; mais, débusqué par un escadron arrivant au grand trot, le fougueux Démosthène n'achève pas sa Philippique, et rejoint ses camarades qui marchent toujours en avant.

Cependant deux escadrons, l'un de gardes municipaux, l'autre de dragons, sous les ordres du général Sébastiani, débouchent par le quai, et font mine de sabrer tout ce qui voudra leur résister; les jeunes gens sans armes se dispersent dans toutes les directions, mais se donnent rendez-vous aux Champs-Élysées, où la lutte pourra se soutenir avec quelque avantage. Ils veulent des sabres, des piques, des fusils; ils savent qu'il y en a dans les corps de garde, ils brisent les portes, ils cassent les réverbères, ils s'organisent, et les voilà prêts à la défense.

Mais, tandis que les masses compactes des étudiants se préparent aux escarmouches dont nous parlons plus haut, disons que la Chambre des députés, gardée comme un sanctuaire inviolable, paraît à l'abri d'un coup de main.

D'un côté, ce sont les dragons qui viennent de franchir la porte de la caserne du quai d'Orsay et se précipitent au trot, le sabre au poing, sur la foule; mais bientôt ils s'arrêtent dans leur élan, remettent leur sabre au fourreau et passent, graves et silencieux, se contentant de labourer l'attroupement du poitrail de leurs chevaux. Le peuple comprend leur intention, et les cris de *Vivent les dragons!* retentissent avec enthousiasme.

D'un autre côté, la ligne, précédée d'un commissaire ceint de son écharpe, arrive au pas de course et prend position sur la place du Palais-Bourbon.

De toutes parts, en un mot, s'échelonnent de forts piquets de cavalerie et d'infanterie.

Les abords de la Chambre sont barrés par des chasseurs, des dragons, des municipaux; dans la rue de Bourgogne deux pièces de campagne sont mises en batterie.

Bientôt apparaît le général Perrot suivi de son état-major; il examine la position des troupes, et crie au commandant de la garde du palais :

— Vous pouvez être tranquille, le pont est gardé; les meilleures troupes de l'Europe ne le forceraient pas.

Le peuple, qui sut le franchir, donna un démenti au général Perrot.

Cette glorieuse avant-garde de la Révolution, arrivée au pont de la Concorde, se heurte contre un peloton de gardes municipaux qui croisent la baïonnette.

Devant les fusils baissés et menaçants les premiers rangs de la phalange tentent de s'arrêter, l'énorme pression de la multitude les pousse sur les armes.

Alors un jeune homme au cœur plein de patriotisme s'avance vers les soldats, ouvre son habit et, la poitrine à nu :

— Tirez si vous l'osez! s'écrie-t-il.

Les gardes municipaux baissent leurs armes ; pour la première fois ils se montrent généreux... Attendez, attendez, il y aura bientôt du sang au bout de leurs baïonnettes, il y aura bientôt des cadavres à leurs pieds.

Depuis midi de nombreuses troupes occupaient la capitale. La première division militaire présentait un effectif de soixante-douze mille hommes, dont vingt-sept mille étaient casernés dans Paris.

Le reste cantonnait dans les environs, et devait au premier ordre marcher vers le foyer de l'émeute.

De fortes garnisons campaient à Vincennes et au Mont-Valérien.

Trente-sept bataillons d'infanterie, un bataillon de chasseurs d'Orléans, trois compagnies du génie, vingt escadrons de cavalerie et cinq pièces de campagne, puis encore quatre mille hommes de garde municipale et sous-officiers vétérans composaient la garnison de Paris.

En outre, des ordres avaient été donnés dans toutes les villes traversées par les chemins de fer, afin qu'au premier appel du télégraphe elles se missent aussitôt en route.

Cependant les masses reposaient inoffensives, l'attitude des troupes n'était point menaçante, les chasseurs et les dragons, qui parcouraient en tous sens les rues et les boulevards, souriaient au peuple, et dispersaient les groupes par des charges simulées. La ligne était morne et silencieuse.

Les municipaux seuls avaient le regard provocateur; ces séides de la monarchie de Juillet changèrent la face des choses, et grâce à eux la révolution fut sanglante pour le peuple.

En effet, ne les vit-on pas à bride abattue parcourir la rue de Rivoli, et se ruer comme des bêtes fauves non pas seulement contre les hommes qu'ils appelaient émeutiers, mais sur de pauvres femmes alarmées, sur des enfants, sur des vieillards cherchant à regagner leur domicile ?

Là, presque à la porte du ministère des finances, les gardes municipaux, braves sans péril, piétinèrent avec une cruauté inouïe sur des femmes éplorées : celle-ci a l'épaule entamée d'un coup de pointe, celle-là le front labouré ; un jeune homme qui cherche à la défendre tombe l'œil percé ; une autre a le sein déchiré par une estafilade, tandis que plusieurs enfants, échappés des bras de leur mère, roulent sur la dalle pour ne plus se relever... Ce fut un magnifique triomphe, attesté par le sang, dont les pilastres rougis consacrèrent un douloureux souvenir.

Suivons les divers tronçons des combattants massés dans les allées et contre-allées des Champs-Élysées, et empruntons l'anecdote suivante à notre ami Charles Robin, qui sait écrire l'histoire et qui a le cœur haut placé ; écoutez-le :

« Le prologue de la révolution de Février eut, comme le drame lui-même, ses scènes originales, ses incidents burlesques. A côté des larmes le sourire, et, comme dans la grande comédie humaine, le grotesque en regard du sublime.

« Quelques enfants intrépides, véritables gamins de Paris, insouciants et braves, campaient vers le milieu des Champs-Élysées. Ils couraient, criaient, jetant au vent des chansons et des cailloux. Lassés de ce rôle passif, et voulant jouer au combat, ils avisèrent des chaises de paille, les élevèrent en pyramides et en firent un joyeux bûcher. La flamme et l'enthousiasme pétillaient à la fois. Mais soudain une voix enfantine donna l'alarme. Des soldats accouraient. Aussitôt les bambins, trop fiers pour fuir le danger, formèrent autour d'eux une espèce de rempart avec de nouvelles chaises. C'était une fausse alerte. La troupe avait pris une autre direction. Alors la tapageuse cohorte fortifia sa barricade de toutes les choses qu'elle put trouver. Son travail était à peine terminé qu'un peloton de cavalerie arriva au galop pour disperser les perturbateurs. La troupe avança ; cent frêles mains s'armèrent de chaises, et les présentèrent bravement à la tête des chevaux pour s'opposer à leur passage. Heureusement c'étaient des dragons. Ils passèrent en riant, à la grande satisfaction des jeunes héros de quinze ans. »

C'était un drame d'écolier, un dimanche de marmots en vacances. En voici un plus palpitant, qui va se dérouler à quelques pas de là :

Deux cents hommes du peuple en blouses et en casquettes, calmes et parfaitement organisés, venaient aussi exposer leur poitrine aux sabres parricides, aux ennemis de nos libertés.

Arrivés aux Champs-Élysées, ils font comprendre aux étudiants combien leur position est difficile, et cependant, comme il leur fallait à tous un point d'appui, ils indiquent du doigt un corps-de-garde défendu par la ligne dont ils arrêtent l'assaut... Il est des paroles qui sont des faits accomplis; la foule se précipite, le poste est cerné, les soldats refusent de faire feu; un jeune homme de vingt-cinq ans, leste comme un gabier, s'élance, arrive au toit de l'édifice, arrache le drapeau et sert lui-même de cible aux municipaux s'avançant au pas de course.

Les bambins, qui avaient suivi le flot, lancent les débris des chaises dans le corps-de-garde, les flammes pétillent; le jeune homme perché sur le toit descend sain et sauf, et, tandis que s'écroule l'édifice, une compagnie de gardes municipaux arrive en toute hâte et taille avec une fureur inouïe ce qu'elle peut atteindre de sa carabine ou de son sabre.

Les étudiants gravitant aux Champs-Élysées rebroussent chemin, arrivent sur la place de la Concorde, et devant les soldats qui les cerclent de toutes parts ils essaient une barricade.

Efforts inutiles, des troupes fraiches sont lancées au pas de charge; l'émeute suit d'abord la rue de Rivoli, fait un coude, arrive devant la vieille église de l'Assomption, et, chose incroyable, en quelques minutes les grilles sont démontées ainsi que l'avaient été celles du Ministère de la Marine, et présentent une formidable barrière.

Un second détachement de ces jeunes gens en habit et de

ces hommes en blouse parcourt la rue Saint-Honoré, et tente de briser les solides grilles de fer de Saint-Roch..... elles résistent. Les deux partis s'observent à très peu de distance l'un de l'autre; d'un côté les soldats l'arme à l'épaule, la loi à la main; de l'autre une masse compacte, mais sans ordre, sans discipline, sans chef. Il fallut céder; l'émeute eut le dessous; mais elle fuyait comme les Parthes, et lançait dans sa retraite des projectiles et des menaces à ceux qu'elle se proposait de combattre dans une meilleure occasion.

La lutte qui semblait devoir s'engager aux abords de la Chambre des Députés, dans les rues et les places voisines, menaçait également quelques autres quartiers de la capitale. L'École polytechnique surtout était le point de mire des agitateurs, qui savaient que là, jetant de côté leurs livres et impatients de liberté, des jeunes gens à la poitrine haletante demandaient aussi que le chemin fût ouvert à leur courage et à leur patriotisme. Mais, afin que les élèves ne suivissent point le mouvement, l'autorité avait pris ses précautions. On avait retiré les épées et les habits, puis entouré l'école de forces imposantes. La foule du peuple fut repoussée par deux escadrons de gardes municipaux qui arrivèrent à toute bride, et les cris de *Vive la liberté! A bas Guizot!* franchirent seuls les murs de cette école de héros et de savants, gloire et orgueil éternel du pays.

Ce qui fit avorter les diverses attaques, ce furent les ordres donnés par les hommes du pouvoir de défendre aux armuriers de garder des fusils, des pistolets dans leurs magasins. La maison Lepage entre autres se vit envahie, et quelques dégâts de peu d'importance furent les trophées de cette violation de domicile, que les cœurs honnêtes et calmes reprochèrent amèrement aux plus fougueux.... Une cause est perdue quand elle cesse de s'appuyer sur le droit et l'équité.

Au surplus, les magasins de la rue Vivienne les moins solidement barricadés, ainsi que ceux du quai de la Mégisserie, furent l'objet d'attaques vigoureuses ; malgré les ordres donnés la veille, les fusils laissés au râtelier commencèrent à armer la patriotique sédition.

La nuit descendait sur la ville en alarme ; mais l'émeute était éveillée, et partout où elle se montrait elle rencontrait une résistance opiniâtre.

A quatre heures on ferma le jardin des Tuileries, le Carrousel et les rues adjacentes ainsi que le Louvre furent occupés militairement ; de nombreuses patrouilles, tambour en tête, se croisaient dans tous les sens; on eût dit une ville prise d'assaut, et cependant le sang n'avait presque pas coulé encore.

Les bruits de la nuit portèrent en tous lieux la nouvelle que le Roi, étant descendu dans la cour du Carrousel, avait passé en revue les gardes nationaux qui s'y trouvaient massés, et que peu de cris consolateurs étaient arrivés jusqu'à lui.... Les heures qui précèdent une chute disent la catastrophe comme l'éclair dit la foudre.

Et pendant que tout s'agitait dans Paris, que font les représentants de la France ? Vous allez le savoir.

Les députés arrivent en foule encore troublés des événements dont la plupart d'entre eux ont été les témoins ; quelques-uns ne sont arrivés qu'avec les plus grandes difficultés jusqu'aux portes de l'assemblée législative, et la séance, présidée par M. Sauzet, semble prédire les plus graves événements.

On allait clore les débats, car les pusillanimes regardent la fuite comme un argument, lorsque Odilon Barrot monte rapidement à la tribune, demande la parole et annonce qu'il dépose une proposition sur le bureau du président.

Tout le monde savait que cette proposition avait pour but la mise en accusation du ministère.

M. de Genoude à son tour quitte sa place, et lit la proposition suivante au milieu du silence le plus solennel :

« Attendu que les ministres, en se refusant à la réforme
« d'une loi électorale qui prive les citoyens de toute participation
« aux droits politiques, violent la souveraineté nationale, et
« sont cause, par conséquent, des troubles et des dangers de
« l'ordre social ; attendu qu'ils maintiennent ainsi la France
« dans un système immoral et ruineux au dedans, funeste et
« dégradant au dehors, le soussigné, député de la Haute-
« Garonne, demande à la chambre la mise en accusation du
« président du conseil et de ses collègues. »

M. Barrot veut à son tour que sa proposition soit lue, car il la dit signée par plus de soixante députés de la gauche; la voici :

« Nous proposons de mettre le ministère en accusation
« comme coupable :

« 1° D'avoir trahi au dehors l'honneur et l'intérêt de la
« France ;

« 2° D'avoir au dedans faussé le principe de la Constitution,
« violé les garanties de la liberté et attenté aux droits des
« citoyens ;

3° D'avoir, par corruption systématique, tenté de substituer
« à la libre expression de l'opinion publique les calculs de l'in-
« térêt privé, et de pervertir ainsi le gouvernement représen-
« tatif ;

« 4° D'avoir trafiqué, dans un intérêt ministériel, de fonctions
« publiques ainsi que de tous les attributs et priviléges du
« pouvoir ;

« 5° D'avoir, dans le même intérêt, ruiné les finances de
« l'Etat, et compromis la force et la grandeur nationale ;

« 6° D'avoir violemment dépouillé les citoyens d'un droit
« inhérent à toute Constitution libre et dont l'exercice leur
« était garanti par la Charte, par les lois et par les précédents ;

« 7° D'avoir enfin, par une politique ouvertement contre-
« révolutionnaire, remis en question toutes les conquêtes de

nos deux révolutions et jeté dans le pays une perturbation
« profonde. »

Ce n'est pas tout, une proposition nouvelle est apportée à la tribune; l'histoire doit la recueillir:

« Les membres du comité électoral du deuxième arrondissement, informés que MM. les députés de l'opposition ont résolu de ne pas se rendre au banquet du douzième arrondissement, ont décidé, à l'unanimité, que le deuxième arrondissement exprime par son organe son étonnement de la décision prise sans qu'elle soit accompagnée de la démission des députés de l'opposition, et invite ces députés à déposer sans retard leur démission, seule mesure capable de donner, en ce moment, une satisfaction à l'opinion publique. »

L'effet de ces trois propositions fut immense, les centres s'agitaient impuissants, les deux extrémités triomphaient.

Un nouveau renfort leur arriva, et les écoles belliqueuses eurent leur part de la victoire.

Voici comment elles formulèrent leur opinion :

« La manifestation patriotique empêchée par le gouvernement est la plus grande preuve qu'il craint un appel à la justice du pays.

« Il ne nous reste plus, pour la conservation des droits que 1830 a consacrés, que notre confiance dans les députés de l'opposition. Nous attendons d'eux la demande de la mise en accusation du ministère. Comme d'avance, nous en sommes convaincus, elle sera repoussée par la majorité, vu les liens qui la retiennent, nous espérons que chaque député véritablement attaché à nos libertés saura prendre une résolution énergique qui répondra à l'attente générale. »

Ainsi donc tout Paris était en armes, tout Paris disait à haute voix sa pensée ; le flot était parti, nulle barrière ne pouvait l'arrêter.

Mais quittons la Chambre des Députés, où se dénouera plus

tard le drame, et suivons pas à pas la lutte qui s'engage dans toute la capitale.

Les barricades, d'abord mal bâties, deviennent bientôt de sérieuses forteresses; le peuple, qui se défend, est ingénieur au besoin.

La ligne, lancée contre les barricades, rompait de temps à autre le travail à peine achevé ; mais, dès qu'elle avait passé outre, les rangs du peuple se reformaient plus pressés, et la rue devenait inexpugnable.

Que de fois hommes en blouse et hommes en uniforme, tirant chacun de leur côté, se disputaient presque en riant les chariots, les voitures, les meubles déchiquetés dans cette lutte; aussi les cris de *vive la ligne!* retentissaient-ils plus énergiques que ceux de *à bas le ministre!* qui fatiguaient les échos.

Un des traits les plus caractéristiques de ces grandes journées, c'est que lorsque vous vous étiez éloigné d'une barricade, de vingt à vingt-cinq pas, le calme régnait autour de vous. . . . les poitrines battaient silencieuses, si je peux m'exprimer ainsi, et vous n'entendiez sourdement retentir que le choc des divers matériaux entassés par les mains du peuple, qui ne séparait point le bronze de la porcelaine, l'albâtre ou le fer du palissandre et de l'acajou.

Ce que tout Paris apprit avec un profond dégoût, ce que toute la France doit connaître, ce que tous les gens de cœur doivent flétrir, c'est la lâcheté, la trahison d'un des jeunes hommes que les républicains purs avaient regardé jusque là comme leur ami dévoué, comme leur frère.

Ecoutez; ceux qui ont écrit l'histoire de cette époque sont tous d'accord, et nomment le Judas ; je le traduis, moi aussi, à la barre de l'opinion publique. On comprendra pourquoi j'emprunte les premières lignes de ce récit à un ami :

« Vers neuf heures du soir, Lucien Delahodde, qui fut reconnu plus tard pour être un des agents secrets de M. Gabriel Delessert,

BARRICADES DE LA RUE TRANSNONAIN

vint à *la Réforme* annoncer qu'on élevait une barricade rue Tiquetonne.

« Immédiatement après Etienne Arago et Jules Gouache s'y rendirent. La rue Tiquetonne était plongée dans l'obscurité. Les tuyaux de gaz avaient été coupés. Ils pénétrèrent avec précaution dans cette petite rue; mais à peine avaient-ils fait quelques pas qu'une horrible décharge se fit entendre. Arago et Gouache se jetèrent de côté, se cramponnèrent aux barreaux de fer d'une maison; bien leur en prit, car une seconde décharge suivit la première.

« Ne comprenant rien à cette agression et ne pouvant reconnaître à quels ennemis ils avaient affaire, ils quittèrent leur périlleuse position, et regagnèrent les bureaux de *la Réforme* en toute hâte; Delahodde n'y était plus, mais il avait cherché à entraîner Ledru-Rollin dans un guet-apens analogue. Arago, voulant s'éclairer sur cette mystérieuse fusillade, retourna, en compagnie de Charles Didier, rue Tiquetonne; la rue était déserte et la barricade abandonnée. Un marchand de vins leur apprit que cette barricade avait été occupée par des municipaux. L'honnête Delahodde les y avait embusqués.

« Ne soupçonnant pas encore l'affreuse trahison dont ils avaient failli être victimes, Etienne Arago et Charles Didier, qui se fit plus tard le chantre de la légitimité, continuèrent leur course vers les boulevards par la rue Saint-Denis.

« Dans cette rue ils rencontrèrent Marc Caussidière et quelques-uns de ses amis :

« — Quelles nouvelles? demanda Etienne.

« — Nous venons de quitter les quartiers populeux de la capitale, répondit Caussidière; ça chauffe !.... ça chauffe !... »

Caussidière disait vrai; cela chauffait dans les quartiers Saint-Denis, Saint-Martin, et à l'entour des halles, au milieu des ténèbres les plus épaisses, du silence le plus menaçant.

La rue Bourg-l'Abbé surtout cacha bien des mystères, mais

elle éclaira aussi bien des scènes de deuil, car les gardes municipaux, toujours implacables, y avaient établi en quelque sorte leur quartier général, vomissant la mort sur les jeunes filles attardées, sur les vieillards en quête de leurs enfants.

Une barricade défendue seulement par une vingtaine d'hommes en blouse devint l'objet de leur brutale convoitise ; plusieurs fois déjà ils avaient tenté de l'enlever, mais les munitions n'étaient point encore épuisées dans les mains des défenseurs de la liberté ; aussi le poste patriotique gardait-il debout le drapeau républicain.

Bientôt il n'y eut plus de cartouches, le silence de la barricade le disait aux municipaux ; ils s'élancèrent, et l'on vit alors les généreux citoyens se dresser fièrement sur leur citadelle, et recevoir presque embrassés la fusillade meurtrière. Dix-huit cadavres rougirent les pavés amoncelés.

La nuit était fort ténébreuse, je vous l'ai dit ; les sicaires du pouvoir, échelonnés dans les quartiers les plus populeux, échangeaient presque à toute minute leurs sinistres *qui vive*, et telle était leur aveugle fureur, qu'ils tiraient souvent au hasard, et que l'éclair seul de leurs armes les guidait pour de nouvelles attaques.

— Un jeune homme, Michel Blaise, âgé de dix-huit ans, qui regagnait son domicile, heureux d'avoir vaincu les difficultés d'une course longue et périlleuse, allait heurter à sa porte.

— Qui vive ? s'écrie le lieutenant des gardes municipaux.

— Moi, bourgeois de la ville.

— Avec qui es-tu là ?

— Je suis tout seul.

— Approche.

Le confiant piéton fait quelques pas, le lieutenant lui épargne la moitié du chemin, puis le saisissant au collet il lui plonge son épée dans le corps. Un cri étouffé retentit, le pavé résonne sous une chute ; le brave lieutenant rejoint ses soldats, et une mère attendit vainement la nuit les baisers de son fils.

Des pics, des barres de fer, des pelles, des pioches, telles étaient, hélas! les seules armes du peuple menacé dans toutes ses libertés, et si vous aviez prêté l'oreille aux bruits sourds qui couraient dans les rues étroites et sinueuses que nous étudions, vous auriez cru entendre une nuée de fossoyeurs ouvrant la terre à des milliers de cadavres victimes d'une épidémie.

C'était la grande tombe de la monarchie qui se creusait en ce moment; mais par malheur le linceul qui voila le trône de Juillet fut maculé de trop de sang généreux, et nous payâmes cher la conquête de nos droits.

Au reste le drame se jouait palpitant aussi dans les rues Mandar, Grénetat et Saint-Méry, de glorieuse mémoire; là, là et là, les ouvriers appelés au combat avaient vu leurs rangs s'éclaircir, et tous mouraient frappés par devant, comme les enfants de Lacédémone au jour de sa splendeur.

Quand l'ennemi lui manquait dans la rue, le garde municipal aux aguets fouillait d'un regard avide les maisons, à travers les persiennes ou les carreaux; si une lumière brillait, elle devenait au même instant le point de mire d'une carabine, et quelques-uns des soldats en blouse avaient bientôt à déplorer la mort de leur vieille mère agenouillée au pied d'un crucifix.

Je m'étais avancé, conduit par un guide assez peu courageux, jusqu'à la rue Aubry-le-Boucher, où mon compagnon n'osa point pénétrer et où mon devoir m'appelait.

Un brave garçon, frère d'une corsetière fort renommée, accourut et m'offrit généreusement son bras. Nous cheminions vers la fusillade qui retentissait du côté du marché, lorsqu'un coup de fusil partit du coin de la rue à dix pas de nous; un cri douloureux se fit entendre, et nous relevâmes, pour la porter dans une allée, une femme que la peur appelait chez sa voisine. Elle avait été légèrement blessée à l'épaule, et quelques jours après j'appris sa guérison avec bonheur.

Le plomb des municipaux n'avait pas fait son office.

Mon guide et moi nous revenions sur nos pas, quand nous nous sentîmes arrêtés par un bras convulsif et une voix suppliante :

— Un peu d'aide, au nom du ciel, nous disait-on.

— En quoi pouvons-nous vous être utiles.

— Je puis à peine me soutenir, une balle vient de m'atteindre la poitrine ; de grâce, conduisez-moi jusqu'à ma maison, n° 33...

Nous y traînâmes un cadavre.

Comme on le voit, partout le deuil et le sang dans le quartier du travail et de la douleur, aussi les portes solidement barricadées s'ouvraient-elles rarement à l'appel des citoyens que leur patriotisme avait fait descendre dans la rue.

Parmi celles qui offrirent une généreuse hospitalité au vainqueur comme au vaincu, hâtons-nous de citer celle de M. Chaudière, restaurateur, rue Poissonnière, dont la femme, compatissante comme la religion, ne demandait jamais au nouveau venu s'il pensait blanc ou noir, s'il était pour Guizot ou pour le peuple, pour la république ou pour la royauté, mais seulement s'il avait besoin de secours.

La maison de M. Chaudière se recommande aux hommes de tous les partis.

Le trajet que j'ai à parcourir est long encore ; oublions quelques douloureux épisodes du 22, et courons vers ceux qui hâtèrent le dénouement de la crise et la chute de la monarchie de Juillet.

23.

Vers neuf heures du matin de nombreux rassemblements ont lieu dans les quartiers Saint-Denis et Saint-Martin, ardents foyers de tous les événements, point de départ de toutes les révolutions.

Des barricades se forment aux angles des rues où la défense

est possible; vous diriez qu'un général de génie préside à ces manœuvres protectrices des citoyens.

Des gardes municipaux à pied et à cheval parcourent les quartiers menacés; ils sont accueillis par des pierres et des projectiles lancés des barricades et des croisées transformées en créneaux. Les postes sont enlevés, de nouveaux remparts se dressent presque à côté de ceux qu'on vient de prendre, les balles répondent aux balles qui sifflent dans toutes les directions, et cependant peu de victimes sont atteintes encore.

La ligne, qui n'avait pas voulu tout d'abord fraterniser avec la garde nationale, rayonnait au pas de charge; l'émeute se cachait à son approche, mais se reformait immédiatement et attaquait par derrière ceux qui venaient de la dépasser.

Les portes, les meubles, les ustensiles de ménage, les voitures particulières, les omnibus entassés pêle-mêle et comme par enchantement formaient des remparts inexpugnables; on s'y préparait à la plus vigoureuse résistance, et les forces épuisées renaissaient aux cris mille fois répétés de *Vive la Réforme! Vive la Liberté! A bas Guizot!*

Ce que la ligne redoutait le plus, c'était d'être forcée d'en venir aux mains avec la garde nationale; ce que la garde nationale avait résolu, c'était d'éviter toute collision avec la ligne… les derniers criaient: *Vive la garde nationale!* les autres répondaient: *Vive la ligne!* et l'on se pressait fraternellement la main, et les rapports les plus significatifs arrivaient à l'état-major, indécis et pris au dépourvu.

Un conseil des ministres avait lieu chez le Roi, et pendant qu'on délibérait de nobles cœurs tombaient frappés à mort… parmi ceux-ci M. Saint-Hilaire, chef de bataillon du 34ᵉ de ligne, et quelques hommes du peuple ardents à venger leurs frères blessés.

Les tristes nouvelles arrivant à la Chambre des Députés faisaient présager de plus grands malheurs: M. Vavin, représentant de Paris, monte à la tribune ; il dit qu'il veut adresser des interpellations au ministre de l'Intérieur, mais qu'il attendra, puisque son adversaire est absent. M. Guizot se lève alors ; il annonce que M. Duchâtel est retenu aux Tuileries, et que le Roi a fait appeler auprès de lui M. Molé, qui a accepté la mission de former un ministère dont il sera le chef.

Un cri d'enthousiasme retentit dans la salle....C'est la première punition de l'homme de Gand.

Plusieurs députés se précipitent au dehors, ils proclament à haute voix la nouvelle qui vient de leur être donnée ; on s'élance dans les rues, vers celles surtout où l'émeute se dresse victorieuse.... A l'instant même les armes tombent des mains ; gardes nationaux, peuple, soldats de la ligne fraternisent aux cris de *vive la Réforme!* sous lequel semble devoir s'étouffer tout ressentiment.

Les légions de la garde nationale qui, les premières, firent entendre ce cri libérateur furent les deuxième, huitième, quatrième, dixième et douzième, dont le patriotique dévouement avait déjà rendu de si grands services à la cause de la liberté.

La joie du dehors pénétra dans les demeures ; tranquilles sur leurs enfants, les mères illuminaient leurs croisées, et bientôt toute la ville sembla renaître à la joie, c'est à dire à la paix.

La liste suivante du nouveau ministère, quoique peu consolatrice encore, rassurait cependant les esprits, heureux de voir Guizot chassé du pouvoir dont il s'était fait une arme de corruption.

M. Molé, ministre des affaires étrangères, président du conseil ;
M. Dufaure, ministre de l'intérieur ;
M. Passy, ministre des finances ;
M. le maréchal Dodde de La Brunerie, ministre de la guerre ;
M. Dupin, ministre de la justice ;
M. Billault, ministre du commerce ;
M. Pelet (de la Lozère), ministre de l'instruction publique ;

M. Daru, ministre des travaux publics ;

M. l'amiral Cécile, ministre de la marine.

Il y avait lieu de penser que les collisions cesseraient; mais ceux qui ne voulaient pas attendre ne tinrent nul compte des promesses du pouvoir; ils parcoururent les rues bien avant dans la nuit, et les coups de fusil recommencèrent. Il y eut des blessés, il y eut des morts, des craintes pour l'avenir, craintes d'autant plus fondées que les mécontents se portèrent aussi vers le ministère de la marine et que là, comme dans les quartiers les plus isolés, le sang des citoyens rougit le pavé.

Fière de ses succès, l'émeute se transporta vers la préfecture de police, qui se vit en un instant menacée par une foule compacte et audacieuse. On lui opposa des gardes nationaux accourus en armes, des dragons et des municipaux qui parvinrent à grand'peine à déblayer la place, et se virent forcés de garder militairement les rues adjacentes.

Ce fut le dernier soupir de la résistance ; mais il y avait eu des victimes, et les vaincus qui pleuraient leurs frères se promirent tacitement de les venger.

Voici le soir venu; les plus épouvantables menaces contre Guizot retentissent de toutes parts ; on croit le ministre à son hôtel des affaires étrangères; on s'y porte en foule, gens armés, hommes sans armes, bras dessus, bras dessous ; arrivé là on pousse à l'air le cri de *Mort à Guizot!* mais les gardes municipaux et la troupe de ligne qui protégeaient l'hôtel chargent les armes, espérant que l'émeute se dispersera ; elle n'en fera rien, elle veut un résultat de sa persévérance, un résultat positif; elle l'obtiendra.

Un coup de pistolet est tiré; un soldat tombe ; la troupe fait feu, et quelques citoyens rendent le dernier soupir.

— Vengeance ! vengeance ! s'écrie-t-on de tous côtés, on assassine nos frères, vengeance et mort aux traîtres !

Les cadavres sont relevés, placés sur des brancards et portés sur les épaules des citoyens que précèdent et suivent des hommes armés de torches, projetant çà et là des lueurs blafardes.

Le bruit courut alors et se propage encore aujourd'hui que le patriote Lagrange est l'auteur du fameux coup de pistolet de la rue des Capucines ; à ceux qui le soutiennent je dis qu'ils mentent ; à ceux qui le croient je dis qu'ils sont dans l'erreur... Lagrange était à son poste, et je sais où..... C'est J. C^{lé}ment.

Il me disait le lendemain : Je n'aime pas les coups de fusil dans la rue ; sais-tu pourquoi? parceque j'y vais.

Lagrange est un noble caractère, un homme d'intrépidité, de conviction.

Cependant on parcourt les quartiers les plus populeux en criant *aux armes!* de nouvelles barricades se dressent comme par enchantement ; la ville entière se dépave, et quelques-uns de ces remparts grimpent jusqu'aux étages les plus élevés des maisons. Tout est bon pour former les boucliers du peuple, les meubles précieux, les voitures de luxe, les comptoirs, les volets, les portes..... La fusillade s'engage, le canon fait entendre sa voix redoutable, les balles atteignent les croisées qui n'ont pas illuminé à la chute du premier ministre, et le jour se montre enfin pour éclairer ces scènes de désordre, de désolation et de deuil.

Quelques détails avant la masse, que je n'oublierai pas plus tard.

Puisque je retrouve encore sous ma plume un nom exécré, un nom taché de boue, permettez-moi de l'enregistrer de nouveau sur mes tablettes... Delahodde, toujours Delahodde!

Etienne Arago et Napoléon Chancel, à la piste d'événements dont leur patriotique parti pouvait tirer quelque avantage, étaient le matin du 23 à la pointe Saint-Eustache... Delahodde s'approche d'eux.

— Où allez-vous, mes amis?

— Où nous pouvons être utiles à la sainte cause.

— Venez, mes braves camarades ; je vais vous conduire non loin d'ici, rue Saint-Jacques-la-Boucherie, où un poste inexpugnable peut être facilement établi.

— Nous vous suivons.

Delahodde conduisit Etienne Arago et Chancel dans une rue étroite, et les poussa chez un marchand de vin où étaient déjà réunis une vingtaine de gaillards parfaitement connus de Delahodde.

— Mes braves, leur dit l'espion, voici du renfort...

Et puis avec un accent qui était toute une révélation :

— C'est Etienne Arago, poursuivit-il, rédacteur de *la Réforme*, que je vous recommande expressément.

Etienne jeta un regard investigateur sur tous les hommes qui l'entouraient ; pas un seul ne lui étant connu, pas une physionomie ne lui semblant honnête, il voulut sortir ; mais on essaya de le garder, et ce ne fut qu'à grand'peine qu'il put échapper avec son ami au lâche guet-apens qui venait de lui être tendu.

Dans la rue Montmartre, où l'action s'était engagée avec toutes ses péripéties et toutes ses fureurs, trois femmes et un enfant venaient de rougir les barricades. Mais les gardes municipaux, qu'on aurait dit honteux de leur sacrilége triomphe, s'empressèrent de les dérober aux regards des citoyens..... Il y a des trophées qui sont des flétrissures.

Un jeune homme d'une vingtaine d'années venait de tomber encore rue Mauconseil, percé d'outre en outre par une baïonnette fratricide.

Aussitôt les gardes municipaux saisissent le cadavre fumant, le poussent dans un poste occupé par la ligne, et l'on ferme la porte à la foule.

Celle-ci s'élance avec des cris menaçants et demande la victime ; la troupe résiste, le mur est lézardé, les fusils vont faire feu à travers les lucarnes ; les soldats se contentent de cette menace, et par une porte de derrière veulent enlever le cadavre qui leur est confié.

Le peuple se rue sur la porte et l'ébranle ; un commissaire de police accourt avec son écharpe, veut arrêter le désordre ; il harangue les deux partis, il les calme un instant ; mais il est vaincu par les cris de la foule.

Dans la crainte d'une collision qui eût coûté la vie à bien du monde, le magistrat se fait ouvrir les portes du corps-de-garde, et livre la victime à des hommes qui l'emportent sur leurs épaules et la promènent tristement dans tout le quartier en poussant des cris lugubres.

Le sinistre cortége parcourt ainsi une partie des rues Saint-Denis et Saint-Martin et arrive au boulevard ; là, un moment arrêté par la fusillade qui résonne de tous côtés, il est forcé de redescendre ; mais presque en face de la Halle une halte lui est imposée. Deux pelotons de gardes municipaux apparaissent tout à coup et entourent les hommes qui portent leur frère mort.

Une lutte corps à corps s'engage, le cadavre est disputé de part et d'autre avec un acharnement sans égal, et la victoire reste enfin aux municipaux ; victoire sacrilége, victoire impie qui leur coûta cher quelques instants plus tard, car l'émeute ou plutôt la révolution se dressait dans tous les quartiers, et vous savez si ses ennemis eurent à se louer de la résistance.

Neuf heures venaient de sonner ; le froid se faisait sentir, mais il y avait du feu dans les poitrines, et Bugeaud se promenant en matamore entouré de ses officiers allumait l'incendie.

La générale battait de toutes parts, on appelait la garde nationale au secours de la royauté ; la menace était devenue un péril, le péril disait une chute, la chute un départ.

Bugeaud avait beau adresser aux siens d'énergiques paroles, elles tombaient sans écho sur les gardes nationales longtemps indécises.

Cependant une action allait s'engager entre les soldats citoyens et le peuple ; la rue Saint-Martin devenait un champ de bataille ; deux armées marchaient l'une contre l'autre, lorsqu'un enfant — il avait dix ans à peine — se hisse sur la barricade, et là, debout, le cœur battant fort :

— Tirez, s'écrie-t-il en se tournant à droite et à gauche, tirez donc sur le drapeau tricolore dont je m'enveloppe.

Les armes s'abaissèrent, on fraternisa ; ce fut le dernier soupir de la force brutale.

Mais quittons la rue pour la chambre des pairs, où les passions s'agitent aussi, fiévreuses et en désaccord.

La veille, MM. d'Alton-Shée et de Boissy étaient montés à la tribune pour demander aux ministres des détails précis sur la situation de la capitale ; leurs paroles moururent sans écho.

Ah ! c'est que là, dans ce palais de fossiles, le servilisme était à l'ordre du jour et le sentiment patriotique éteint ; c'est que là l'intérêt personnel dominait l'intérêt général, et nul ne voulait se jeter en avant de peur de la chute, peut-être aussi de peur du succès. Tout changement est une menace pour les poltrons.

M. d'Alton-Shée n'était pas de ceux-ci ; inflexible dans son devoir, il déposa sur le bureau la proposition suivante :

« Des événements graves se sont accomplis ; une émotion générale s'est emparée de la population, hier et aujourd'hui des collisions déplorables ont eu lieu entre la troupe et les citoyens.

« De ces événements, les uns font peser la responsabilité sur le gouvernement, les autres sur l'opposition. Je supplie la chambre, dans l'intérêt de la justice et de la vérité, de m'autoriser, dès qu'elle jugera le moment opportun, à interpeller MM. les ministres. Il importe d'établir, dans un débat public et contradictoire devant la chambre et devant le pays tout entier, la part de responsabilité qui doit revenir à chacun. »

La chambre ne voulut point l'écouter. Alors M. de Boissy déposa à son tour sa proposition

« Attendu qu'hier le sang a coulé sur divers points de la capitale;

« Attendu qu'aujourd'hui encore la population parisienne est menacée de mort et d'incendie, de mort par soixante bouches à feu approvisionnées, moitié à coups de mitraille, moitié à coups de boulets ;

« Qu'elle est menacée de dévastation et d'incendie par quatre cents pétards, le tout transporté d'urgence et en hâte de Vincennes à l'École-Militaire... »

Ces pairs du Luxembourg, secouant les lauriers de leurs ancêtres, sous lesquels ils semblaient dormir d'un sommeil de plomb, relevèrent fièrement la tête comme aux beaux jours de la monarchie absolue. M. de Boissy avait fait ce que ni le canon de la rue ni la fusillade n'avaient pu opérer sur les fils de ces preux de notre antique gloire. Le désordre qui régnait à la chambre des députés se répercuta ici, les provocations, les défis furent portés comme dans un champ-clos. Les personnalités retentirent sanglantes. M. de Boissy, qui ne pouvait plus dominer le tumulte, s'était assis ; mais une voix impérative lui ayant ordonné de se taire, M. de Boissy se releva furieux, et se tournant vers M. Laplagne-Barris :

— Vous voulez que je me taise, s'écria-t-il, mais vous n'avez pas le droit de m'imposer silence. C'est de la dernière inconvenance, pour ne point dire impertinence.

— A l'ordre ! à l'ordre, répondit la Chambre.

— Non, je le dis à la Chambre, s'écria de nouveau M. de Boissy, je le dis à la face du pays, je méprise les personnalités et plus que les personnalités ceux qui se les permettent à mon égard. J'en avertis ceux qui m'injurient.

C'était ainsi qu'alors les hommes qui tenaient en main les destinées de la France agissaient dans leurs assemblées : que pensait le peuple, que disaient les journaux ? le voici, c'est le résumé de l'opinion publique.

« Le ministère est tombé dans le sang !

« Il faut qu'il entraîne l'odieux et infâme système dont il était l'expression.

« Le peuple français veut être libre. Il l'a prouvé. Il a été grand comme en 89 et en 1830. Il est toujours digne de la liberté.

« Mais croit-on que le changement d'un Guizot, remplacé par un Molé ou un Thiers, puisse le satisfaire?

« Si on le croit, on se trompe.

« Nous qui avons le droit de parler en son nom, car nous ne l'avons jamais abandonné ni trompé, nous nous faisons l'écho de ses justes réclamations.

« Voici ce que la masse des citoyens demande aujourd'hui :

« La mise en liberté des citoyens arrêtés depuis hier ;

« La mise en accusation des ministres ;

« Le droit de réunion consacré de fait par un banquet pour dimanche ;

« La réforme électorale assise sur des bases populaires ;

« L'abolition des lois de septembre ;

« Le licenciement de la garde municipale ;

« L'amnistie générale.

« Ces demandes sont justes et modérées.

« Comment détenir en prison des hommes qui ont fait hier isolément ce que la garde nationale et le peuple unis ont fait ensemble aujourd'hui?

« La mise en accusation des ministres est trop justifiée par ce qui s'est passé depuis deux jours.

« Le conflit s'est engagé entre le ministère et la population sur le droit de réunion : il faut que ce droit soit consacré par le fait. Il est acheté assez cher !

« La réforme électorale a été réclamée pacifiquement par la France entière.

« La liberté de la presse est la garantie de toutes les autres. Les lois de septembre ont mutilé la liberté de la presse · qu'elles disparaissent.

« La garde municipale s'est signalée par des excès ; elle a violé la loi en faisant feu sans sommations : qu'elle cède la place à une institution civique.

« Enfin l'amnistie générale est dans toutes les bouches et dans tous les cœurs.

« Avec ces mesures on rétablira l'ordre promptement ! »

Que pensait le peuple ? MM. Guinard, Louis Blanc, David (d'Angers), Martin (de Strasbourg), Félix Pyat, Durant Saint-Amand, Recurt, Goudchaux, Jules Bastide, Victor Masson vont vous le dire au nom du comité électoral démocratique :

« Le ministère est renversé ; c'est bien.

« Mais les derniers événements qui ont agité la capitale appellent, sur des mesures devenues désormais indispensables, l'attention de tous les bons citoyens.

« Une manifestation légale depuis longtemps annoncée est tombée tout à coup devant une menace liberticide lancée par un ministre du haut de la tribune. On a déployé un immense appareil de guerre, comme si Paris avait eu l'étranger non seulement à ses portes, mais dans son sein. Le peuple, généreusement ému et sans armes, a vu ses rangs divisés par des soldats. Un sang héroïque a coulé.

« Dans ces circonstances, nous, membres du comité électoral et démocratique des arrondissements de la Seine, nous nous faisons un devoir de rappeler hautement que c'est sur le patriotisme de tous les citoyens, organisés en garde nationale, que reposent, aux termes mêmes de la Charte, les garanties de la liberté.

« Nous avons vu, sur plusieurs points, les soldats s'arrêter avec une noble tristesse, avec une émotion fraternelle, devant le peuple désarmé.

« Et, en effet, combien n'est pas douloureuse, pour des hommes d'honneur, cette alternative de manquer aux lois de la discipline ou de tuer des concitoyens ! La ville de la science, des arts, de l'industrie, de la civilisation, Paris enfin, ne saurait être le champ de bataille rêvé par le courage des soldats français. Leur attitude l'a prouvé, et elle condamne le rôle qu'on leur impose.

« D'un autre côté, la garde nationale s'est énergiquement prononcée, comme elle le devait, en faveur du mouvement réformiste ; et il est certain que le résultat obtenu aurait été atteint sans effusion de sang, s'il n'y avait pas eu de la part du ministère provocation directe, provocation résultant d'un brutal étalage de troupes.

« Donc les membres du comité électoral démocratique proposent à la signature de tous les citoyens la pétition suivante :

« Considérant

« Que l'application de l'armée à la compression des troubles civils est attentatoire à la dignité d'un peuple libre et à la moralité de l'armée elle-même ;

« Qu'il y a là renversement de l'ordre véritable et négation permanente de la liberté ;

« Que le recours à la force seule est un crime contre le droit ;

« Qu'il est injuste et barbare de forcer des hommes de cœur à choisir entre les devoirs du militaire et du citoyen ;

« Que la garde nationale a été instituée précisément pour garantir le repos de la cité et sauvegarder les libertés de la nation ;

« Qu'à elle seule il appartient de distinguer une révolution d'une émeute ;

« Les citoyens soussignés demandent que le peuple entier soit incorporé dans la garde nationale ;

« Ils demandent que la garde municipale soit dissoute ;

« Ils demandent qu'il soit décidé législativement qu'à l'avenir l'armée ne pourra plus être employée à la compression des troubles civils. »

Comme on le voit, nous marchions à grands pas.

24

La chambre avait une rude tâche à remplir; des bruits vagues disaient que le roi venait d'abdiquer, que des oscillations dramatiques avaient lieu dans les appartements des Tuileries, où Thiers et Bugeaud s'étaient rendus, le premier pour conseiller, le second pour protester de sa fidélité au monarque et lui dire que toute résistance était désormais impossible.

Le flot populaire montait, montait ; et quand il se déchaîne, poussé par son droit méconnu, le choc est terrible, vous le savez.

Quittons maintenant le champ de bataille de la rue et des boulevards, et assistons au drame tout palpitant qui se joue à la Chambre des Représentants de la Nation.

Jamais assemblée ne fut plus complète ; chacun est à son poste, impatient du devoir qu'il tient à remplir. Le président monte à sa place d'un air consterné.

Un instant après, un fauteuil est apporté avec deux autres siéges au pied de la tribune ; M. Dupin prend la parole :

« Messieurs, dit-il d'une voix faible, les manifestations qui ont lieu depuis deux jours dans la capitale ont amené l'abdication du roi.... Il a déclaré en même temps qu'il déposait le pouvoir sur la tête de S. A. R. M. le comte de Paris, avec la régence de Madame la duchesse d'Orléans. »

A ces paroles, les centres poussent des acclamations, tandis que le côté gauche au contraire proteste avec la plus grande énergie.

« Messieurs, reprend M. Dupin, vos acclamations, si précieuses pour le nouveau roi et pour madame la régente, ne sont pas les premières qui l'aient saluée; elle a traversé à pied les Tuileries et la place de la Concorde, escortée par le peuple, par la

DUPIN
Aîné
Président de la Chambre des Députés

garde nationale, exprimant ce vœu, comme il est au fond de son cœur, de n'administrer qu'avec le profond sentiment de l'intérêt public, du vœu national, de la gloire et de la prospérité de la France. »

M. Barrot appelé à la tribune n'y paraît pas. M. Dupin de sa place continue :

« Il me semble que la Chambre, par ses *unanimes acclamations*, vient d'exprimer un sentiment non équivoque qui doit être constaté. »

La gauche fait entendre d'énergiques protestations. Mais M. Dupin, sans s'émouvoir, poursuit :

« Je demande donc que les acclamations soient relatées au procès-verbal avec l'acte d'abdication au profit de M. le comte de Paris comme roi des Français et de madame la duchesse d'Orléans comme régente, sous la garantie du vœu national. »

A peine M. Dupin a-t-il fini qu'une femme, noble femme celle-là, vêtue de noir, accompagnée de deux enfants et de quelques dames, se montre aux regards étonnés; c'est Madame la duchesse d'Orléans et ses fils. Un grand nombre de gardes nationaux se précipitent à la suite de la princesse, une vive opposition se manifeste à gauche, la duchesse salue et s'assied entre ses deux enfants; une agitation difficile à peindre règne dans l'assemblée.

« Non, non! s'écrie-t-on de tous côtés, rien n'est fait, vous ne pouvez rien faire..... c'est le peuple qui est le maître, c'est au peuple à se prononcer ! »

M. Marie s'élance à la tribune, on ne veut pas l'entendre. Le président lève la séance. Tous les députés quittent leurs bancs et se précipitent dans l'hémicycle. Les officiers de la garde nationale entourent la princesse, qui semble abandonnée au flux et au reflux de la foule se ruant dans l'espace ouvert devant la tribune. A droite une véritable lutte s'engage entre les gardes nationaux et les députés.

La séance est reprise, et la parole est donnée au général Oudinot.

« Je réclame de la chambre, dit-il, un instant d'attention. On fait appel à tous les sentiments généreux. La princesse, on vous l'a dit, a traversé les Tuileries et la place de la Concorde, seule, à pied, avec ses enfants, aux acclamations publiques. Si elle désire se retirer, que les issues lui soient ouvertes, que nos respects l'entourent, comme elle était entourée tout à l'heure des respects de la ville de Paris. Accompagnons-la où elle veut aller.... Si elle demande à rester dans cette enceinte, qu'elle reste ; elle aura raison, car elle sera protégée par notre dévouement.

« Non, n'est-ce pas, la princesse qui est venue au milieu de vous, dit-il, ne se repentira pas de sa confiance? »

« Non, non, répète-t-on de tous côtés ; mais laissez-la sortir. »

Après être restée un instant livrée à tous les mouvements de la tempête parlementaire, la duchesse d'Orléans, entraînée vers le couloir qui sépare le centre, monte pour en gagner la porte; elle est fermée. Elle s'arrête avec ses enfants, et s'assied sur le dernier banc supérieur du centre gauche ; le duc de Nemours parvient avec peine à la rejoindre, et se place à ses côtés.

La séance est de nouveau suspendue. On entend au dehors le canon et la fusillade. Enfin le calme se rétablit peu à peu, et permet à M. Marie, qui n'a pas quitté la tribune, de prendre la parole.

« Messieurs, dit-il d'une voix énergique, dans la situation où se trouve Paris, il est nécessaire de constituer un gouvernement qui soit en état de prendre une mesure, et qui ait autorité sur la population parisienne.

« Depuis ce matin les choses se sont terriblement compliquées, on ne sait pas jusqu'où peut aller le désordre ! et c'est dans ces circonstances qu'on nous propose de proclamer la régence? Oublie-t-on que vous avez rendu une loi qui existe? Il ne s'agit pas de faire une nouvelle loi..... Que dit le peuple? Il dit qu'un gouvernement provisoire soit institué !...

« Quand il sera établi ce gouvernement, il avisera à ce qu'il faudra faire ; je ne doute pas que son autorité ne soit aussitôt reconnue dans Paris. Il y a urgence que le gouvernement soit institué sans retard. »

Les cris du dehors deviennent plus violents et plus rapprochés; ils n'arrêtent pas cependant M. Crémieux, qui vient de s'emparer de la tribune et s'écrie :

« Dans l'intérêt public il est impossible que cet état se continue. Il ne faut pas d'autre publication immédiate que celle d'un gouvernement provisoire. En 1830 nous nous sommes trop hâtés, et voyez où nous en sommes réduits en 1848. Nous ne voulons point nous hâter en 1848. Nous voulons maintenant procéder régulièrement, légalement.

« Un gouvernement provisoire non seulement rétablira l'ordre; mais il rassurera la population, il éclairera le peuple, il consacrera ses droits promis et si mal tenus en 1830! Quant à moi, j'ai conduit la famille royale jusqu'aux voitures qui l'emportent loin d'ici.

« Je n'ai pas manqué à ce devoir, et j'ajouterai que la population parisienne accueillait le malheur du Roi avec une généreuse sensibilité. Mais vous ne pouvez faire que la garde nationale n'ait pas émis son vœu.....

« Le peuple s'est prononcé; il est impossible qu'une proclamation émanée d'ici annonce que vous procédez par la violation d'une loi. La proclamation qui annoncera la formation d'un gouvernement provisoire l'investira du pouvoir d'asseoir la liberté du peuple sur des bases inébranlables.

« Et puisque nous en sommes arrivés à ce point de subir une révolution nouvelle, épargnons à nos fils le soin d'en faire encore une!

« Je demande l'institution d'un gouvernement provisoire composé de cinq membres. »

Deux orateurs se présentent en même temps à la tribune, MM. de Genoude et Odilon Barrot. Une vive altercation est sur le point d'avoir lieu; mais M. Odilon Barrot abandonne la place, et M. de Genoude s'exprime en ces termes :

« Messieurs, je viens protester contre une régence faite sans le consentement de la nation. C'est une usurpation des droits du peuple. Jamais en France une régence n'a été proclamée que par la nation.

« La Chambre ne peut pas plus nommer un gouvernement provisoire qu'une régence. Vous ne pouvez ici que reconnaitre les droits du peuple; car tout le monde est compétent pour cela, et c'est un devoir pour chacun de vous. Si vous ne le faites pas, c'est au peuple, qui maintenant est debout pour reconquérir l'égalité des droits politiques, à nommer un gouvernement provisoire dont le devoir sera d'en appeler à la nation.

« Ne renouvelez pas, Messieurs, la faute de 1830 quand on a nommé à l'Hôtel-de-Ville un gouvernement sans consulter la France; car, je vous le déclare, vous appelleriez sur ce gouvernement les mêmes malheurs que viennent de subir ceux qui sont tombés, et vous livreriez à des calamités certaines ceux qui sont devant nous et que vous prétendez servir. »

A son tour M. Odilon Barrot prend la parole.

« Jamais nous n'eûmes plus besoin de sang-froid et de patriotisme, s'écrie-t-il; il faut que tous nous soyons unis dans un même sentiment de concorde qui puisse sauver le pays du fléau de la guerre civile. Les nations ne meurent pas, je le sais bien; mais elles s'affaiblissent dans l'anarchie et dans les divisions, et jamais la France n'a eu plus besoin de toute sa force, de toute sa puissance..... Notre devoir est tout tracé. Il a heureusement cette simplicité qui saisit toute une nation; il s'adresse à ce qu'elle a de plus intime, à son courage, à son honneur.

« Voilà la couronne de Juillet sur la tête d'un enfant et d'une femme. »

La gauche se récrie énergiquement contre une semblable proposition.

La duchesse et le comte de Paris se lèvent et s'inclinent.

— Parlez, parlez, s'écrient quelques députés qui croient que la veuve du duc d'Orléans veut prendre la parole, parlez; laissez parler madame la duchesse.

— Je fais un appel solennel... reprend M. Barrot.

— Vous ne savez ce que vous faites, lui crie de Larochejaquelein.

M. Crémieux, s'apercevant de la tendance des paroles de M. Odilon Barrot, trace à la hâte quelques lignes, s'approche de la duchesse, et dit en lui présentant le papier :

— Veuillez lire cette proposition à l'Assemblée, puisque l'on veut que votre altesse parle et que vous êtes décidée à le faire.

Voici quelle était cette proposition :

« C'est de la volonté nationale que mon fils et moi nous voulons tenir nos pouvoirs. Nous attendons avec confiance, moi la veuve du duc d'Orléans, mon fils orphelin, la résolution qui sera prise.

« Ce qui est certain c'est que j'élèverai mon fils dans les sentiments les plus vifs de l'amour de la patrie et de la liberté. »

La duchesse ne monta point à la tribune, et M. Odilon Barrot, pressé de tous côtés, continua :

« C'est au nom de la liberté politique dans notre pays, c'est au nom des nécessités de l'ordre surtout, au nom de notre union et de notre accord dans des circonstances si difficiles, que je demande à tout mon pays de se rallier autour de ses représentants de la révolution de juillet. Plus il y a de grandeur et de générosité à maintenir et à relever ainsi la pureté et l'innocence, et plus mon pays s'y dévouera avec courage. Quant à moi, je serai heureux de consacrer mon existence, tout ce que j'ai de facultés dans ce monde, à faire triompher cette cause, qui est celle de la vraie liberté dans mon pays.

« Est-ce que par hasard, reprend avec véhémence M. Barrot, on prétendrait mettre en question ce que nous avons décidé par la révolution de juillet.

« Messieurs, les circonstances sont difficiles, j'en conviens; mais il y a dans ce pays de tels éléments de grandeur, de générosité et de bon sens, que je suis convaincu qu'il suffit de leur faire appel pour que la population se lève autour de cet étendard.

« Il y a là tous les moyens d'assurer toute la liberté à laquelle ce pays a droit de prétendre, de la concilier avec toutes les nécessités de l'ordre qui lui sont nécessaires, de rallier toutes les forces vives de ce pays et de traverser les épreuves qui lui sont peut-être réservées.

« Ce devoir est simple, tracé par l'honneur, par les véritables intérêts du pays. Si nous ne savons pas le remplir avec fermeté, persévérance et courage, je ne sais quelles peuvent en être les conséquences !

« Mais soyez convaincus, comme je le disais en commençant, que celui qui a le courage de prendre la responsabilité d'une guerre civile, au sein de notre noble France, celui-là est coupable au premier degré qui fait couler le sang des citoyens, coupable envers son pays et envers la liberté de la France et du monde entier.

« Quant à présent, Messieurs, je ne puis prendre cette responsabilité. La régence de la duchesse d'Orléans, un ministère pris dans les opinions les plus éprouvées vont donner plus de gages à la liberté; et puisse un appel au pays, à l'opinion publique, se prononcer alors, et se prononcer sans s'égarer jusqu'à des prétentions rivales de la guerre civile... se prononcer au nom des intérêts du pays et de la vraie liberté !

« Voilà, Messieurs, mes sentiments; voilà les sentiments au-delà desquels je ne pourrai prendre la responsabilité de cette situation. »

M. de Larochejaquelein, empressé aussi de jeter son glaive dans la balance, s'écrie de la tribune :

« Je suis profondément ému de ce qu'il y a de grave et de sérieux dans certaines circonstances solennelles. Je répondrai à l'honorable M. Odilon Barrot que je n'ai pas la témérité de venir ici élever des prétentions. Je crois que l'honorable M. Odilon Barrot n'a pas servi, comme il l'aurait voulu, les intérêts qu'il aurait désiré servir.

« J'appartiens peut-être plus à ceux qui, dans le passé, ont toujours servi les rois; je veux parler maintenant du pays, je veux parler du peuple.....

« Aujourd'hui vous n'êtes rien ici ; vous n'êtes plus rien ! »

Le tumulte est à son comble, le téméraire orateur est rappelé à l'ordre.

« Quand j'ai dis que vous n'êtes rien, reprend M. Larochejaquelein, en vérité, je ne croyais pas soulever des orages. Ce n'est pas moi, député, qui vous dirai que la Chambre des députés n'existe plus comme chambre. Je vous dis qu'elle n'existe plus comme... Je dis, Messieurs, qu'il faut convoquer la nation, et alors... »

En cet instant, un nombre considérable de gardes nationaux et d'hommes du peuple envahissent la salle, précédés de plusieurs drapeaux tricolores et aux cris de *vive la liberté !* D'énergiques interpellations partent de tous les bancs de la Chambre. Quelques cris de *vive Lamartine !* retentissent; ils sont couverts par des cris de *vive la liberté !* Deux drapeaux sont dressés sur la tribune, deux autres au banc des ministres.

Le canon gronde toujours et domine la confusion de la Chambre. Le tumulte le plus terrible continue de régner.

M. Ledru-Rollin s'élance à la tribune. Vingt gardes nationaux s'y portent avec de nouveaux drapeaux. M. Ledru-Rollin impose silence à la foule qui envahit de toutes parts la Chambre, et de sa voix tonnante, de cette voix de tribun qui lui a valu tant de triomphes :

« Je viens, dit-il, au nom de la population de Paris, protester contre toute espèce de gouvernement proposé à cette tribune, et je demande l'appel au pays.

« On vient tout à l'heure de vous parler de la glorieuse révolution de 1830. Prenons bien garde que les hommes qui en parlent ainsi n'en connaissent pas le véritable esprit et ne veuillent pas surtout en respecter la constitution.

« La constitution de 1791, qui plane encore sur nous, a déclaré que la Constituante n'avait pas le droit de faire une loi de régence, qu'il fallait la convocation du pays.

« Or, Messieurs, depuis deux jours nous nous battons pour le droit. Eh bien ! si vous résistez et si vous prétendez qu'un gouvernement par acclamation, un gouvernement éphémère qu'emporte la colère révolutionnaire, si vous prétendez que ce gouvernement existe, nous nous battrons encore au nom de la constitution de 1791, qui plane sur le pays, qui plane sur notre histoire et qui veut qu'il y ait un appel fait à la nation pour qu'une régence soit possible.

« Il n'y a donc pas de régence possible, comme on vient d'essayer de l'implanter d'une manière que je ne veux pas qualifier; mais vous, majorité, le voudrez-vous?

« Je proteste au nom du peuple contre votre nouvelle usurpation.

« L'effusion du sang ne peut cesser que par la reconnaissance des droits du peuple. »

Le président vient de se couvrir.

« A bas la présidence ! respect à la volonté du peuple, » s'écrie-t-on de toutes parts.

« Je me suis senti vivement ému et plein de respect pour un malheur auguste, continue le fougueux orateur ; je n'ai pas éprouvé moins d'émotion et de respect pour le peuple, qui se bat depuis trois jours pour l'ordre et la liberté.

« Je ne me fais pas d'illusion sur l'effet d'une acclamation arrachée à la circonstance et qu'une autre acclamation renversera le lendemain. Il faut que la nation soit convoquée ; sans cela rien de populaire ni de solide ne pourra être fondé.

« Ce qu'il faut aujourd'hui, c'est un gouvernement de circonstance qui arrête la guerre civile, qui fasse cesser le malentendu qui existe entre les diverses classes.

« Il faut garantir les droits du peuple, du peuple dont le sang coule.

« Un gouvernement provisoire ne préjuge rien contre les droits de tous. Ces droits sont inaliénables.

« Il importe que le sang ne soit plus répandu ; le gouvernement solide et définitif viendra plus tard, après qu'on aura descendu dans le fond du pays pour chercher à *réaliser* ce mystère du droit national, et *réaliser* le progrès sans fraude ni subterfuge. Ce qu'il faut avant tout, c'est un gouvernement provisoire qui aura pour mission de mettre une trêve entre citoyens, et de préparer les mesures pour convoquer le pays tout entier !!! »

La voix de M. Ledru-Rollin est étouffée par les cris mille fois répétés de : *Vive la République ! vive la République !*

« Le gouvernement, s'écrie-t-il encore, le gouvernement provisoire ne peut être composé à la légère, et je propose un appel immédiat à une Convention qui régularise les droits du peuple. »

Le dénouement approchait à grands pas, aussi ne fallait-il pas laisser refroidir le zèle des démocrates ; un coup décisif devait être frappé.

Lamartine qui était resté à la tribune prit la parole en ces termes :

« Messieurs, je partage aussi profondément que qui que ce soit parmi vous le double sentiment qui a agité tout à l'heure cette enceinte en voyant un des spectacles les plus touchants que puisse présenter les annales humaines, celui d'une princesse auguste se défendant avec son fils innocent, et venant se jeter du milieu d'un palais désert au milieu de la représentation du peuple. »

M. de Lamartine un instant interrompu continue en ces termes:

« Je demande à répéter ma phrase et je prie d'attendre celle qui va la suivre. Je disais, Messieurs, que j'avais partagé aussi profondément que qui que ce fût dans cette enceinte le double sentiment qui l'avait agitée tout à l'heure. Et ici je ne fais aucune distinction, car le moment n'en veut pas, entre la représentation nationale et la représentation des citoyens, de tout le peuple, et, de plus, c'est le moment de l'égalité, et cette égalité, ne servira, j'en suis sûr, qu'à faire reconnaitre la hiérarchie de la mission que des hommes spéciaux ont reçue de leur pays pour donner, non pas l'apaisement, mais le premier signal du rétablissement de la concorde et de la paix publique.

« Mais, Messieurs, si je partage l'émotion qu'inspire ce spectacle attendrissant des plus grandes catastrophes humaines, si je partage le respect qui vous anime tous, à quelque opinion que vous apparteniez dans cette enceinte, je n'ai point partagé moins vivement le respect pour ce peuple glorieux qui combat depuis trois jours pour redresser un gouvernement perfide, et pour rétablir sur une base désormais inébranlable l'empire de l'ordre et de la liberté.

« Messieurs, je ne me fais pas l'illusion qu'on se faisait tout à l'heure à cette tribune, je ne me figure pas qu'une acclamation spontanée arrachée à une émotion et à un sentiment public puisse constituer un droit solide et inébranlable pour un gouvernement de trente-cinq millions d'hommes.

« Je sais que ce qu'une acclamation proclame une autre acclamation peut l'emporter, et, quel que soit le gouvernement qu'il plaise à la sagesse et aux intérêts de ce pays de se donner dans la crise où nous sommes, il importe au peuple, à toutes les classes de la population, à ceux qui ont versé quelques gouttes de leur sang dans cette lutte, d'en cimenter un gouvernement populaire, solide, inébranlable enfin.

« Eh bien ! Messieurs, comment le faire ? Comment le trouver parmi ces éléments flottants dans cette tempête où nous sommes tous emportés, et où une vague vient surmonter à l'instant même la vague qui vous a portés jusque dans cette enceinte ? Comment trouver cette base inébranlable ? En descendant dans le fond même du pays, en allant extraire, pour ainsi dire, ce grand mystère du droit national d'où sort tout ordre, toute vérité, toute liberté.

« C'est pour cela que, loin d'avoir recours à ces subterfuges, à ces surprises, à ces émotions dont un pays, vous le voyez, se repent tôt ou tard, lorsque les fictions viennent à s'évanouir en ne laissant rien de solide, de permanent, de véritablement populaire et d'inébranlable sous les pas du pays; c'est pour cela que je viens appuyer de toutes mes forces la double demande que j'aurais faite le premier à cette tribune si l'on m'y avait laissé monter au commencement de la séance, la demande d'abord d'un gouvernement, je le reconnais, de nécessité, d'ordre public, de circonstance, d'un gouvernement qui étanche le sang qui coule, d'un gouvernement qui arrête la guerre civile entre les citoyens. »

— Bravo ! bravo ! plus de royauté ! s'écrie un homme du peuple en remettant d'une façon tragi-comique son sabre dans le fourreau. Bravo !

M. Lamartine continue :

« D'un gouvernement qui suspende ce malentendu terrible qui existe depuis quelques années entre les différentes classes de citoyens, et qui, en nous empêchant de nous reconnaître pour un seul peuple, nous empêche de nous aimer et de nous embrasser.

« Je demande donc que l'on constitue à l'instant, du droit de la paix publique, du droit du sang qui coule, du droit du peuple qui peut être affamé des glorieux travaux qu'il accomplit depuis trois jours, je demande que l'on constitue un gouvernement provisoire.... un gouvernement qui ne préjuge rien, ni de nos ressentiments, ni de nos sympathies, ni de nos colères sur le gouvernement définitif qu'il plaira au pays de se donner quand il aura été consulté. Je demande donc un gouvernement provisoire. »

— Le gouvernement provisoire, le nom des membres du gouvernement provisoire, s'écrie-t-on de tous côtés.

On présente une liste à M. de Lamartine, car l'on est fatigué de discours, et l'on a hâte d'en finir.

Lamartine annonce par un signe de main qu'il veut continuer.

« Attendez! Ce gouvernement provisoire aura pour mission, selon moi, pour première et grande mission d'établir la trêve indispensable, la paix publique entre les citoyens; secondement, de préparer à l'instant les mesures nécessaires pour convoquer le pays tout entier, et pour le consulter, la garde nationale tout entière, le pays tout entier, tout ce qui porte dans son titre d'homme les droits du citoyen.

« Un dernier mot : les pouvoirs qui se sont succédé depuis cinquante ans !... »

Une scène dont rien ne peut donner l'idée règne environ pendant une heure dans la salle. Plusieurs drapeaux tricolores apparaissent sur la tribune, et un grand nombre de gardes nationaux et d'ouvriers y montent successivement et parlent sans qu'on puisse les entendre.

Dans le mouvement général qui suit l'entrée du peuple dans la salle des séances, on fait sortir la princesse, ses enfants et le duc de Nemours par la porte qui se trouve au bout du couloir supérieur de la gauche.

Il paraît que la princesse, arrivée dans la salle des Conférences, s'est vue séparée de ses enfants par la foule; on a eu beaucoup de peine à la faire sortir par le jardin de la présidence; le duc de Nemours qui, je dois le dire, éveillait peu de sympathie, pressé par le peuple, s'est vu enlever ses épaulettes et son chapeau ; enfin, protégé par la garde nationale, il a pu descendre dans la cour du côté de la rue de Bourgogne où une voiture l'attendait.

Pendant tout ce tumulte, M. Sauzet, qui a abandonné le fauteuil du président, est remplacé par M. Dupont (de l'Eure).

Les vociférations continuent avec une intensité toujours croissante, le canon et les feux de peloton grondent sans relâche.

M. Demoutier, du *Moniteur*, s'élance au bureau des sténographes, réclame le silence, et fait l'appel de plusieurs noms parmi lesquels nous remarquons ceux de MM. Lamartine, Dupont (de l'Eure).

Plusieurs officiers de la garde nationale occupent la tribune.

L'agitation, une agitation dont il n'y eut jamais d'exemple, règne dans la salle.

Les noms que commençait à proclamer M. Dumoutier sont ceux du Gouvernement provisoire.

Ce sont quant à présent MM. Dupont (de l'Eure), Lamartine...

Les noms de MM. Odilon Barrot et Thiers sont repoussés avec une incroyable énergie.

M. Ledru-Rollin s'empare de nouveau de la tribune, et d'une voix qui domine le bruit il s'écrie :

« Messieurs, dans les circonstances comme celles où nous sommes, ce que tous les citoyens doivent faire, c'est d'accorder silence et de prêter attention aux hommes qui veulent constituer les représentants. En conséquence, écoutez-moi ! Nous allons faire quelque chose de grave. Il y a eu des réclamations tout à l'heure. Un gouvernement ne peut pas se nommer d'une façon légère.

« Je vais vous lire les noms recueillis par les sténographes du *Moniteur*. Vous les approuverez ou les désapprouverez. »

Lamartine.

Ledru-Rollin.

Dupont (de l'Eure).

Les autres se perdent dans le bruit. Bientôt la liste se trouve complétée ainsi qu'il suit:

Arago.

Lamartine.

Dupont (de l'Eure).

Crémieux.

Ledru-Rollin.

Les scènes tumultueuses continuent quelques instants encore.

« A l'Hôtel-de-Ville, à l'Hôtel-de-Ville, crie-t-on de tous côtés, pour instituer le Gouvernement provisoire. »

« Respect aux monuments! respect à la propriété! s'écrie un ouvrier qui vient de s'élancer à la tribune ; montrons que nous sommes ce que nous étions en Juillet,... Respect à la propriété! »

Les ouvriers s'éloignent, sortent en tumulte, et l'on entend dans le lointain les cris de *vive la Liberté! vive la République!* mêlés aux chants nationaux.

HOTEL DE VILLE

Au sortir de la séance de la Chambre des députés et au moment où la commission nommée se rendait à l'Hôtel-de-Ville, sous une escorte de soldats citoyens et d'hommes du peuple, le *National*, qui prêtait alors son concours aux défenseurs de la dynastie, y avait déjà envoyé ses délégués en opposition au gouvernement provisoire de *la Réforme*.

Odilon Barrot avait dit à Carnot : « Ce qui se fait dépasse

tous mes vœux, toutes mes prévisions. Je ne puis pas vous suivre; je ne serais pour vous qu'un obstacle. Laissez-moi rentrer dans l'obscurité, du moins pour quelque temps. Mais si la France a besoin d'un soldat, vous me trouverez toujours prêt à combattre à vos côtés. » Odilon Barrot, espérant sauver la monarchie du naufrage, avait chargé MM. de Malleville, Gustave de Beaumont et *Garnier Pagès* de se rendre à l'Hôtel-de-Ville, afin d'y proclamer la régence.

Ainsi, l'on voyait à chaque instant les radicaux de la gauche pencher tantôt d'un côté, tantôt d'un autre, et revenir bientôt à la régence, leur idée fixe.

N'était-ce point folie, au moment où le sang venait de couler pour la conquête de la liberté, de vouloir proposer encore au peuple un nouveau despotisme. Les trois députés acceptèrent cependant la mission, et se rendirent en toute hâte à l'Hôtel-de-Ville. Pendant le trajet, Garnier-Pagès, ne déguisant pas ses ppréhensions, disait à de Malleville :

« Pourvu qu'en arrivant nous ne trouvions pas la République!... »

Quel spectacle étrange, imprévu, imposant se présenta à leurs yeux lorsqu'ils débouchèrent sur la place de Grève.

L'Hôtel-de-Ville était occupé par le peuple. La place, fermée de tous côtés par de fortes barricades pouvait à peine contenir une foule compacte, hurlant, agitant ses armes et ses drapeaux et se ruant à flots serrés parmi les cadavres de chevaux de la garde municipale. L'air retentissait de cris confus, de chants de victoire et de terribles imprécations contre le pouvoir déchu.

Quatre pièces de campagne avaient été placées devant la grande porte d'entrée contre laquelle venait se briser le flot populaire.

Les trois délégués du chef de la gauche dynastique se mêlèrent au tourbillon qui s'engouffrait par la porte principale; et, portés par cette mer agitée, ils furent poussés sous le péristyle.

La masse resserrée, accumulée en cet endroit par ceux qui montaient ou descendaient la double rampe du grand escalier conduisant au premier étage, faillit les écraser; enfin, suivant les fluctuations de ce peuple, armé, fiévreux, surexcité, ils arrivèrent à la porte de la salle où le conseil municipal, présidé par M. Thierry, tenait sa séance.

La délibération du conseil avait été interrompue, car les clameurs montaient, montaient toujours; et les membres, dans une stupeur qu'on ne saurait décrire, étaient cloués immobiles sur leurs fauteuils.

Çà et là des hommes du peuple hissés sur les fenêtres, sur les fauteuils, sur les tables, brandissant leurs armes, semblaient provoquer les mécontents au combat, ou s'improvisaient en orateurs et jetaient à l'air les motions les plus étranges.

M. Thierry dut renoncer à dominer le tumulte et surtout à parler en faveur de la régence, car les premières paroles qu'il prononça furent accueillies par un tonnerre d'imprécations qui lui firent pressentir l'inutilité, peut-être même le danger d'une nouvelle tentative.

La République! la République! criait la foule, au moment où les trois députés de la gauche dynastique entrèrent.

« Voici les députés! s'écrie M. Thierry, voici les membres du gouvernement. Messieurs, au nom du gouvernement, je réclame le silence? »

Tous les regards se portèrent vers les nouveaux venus : M. Léon de Malleville, peu certain de posséder les sympathies du peuple, céda la parole à Garnier-Pagès.

« La parole est à M. Garnier-Pagès, dit le président.

« Non! non! Pas de discours! crie-t-on de tous côtés. »

Une crainte vague semblait soulever toutes les poitrines, cependant peu à peu le calme se rétablit, et Garnier-Pagès put prendre la parole.

Etait-ce fatigue? était-ce pour commander l'attention, il

commença son discours d'une voix faible ; il annonça l'abdication du roi, et par des insinuations amenées avec talent il proposa la régence.

A peine le mot fut-il prononcé que mille voix, d'un commun accord, firent retentir ce cri : « Pas de régence ! »

Les armes se dressent menaçantes ; les uns demandent la mise en accusation de Louis-Philippe, sa condamnation à mort dans les quarante-huit heures ; les autres veulent un gouvernement provisoire et la proclamation immédiate de la république.

Mais, il faut le dire à la louange du peuple, les paroles les plus exaltées n'eurent pas d'écho et le cri général fut :

« Pas de sang ! »

On revint sur l'abdication, beaucoup refusèrent d'y croire : « C'est un leurre, disaient-ils, on nous trompe, on veut escamoter la victoire du peuple. »

M. Gustave de Beaumont déclara qu'il avait assisté à l'abdication de Louis-Philippe : « J'étais auprès du roi, dit-il, mais aussitôt se reprenant : « J'avais l'honneur d'être auprès du roi... »

Le peuple déclina cet honneur, la voix de l'orateur expira sous les huées de la foule, et le chaos parut se dégager de ses ténèbres.

M. de Malleville tenait ferme, il voulait la régence quand même. Garnier-Pagès flottait indécis.

Le conseil municipal avait pris la fuite laissant le peuple maître de la salle des délibérations. Il fallait alors un maire, Garnier-Pagès fut proclamé, et Recurt et Pagnerre furent nommés adjoints.

Pendant tous ces débats, le Gouvernement provisoire était arrivé à l'Hôtel-de-Ville, mais au milieu de ces masses s'agitant de tous côtés, les membres se trouvèrent séparés ; aussi presque tous parvinrent-ils dans la salle Saint-Jean les uns après les autres.

Le chemin était long depuis la rue Geoffroy-Marie, où je demeurais, à l'Hôtel-de-Ville; il était rude surtout, mais je tenais à savoir si les cris isolés de *Vive la République!* poussés à la chambre des députés, avaient eu assez d'écho pour que l'espérance pût nous sourire après tant d'angoisses; aussi, bras dessus bras dessous avec un brave chef de bataillon de la garde nationale dont je regrette de ne pas me rappeler le nom, j'entrepris le voyage.

En prenant la route la plus directe j'avais quarante-six barricades à franchir, et les manœuvres étaient ardues. J'escaladais assez bien, mais la descente devenait partout périlleuse; les hommes du peuple au pied de chaque citadelle serrés les uns contre les autres me guidaient de leur voix. Je m'élançais, ils me recevaient à demi brisé pour me conduire à la barricade voisine.

Le trajet dura quatre heures; mon compagnon et moi arrivâmes enfin sur les marches de l'Hôtel-de-Ville où stationnait une foule haletante; le passage nous fut ouvert, et nous entrâmes.

Dans une salle immense envahie dès le matin, Ledru-Rollin, assis auprès d'une table, cherchait à dominer le tumulte; mais sa voix s'éteignait sous les cris du dedans et les vociférations du dehors.

Lamartine venait d'arriver, Garnier-Pagès était à son poste, on attendait Arago et Dupont (de l'Eure). Le dernier, devant lequel on se courbait avec respect, s'assit auprès de Lamartine, puis accablé par la fatigue et la chaleur il s'affaissa; des bras amis le soutinrent et le portèrent dans une pièce voisine.

— De l'air, de l'air, criait-on de toutes parts...

On brisa les glaces, et la foule réunie sur la place de Grève, voyant les débris tomber, crut à des scènes de violence, et se précipita vers le grand escalier.

Ce fut un moment terrible; on me hissa sur un fauteuil; on

entendait les plaintes et les râles de ceux qu'on écrasait sous les pieds sans qu'il fût possible de leur venir en aide.

L'énorme sonnette du président parvint enfin à ramener un peu de calme, et d'une voix stridente Ledru-Rollin dit :

— Citoyens, vous êtes convoqués auprès de nous pour que vous ayez à décider de la forme de gouvernement que nous avons à adopter; vous savez quelles sont mes tendances.

— Nous ne voulons pas de tes tendances !

— Vous savez quelles sont mes sympathies ?

— Nous ne voulons point de tes sympathies.

— Que voulez-vous donc ?

— La République.

— Je la demande comme vous.

— Hâte-toi de la proclamer.

— Nous avons besoin d'une heure de délibération.

— Nous t'accordons vingt minutes.

— Mais avant n'est-il pas nécessaire que vous connaissiez les noms des membres du gouvernement provisoire ?

— Quels sont-ils ?

— Dupont (de l'Eure).

Tonnerre d'applaudissements.

— François Arago.

— Bravo ! bravo ! bravo ! criait-on de tous côtés avec enthousiasme.

— Ledru-Rollin.

— Bravo ! bravo ! bravo !

— Garnier-Pagès.

— Ce n'est pas le bon celui-là.

— Je vous prouverai que je suis digne de mon frère; mettez-moi à l'épreuve.

— Bravo, vive Garnier-Pagès !

— Lamartine.

— Oui, oui, bravo; non, non, oui, non.

La majorité l'accepte.

Les autres membres du gouvernement furent diversement appréciés, mais leur souveraineté admise ; Ledru-Rollin et ses nouveaux collègues entrèrent dans une pièce voisine pour rédiger l'acte solennel que le peuple attendait avec l'impatience la plus menaçante.

En revenant dans la grande salle, Ledru-Rollin s'écria :

— Citoyens, le gouvernement de la France est désormais un gouvernement républicain.

Il y eut délire ; la proclamation suivante, livrée à un garde national qui se hissa sur un canon, fut lue au peuple, silencieux alors comme si la place eût été déserte :

« AU NOM DU PEUPLE FRANÇAIS,

« *Proclamation du gouvernement provisoire au peuple français.*

« Un gouvernement rétrograde et oligarchique vient d'être renversé par l'héroïsme du peuple de Paris. Ce gouvernement s'est enfui en laissant derrière lui une trace de sang qui lui défend de revenir jamais sur ses pas.

« Le sang du peuple a coulé comme en juillet ; mais cette fois ce sang généreux ne sera pas trompé. Il a conquis un gouvernement national et populaire en rapport avec les droits, les progrès et la volonté de ce grand et généreux peuple.

« Un gouvernement provisoire, sorti d'acclamation et d'urgence par la voix du peuple et des députés des départements, dans la séance du 24 février, est investi momentanément du soin d'assurer et d'organiser la victoire nationale. Il est composé de :

« MM. Dupont (de l'Eure),
Lamartine,
Crémieux,

Arago (de l'Institut),
Ledru-Rollin,
Garnier-Pagès,
Marie.

« Ce gouvernement a pour secrétaires :

« MM. Armand Marrast,
Louis Blanc,
Ferdinand Flocon,
Albert.

« Ces citoyens n'ont pas hésité un instant à accepter la mission patriotique qui leur était imposée par urgence. Quand la capitale de la France est en feu, le mandat du gouvernement provisoire est dans le salut public. La France entière le comprendra, et lui prêtera le concours de son patriotisme. Sous le gouvernement populaire que proclame le gouvernement provisoire, tout citoyen est magistrat.

« Français, donnez au monde l'exemple que Paris a donné à la France; préparez-vous par l'ordre et la confiance en vous-mêmes aux institutions fortes que vous allez être appelés à vous donner.

« Le gouvernement provisoire veut *la république,* sauf ratification par le peuple qui sera immédiatement consulté.

« L'unité de la nation, formée désormais de toutes les classes de citoyens qui la composent; le gouvernement de la nation par elle-même;

« La liberté, l'égalité et la fraternité pour principes, le peuple pour devise et mot d'ordre, voilà le gouvernement démocratique que la France se doit à elle-même et que nos efforts sauront lui assurer.

> Dupont (de l'Eure), Lamartine, Crémieux, Ledru-Rollin, Garnier-Pagès, Marie, Arago, *membres du gouvernement provisoire;*
> Armand Marrast, Louis Blanc, *secrétaires.*

Les fatales nouvelles voyagent sur des ailes de feu, cela est vrai, mais il est vrai aussi que celles qui consolent envahissent vite les espaces.

Qui donc apprit aux habitants inquiets des quartiers les plus éloignés de l'Hôtel-de-Ville que Paris venait de renaître à la joie? Nul ne le sait, et pourtant les dernières paroles de Garnier Pagès, les dernières expressions de la proclamation républicaine retentirent en bruyants échos, à la même heure, presque à la même minute, depuis la barrière du Trône jusqu'à celle de l'Étoile, depuis le faubourg Saint-Jacques jusqu'au sommet de Montmartre, où des feux d'allégresse, pareils à des phares protecteurs, brillèrent toute la nuit aux acclamations populaires.

Dans les rues, sur les places publiques, aux boulevards, les plus tièdes se serraient la main avec une cordiale fraternité, tandis que ceux qui avaient pris une part active au triomphe échangeaient des regards pleins d'orgueil et lançaient des éclairs sur les lâches, les faux et les hypocrites qui attendaient pour se courber que le vainqueur n'eût plus d'ennemis à combattre.

Hier c'était l'incertitude, aujourd'hui c'est la victoire du parti de l'indépendance.

Hier c'étaient des cris de terreur, aujourd'hui c'est l'ivresse de l'âme.

Allons, à demain.

CHAPITRE X.

Portraits des membres du Gouvernement provisoire. — Détails.

GOUVERNEMENT PROVISOIRE.

Plus je marche dans la route que je me suis tracée, plus le terrain devient glissant.

A les envisager de loin, les dangers s'amoindrissent, les aspérités disparaissent, et le piéton trébuche et tombe sans que sa chute soit aperçue. Mais point de métaphores. Lorsque autour de nous s'agitent les témoins des scènes que nous avons à dérouler, tout oubli frappe et nous est reproché comme une faiblesse ; toute lacune ressemble à une réticence intéressée, et, comme il nous est impossible de partager les sentiments de tous, nous nous faisons des ennemis que notre droit d'écrivain et de penseur ne peut désarmer.

Jugez selon votre caprice Brutus, Lycurgue, Caligula, César,

Chilpéric ou Charlemagne, il n'y aura pas de controverses; mais ceux qui sont encore debout ou dont les cendres dorment depuis peu dans la tombe, oh! à ceux-là n'y touchez qu'avec une extrême réserve, si vous voulez l'affection de ceux qui les ont connus.

Ce n'est pas là ma philosophie; nous devons la vérité aux morts, mais nous la devons surtout aux vivants. La leçon peut profiter à ces derniers, et je ne sache pas que la voix arrive au cadavre couché dans son linceul.

Il est des hostilités qui honorent; sans les redouter, je ne les cherche pas; le fou seul n'a point d'ennemis, et Dieu merci, je marche dans toute ma raison.

Peu nous importe aujourd'hui comment ont vécu Périclès, Alcibiade, Aspasie ou Socrate; nous tenons à savoir comment vient de mourir le commissionnaire de la rue ou le mendiant adossé sur la borne à qui tous les jours nous tendions la main.

Certes, il y eut de grands ébranlements à la mort d'Alexandre, de Gengis-Kan et de Mahomet, avant que la Macédoine fût devenue une Thébaïde, l'Orient un vaste champ de bataille, la Mecque une immense nécropolis : les siècles en passant là-dessus ont étouffé les râles des mourants. Nous regardons presque comme une fiction l'époque où Thèbes ouvrait ses cent portes aux voyageurs, et nous croyons à peine à cette magnifique Rome des Césars si différente, hélas! de celle des Papes.

De la Rome avilie au Paris qui se dégrade la transition est facile; donc, ne prenant pour guide que ma conscience et me cuirassant contre toute injustice, je ressaisis ma plume indépendante, et je traduis à ma barre les hommes et les choses dont j'ai le droit de parler.

C'est à toi d'abord que j'adresse aujourd'hui mes reproches, homme en veste, en sabots, en blouse et en casquette.

C'est sur toi que vont tomber mes sévères paroles, homme du travail, des douleurs et de la misère. C'est toi, homme du peuple que j'aime par dessus la noblesse du parchemin et l'aristocratie du coffre-fort, c'est toi que j'accuse d'ingratitude et d'oubli ; je suis sans colère parceque tu as toutes mes sympathies, je suis sans colère parceque tu as à coup sûr des remords à l'âme ; mais je te devais ces lignes parceque le passé est prophète de l'avenir, et qu'on se retrempe au tableau des malheurs qu'on aurait pu éviter.

Je ne reconnais à l'ingrat qu'un seul vice, c'est l'ingratitude ; je lui compte les autres pour des vertus. Eh bien ! je te le demande, homme du peuple, je te le demande ma main dans les tiennes, comment as-tu secondé les cœurs d'énergie et de dévouement qui sont venus à toi au moment du péril ?

Ils étaient chez eux vivant de leur vie d'intelligence et de méditation, ils n'avaient souci que de leur réputation ou de leur gloire, ils pouvaient comme tant d'autres se barricader dans leurs foyers et attendre la victoire d'un drapeau pour aller s'abriter sous lui.....

Ils ne l'ont pas fait, et au premier appel de la patrie en alarmes ils se sont trouvés debout, le front haut, la poitrine en avant, servant de cible à ceux qu'on venait de combattre et de renverser.

Je te le demande, homme du peuple, oublieux des jours d'impitoyables représailles, quel eût été le sort de ceux qui les premiers se sont dévoués à la cause publique s'ils avaient été vaincus ?...

La mort ou du moins l'exil, c'est à dire le deuil de la famille ou le deuil du pays.

Oh ! je sais bien que, si tu as renié ceux-ci, tu as maudit ceux-là. Oh ! je sais bien qu'il y a toujours en toi une fibre généreuse prête à s'émouvoir au signal donné ; mais c'est pour que tu ne la laisses pas trop dans son sommeil que l'historien de l'époque fiévreuse que nous venons de traverser te jette hardiment le blâme au cœur.

Après cela, homme du peuple, mon ami, mon camarade, une accolade fraternelle, et prenons rendez-vous sur le même terrain à jour, à heure fixe quand on aura besoin de nous.

Oui, c'est la douce, la sainte patrie, la tombe de nos pères, le berceau de nos enfants, choses sacrées par dessus toutes, que tu n'oublieras plus, n'est-ce pas?

Je prêche, mais conviens avec moi que c'est l'évangile de l'homme d'énergie et de l'homme de bien ; sois mon apôtre ; et d'ailleurs les martyrs n'ont-ils pas fait les religions? Il y a bénéfice à mourir pour ses croyances.

Tu as, je le sais, de nobles instincts, et c'est pour cela que tu te livres avec trop de confiance à ceux qui se donnent la mission de te guider.

Tu aimes la famille, mais n'as-tu jamais oublié que la patrie est ta mère.

Combattre et triompher ce n'est pas toujours avoir raison ; il y a souvent bien des larmes dans les yeux de celui qui a gagné la bataille.

On pardonne une erreur, mais à condition qu'elle ne se renouvellera pas, et tu dois te tenir en garde contre les turbulents et les utopistes qui te jettent dans le péril, et se mettent à l'abri sous ton courage en te laissant la responsabilité de leur coupable folie.

Dans les querelles intestines il ne faut rien donner au vent du hasard, et le repos est plus sage que la précipitation.

Le bras se lève lentement, mais il tombe vite, et tu n'as pas eu le temps du repentir que déjà le mal est fait.

Cela dit par moi, cela médité par toi, voyageons de compagnie ; le moraliste se refait historien ; mais d'abord écoute, et permets que je te dise ce que je pense des hommes que tu as acceptés au moment de la crise populaire. Quelques-uns n'ont pas dévié de la route droite, d'autres...... je te laisse tes croyances; approuve les miennes ou condamne-les.

LAMARTINE.

Lamartine, poète avant tout, rêveur imprégné de mélodies, âcre au besoin, bienveillant à de rares intervalles, passionné pour la défense de ses droits contestés, tiède et irrésolu pour soutenir ceux des autres, statue de marbre que la flatterie amollit à son gré, personnification de l'égoïsme, et façonné à ne regarder son voisin qu'en baissant la tête.....

Lamartine, taillant l'histoire selon ses besoins ou ses intérêts, anti-révolutionnaire au début d'une révolution dont il se disait vaniteusement le pivot, poitrine cuirassée de sophismes, improvisateur de banalités soudées à des images colorées avec assez d'artifice et de charme pour faire croire à la sincérité de sa religion politique, lui renégat de tous les cultes.

Lamartine, colosse à moment donné, pygmée à la moindre résistance, intrépide pourfendeur d'ennemis à terre, solide bélier renversant les murailles vermoulues et se consolant de la défaite de son parti par la publication, dans une feuille inaperçue de province, d'un madrigal rendant hommage à la sonorité de son organe, à la grâce de ses formes, au velouté de son regard.

Lamartine, harpe éolienne répondant à l'appel de toute brise irritée ou caressante et poussant du pied tout ce qui l'empêche de se poser au premier rang, n'importe le drapeau dont il se serait fait un abri.

Lamartine, amplificateur rhétoricien, impossibilité politique, quand il n'est pas un obstacle.

Lamartine était encore au pouvoir que déjà sa chute se prédisait, et les salons de la capitale se répétaient le quatrain suivant dont le nom de l'auteur courait sur toutes les lèvres:

> Celui que tu vois là, c'est le grand Lamartine,
> L'aigle des orateurs, le coq de la tartine.
> — Il est beau; n'est-ce pas David qui l'a moulé?
> — Tu te trompes, mon cher, c'est lui qui s'est *coulé*.

L'épigramme a sa portée, que Lamartine subisse celle-ci ; elle a eu de l'écho, donc elle frappait juste.

Si Lamartine n'avait pas eu d'adversaires parmi ceux qu'il appelait ses amis, si l'on s'était humblement courbé devant le despotisme de sa parole, peut-être ses palinodies eussent-elles été moins nombreuses.

Il s'indignait de l'opposition qui lui était faite ; et de l'indignation à la colère le pas est facile à franchir.

Le Jupiter-Tonnant voulait régner seul dans l'Olympe, les autres divinités se révoltèrent, et les foudres s'éteignirent dans les doigts énervés du chantre des *Harmonies* et de *Jocelyn*.

Que voulez-vous, c'est ma pensée : si Lamartine eût été nommé Président de la République, il y a longtemps que la France serait une monarchie ou un empire..... Sommes-nous bien loin de cette époque ?

Rien au monde ne miroite plus que Lamartine soit dans sa physionomie, soit dans ses allures ou dans son langage.

Il est médiocre orateur, parcequ'il veut être poète à la fois ; vous écoutez la mélodie, mais l'harmonie vous échappe ; avec des oreilles seules, vous admirez ; avec des oreilles et le cœur, vous êtes désenchanté.

Le prédicateur qui descend de la chaire évangélique pour jeter sa vie aux plaisirs mondains ne vous inspire que le dégoût et le mépris.

De quels sentiments n'êtes-vous point pénétré lorsque retentissent jusqu'à vous les mots *Patrie* et *Liberté*, lancés par des lèvres sans conviction, par une poitrine sans battements !

Qui fut plus Dieu que Lamartine..... Dites-moi ce qu'est devenue cette divinité d'un jour.

Lamartine a été un météore, jamais un soleil..... il éblouit, il ne réchauffe pas.

Quelle est la religion politique de Lamartine ? Est-ce que le renégat a un Dieu ?

Lamartine trompait les autres, il ne se trompait pas lui-même, ou plutôt il n'entrainait ceux qui avaient foi en lui qu'afin de se donner des complices pour le présent et des défenseurs pour l'avenir.

Qu'est-ce qu'un manteau de velours ou d'hermine jeté sur une statue d'argile?..... La parole de Lamartine vêtit l'idole de son choix, et vous savez combien de temps elle a trôné sur son piédestal.

Faites pénétrer le scalpel dans la pensée de Lamartine lorsqu'elle flamboie avec toutes ses broderies, et vous trouverez le vide ou le vague quand vous cherchez la lumière et l'éclat..... Je dis vrai lorsque j'affirme que nul n'est véritablement éloquent sans conviction.

A ma pensée, — je ne dis pas à mes yeux pour éviter toute équivoque, — le pire des torts de Lamartine est d'avoir résumé en lui seul la République. Il se croyait l'homme indispensable, la pierre angulaire de l'édifice; il pavait les journaux de phrases plus ou moins colorées; il s'exposait *bravement* aux coups qui ne pouvaient blesser personne; il se faisait le gardien de nos libertés publiques, sur lesquelles on ne cherchait pas à porter une main profane, et personne, plus que lui, ne se jetait au milieu du péril déjà conjuré.

La flatterie avait tué Lamartine, qui cependant écrivit alors une belle page que je ne dois pas laisser dans l'oubli, moi son apologiste, moi que les *Méditations* du poète bercent encore dans mes nuits si ténébreuses.

A bien étudier ce manifeste, dont l'Europe s'émut alors, on y verra moins de *crânerie* que de tâtonnements; mais, vous le savez, Lamartine n'était point encore façonné aux allures abruptes du républicain, et nous lui devons compte des violences qu'il s'imposa pour paraître droit et ferme à côté de ceux qui marchaient dans toute leur indépendance.

Vous vous souvenez de ce manifeste qui fit dire à Nicolas : « Allons, messieurs, il faut monter à cheval. »

Le czar monta en effet à cheval, et alla visiter son palais de glace, sur les bords de la Newa.

La mort de Lamartine eût été regardée, à certaine époque, comme une calamité générale ; aujourd'hui l'Hélicon seul et la famille prendraient le deuil : le poète est toujours là, le citoyen n'existe plus.

LEDRU-ROLLIN.

Vous n'avez pas connu Ledru-Rollin, vous qui l'appelez utopiste sans conviction. Celui-ci, croyez-moi, ne peut être dignement apprécié que par ceux qui l'ont vu de près au milieu de la famille, au milieu des causeries intimes. Il y a chez lui le sentiment des grandes choses, et rien de mesquin ne peut sortir de son cerveau rêvant de progrès et d'égalité.

Les bulletins !.... voilà le mot sacramentel jeté dans la balance, voilà le mot accusateur, les syllabes tracées à l'encre rouge sur les tables d'airain de la patrie....

Les bulletins !... faites une révolution avec des madrigaux et des caresses, je vous en défie; car si vous flattez le faible, il croit que vous voulez le tromper ; si vous flattez le fort, il se persuade qu'il fait peur.

On ne sait pas ce qui serait à la place d'une chose si cette chose n'était pas ; eh bien ! vous n'avez pas le droit de vous croire infaillible en soutenant que les bulletins pris à la lettre auraient incendié le pays. Ils étaient révolutionnaires, voilà tout, et une révolution venait de s'accomplir.

L'avortement protège Ledru-Rollin.

Démosthène, Mirabeau, Danton, Ledru-Rollin, voilà comme je comprends l'éloquence de la tribune.

Celui dont j'esquisse les traits physiques et moraux a la parole brève, nette, retentissante, le geste dramatique sans exagération, la prunelle chaude, incisive. Il ne regarde pas, il étudie, il interroge, et de ce rapide examen naît parfois la modification de l'expression ou de la pensée.

La tête et le corps de Ledru-Rollin sont en harmonie parfaite; celui-ci dit la force, celle-là, calme ou irritée, dit la conviction.

Dans la tiédeur ou l'indifférence de la lutte, Ledru-Rollin s'efface comme un soldat inutile et sans nerfs; mais dès que l'action grandit, dès que la mêlée s'engage, l'orateur s'arme de toute sa puissance, s'empare du poste le plus périlleux, se pose debout et fier sur la brèche et ne la quitte qu'après la bataille, j'allais dire la victoire.

Au forum ainsi qu'à la tribune, Ledru-Rollin n'acceptera jamais un poste secondaire, et dédaignera un ennemi sans valeur; aussi vous ne le voyez apparaître que lorsque s'engage le combat sérieux, celui qui laisse sur le terrain des lambeaux de chair ou des lambeaux de réputation.

Je ne sache pas de calomnies dont on n'ait abreuvé l'âme honnête et probe de Ledru-Rollin, je n'en sache pas une qui ne se soit évanouie dès qu'il a daigné la poursuivre.

Eh bien! c'est aujourd'hui encore qu'il paie par l'exil son ardent amour à sa religion politique, que la haine le poursuit au-delà des mers, et le deuil de la patrie ne le protège pas toujours contre la bave du serpent, contre la dent de l'hyène en quête de toute proie sans défense.

Que l'écho t'apporte ces paroles amies, Ledru, et que le soleil du pays te réchauffe un peu de ses rayons régénérateurs!

GARNIER-PAGÈS.

Garnier-Pagès était un homme de cœur et de probité en arrivant au pouvoir; en le quittant il est resté homme de probité et de cœur.

DUPONT (DE L'EURE.)

Dupont (de l'Eure), c'était là le drapeau de la fraternité; il laissera un nom, et sa mémoire traversera les âges comme celle des législateurs et des citoyens de Rome et d'Athènes, dont on garde un religieux souvenir.

MARIE.

Le barreau avait dit l'éloquence de cet avocat des bonnes causes, le pays dira que son éloquence ne faillit pas au premier appel de ses concitoyens, qui le trouvèrent toujours le front haut, la poitrine en avant au milieu de la mêlée.

ARMAND MARRAST.

Les luttes de tous les jours dans une feuille créée pour soutenir les intérêts menacés du peuple portèrent Marrast à la présidence de la Chambre, où il se montra ferme et habile, même après Dupin, ce régent de collége qui changeait sa sonnette en férule et traitait les représentants de la nation comme des élèves de cinquième à qui l'on inflige des pensums.

Dupin s'était fait une habitude de ses fonctions; au premier pas on aurait cru Marrast né dans un fauteuil, et non dans un berceau. Le premier me gardera rancune de le comparer au second; le second me serrerait la main avec moins de ferveur s'il savait que je le place sur la même ligne que le premier.

On a beaucoup parlé de Marrast; il est mort pauvre, et je vous porte le défi de trouver chez lui comme chez Ledru-Rollin, que vous poursuiviez de tant d'anathèmes, une seule trace de honteuses prodigalités.

Taisez-vous donc, ou parlez à haute voix si vous voulez que je vous combatte.

CRÉMIEUX.

A quelle infortune imméritée a-t-il refusé l'appui de son éloquente parole? Il n'a fait que passer au ministère de la justice, il y a laissé les plus flatteuses sympathies.

Les ennemis de Crémieux doivent être ceux de la droiture et de la probité; je n'estime pas qui n'estime pas Crémieux.

LOUIS BLANC.

Il a écrit *l'Histoire de dix ans;* nous avons donc notre Tacite.

Il n'a jamais dévié de la route droite dans laquelle il s'est engagé encore enfant. Le choix qu'on fit de lui est donc justifié.

Les erreurs des hommes éminents charrient avec elles de terribles conséquences.... nous marchons dans notre histoire.

Louis Blanc écrit comme Tacite et pense comme Platon ; seulement il a devancé son époque, et ses théories sont devenues des sophismes puisque les esprits n'étaient ni assez purs ni assez haut placés pour les comprendre.

Peut-on être logicien en caressant une utopie ? Louis Blanc a résolu la question, et rien ne vous semble plus vrai que ses erreurs, tant il met de charme à vous les présenter sérieuses et réfléchies.

Louis Blanc veut vous convaincre, parcequ'il est convaincu lui-même ; c'est là le fait d'un honnête homme, et personne ne contestera ce titre à l'éloquent narrateur de l'*Histoire de dix ans*.

Lui aussi pourtant a eu ses calomniateurs sans vergogne, et lorsque les plumes vénales publiaient les orgies du Luxembourg, les repas de Lucullus dévorant les deniers de l'État, Louis Blanc et ses amis allaient modestement dîner chaque jour à deux francs par tête, chez un des plus infimes restaurateurs du quartier Saint-Germain.

L'époque des grandes choses que je retrace était celle aussi des hontes et des bassesses. Les hommes du pouvoir qui avaient voulu la liberté pour tous dédaignaient d'en poursuivre les excès ; et la licence, sûre de l'impunité, en usait avec un cynisme révoltant ; aussi le poison le plus âcre était-il distillé sur la droiture, la probité trop dédaigneuse pour les poursuivre.

Que sont devenus ces libelles, ces odieux pamphlets, ces méprisables philippiques signées de noms connus dont le Paris oisif se montrait si avide ?

Et ces hommes que vous représentez toujours les mains plongées dans les coffres du pays dévalisé, dites-moi les châteaux qu'ils ont acquis, les hôtels qu'ils ont achetés, les richesses dont ils ont doré les filles vendues ou à vendre.

Aujourd'hui qu'ils pleurent dans l'exil leur patrie absente, nommez ceux qui promènent le luxe de leurs débauches et le scandale de leur avilissement.

Savez-vous comment ils vivent ces dévaliseurs que vous poursuivez jusque dans leur tristesse...?

Je ne vous le dirai pas, car vous auriez encore des sarcasmes et de l'ironie pour ajouter à leurs larmes, à leur isolement.

FERDINAND FLOCON.

De l'esprit à plein bords, de l'énergie à toute heure.... il a paru, il a brillé, il s'est effacé ; c'est la vie.

ALBERT.

C'était un excellent ouvrier, un homme d'intelligence et de travail ; on voulait que le peuple fût représenté par un homme du peuple; il était difficile de mieux choisir.

FRANÇOIS ARAGO.

Vous connaissez cette vie d'étude et de méditation.

> Brave, noble et loyal ainsi qu'au temps où Sparte
> Aux empires tremblants dictait ses volontés,
> Probe comme Caton, savant comme Descarte,
> Son front est le reflet des célestes clartés.

Le talent s'acquiert, le génie vient de Dieu.

Les voilà...

Je n'ai fait qu'esquisser les traits des hommes en qui la France eut foi lorsque l'Europe tremblait à chacune de ses menaces.

Guidé par mes sympathies, il me serait aisé de m'égarer moi-même en vous traînant à la remorque de mon opinion ; mais j'aime mieux vous laisser toute liberté, j'aime mieux livrer au tribunal de votre conscience les actes de leur vie politique pendant cette période fiévreuse qui ne permettait ni repos ni sommeil aux rois de l'Europe, ébranlée par notre secousse.

L'Espagne régénérée jetait au loin son manteau de servitude, Madrid ne voulait plus de moines, la vieille Castille se ravivait à son passé si glorieux, l'Andalousie se berçait joyeuse sous ses brises et ses orangers, Grenade se rajeunissait de quelques siècles et regardait d'un œil dédaigneux les édifices vermoulus qui attestaient la conquête des Maures refoulés dans leur Afrique sauvage, l'Aragon, l'Estramadure, la Galicie ressaisissaient leurs bavardes castagnettes et leurs boléros oubliés.

L'héroïque Catalogne, avec ses solides citadelles, ne craignait plus que le Mont-Jouy vomît ses foudroyantes volées sur la Rambla pavoisée.

De l'autre côté des Alpes et du Rhin, Naples et la Sicile n'avaient plus à trembler que sous les colères du Vésuve et de l'Etna.

Gênes se reposait dans ses palais de marbre; Florence renaissait aux beaux-arts; Venise, la dentelée, foulait d'un pied victorieux l'escalier des géants et les plombs meurtriers qui ne devaient plus voir d'agonies; et Milan se croyait française tandis que la stupide Rome des Papes fouillait dans ses catacombes pour y retrouver les traces de la Rome des Césars au cercueil; les Alpes humiliées inclinaient leurs têtes neigeuses; le Rhin soumis rapprochait ses rives; le Danube promenait ses eaux purifiées au soleil de l'indépendance; et Vienne, Berlin, Pétersbourg présentaient déjà aux vainqueurs les clefs d'or de leurs municipalités captives.

Comment, après ce magnifique point de départ, ces grandes choses ne sont-elles pas accomplies?

Je vais vous le dire, moi qui me suis réjoui et attristé tour à tour aux événements dont mon pays a été le théâtre.

Que de siècles en si peu d'années!!

DÉTAILS.

J'ai dit les conséquences et le résultat définitif de la crise au milieu de laquelle la France épuisée se débattait; je vous dois la confidence des graves événements qui en amenèrent la solution, d'autres écriraient la catastrophe.

On peut vivre bien des années en peu d'heures, la vie est longue ou courte selon les joies ou les tristesses qui l'escortent; il en est de même des royaumes et des empires, et il ne serait peut-être pas ridicule de soutenir qu'il y a des éternités de diverses durées... Ma cécité date d'un siècle.

Suivez-moi maintenant à travers les scènes dramatiques qu'on m'ordonne de dérouler à vos yeux; mais comme des noms chers à mon cœur tomberaient de ma plume caressés par mon amitié, j'aime mieux emprunter pour les quelques pages qui suivent la voix d'un publiciste qui s'est fait un nom parmi les plus dignes défenseurs de la cause du peuple : Arthur Dangelliers sait écrire et penser, comme vous allez voir.

« Nous voulons, dit-il, raconter quelques-unes des scènes que la glorieuse bataille des trois jours a laissées dans notre souvenir. La démocratie a le droit d'être fière : ses enfants, ses soutiens étaient tous présents, découvrant leurs poitrines partout où était le danger, propageant l'enthousiasme républicain, offrant pour le triomphe de nos saintes croyances leur sang, leur vie, comme auparavant ils avaient offert leur repos, leur fortune, leur liberté. Ferdinand Flocon, Lagrange, Caussidière, Lesseré, Jouanne, Fayolle, tous les vétérans de l'idée républicaine étaient là. Nous voulons que la France sache ce qu'a fait pour elle chacun de ces hommes qui l'aimaient d'un amour si ardent et si dévoué.

« Notre ami Etienne Arago nous pardonnera de mettre en relief sa personne et ses actes pour inaugurer ce panorama. Nos lecteurs nous remercieront de leur avoir fait connaître des faits qui honorent les nôtres, et dont l'éclat rejaillit sur notre parti tout entier.

« Un des républicains qui, dès le 22, jugèrent le mieux la

situation c'est Etienne Arago (1). Dans la salle des conférences de la chambre des députés, il disait à haute voix, avec le citoyen Flocon, qu'il n'y avait rien moins qu'une révolution au fond de la grande manifestation réformiste. C'est cette opinion qu'il développa encore au sein d'une réunion de républicains qui eut lieu le soir même dans les bureaux de *la Réforme*. Aussi, vers les dix heures du soir, alla-t-il avec le citoyen Gouache pour visiter les barricades qui commençaient à s'élever au haut de la rue Tiquetonne. Quelques décharges faites par les gardes municipaux pour balayer la rue les forcèrent à rétrograder ; ce qui n'empêcha point Etienne, une heure plus tard, de recommencer sa promenade d'observation avec Charles Didier.

« Dès le lendemain au matin, il quitta son logement avec Ribeyrolles, et se porta, en habit de garde national, à la place des Petits-Pères, où il chercha, avec une grande vigueur de langage, à faire prévaloir l'opinion que la garde nationale ne devait crier autre chose que : *Vive la réforme !* et exiger un peu plus que MM. Thiers ou Odilon Barrot pour ministres.

« Mais Etienne Arago n'avait que son fusil ; il voulut, par un adroit moyen, en procurer à quelques amis qui en cherchaient vainement. Pour cela, il commença par donner sa carabine, puis il se présenta successivement à plusieurs agglomérations de gardes nationaux, en s'offrant à eux comme un homme de bonne volonté. Sitôt qu'il était armé, il allait renouveler ailleurs son procédé d'armement particulier.

« En manœuvrant de la sorte, le bonheur le conduisit dans la rue Tiquetonne, où le capitaine Jouanne réunissait ses braves soldats citoyens. Son expédient lui réussit encore ; un nouveau fusil lui fut confié par un garde national qu'une indisposition

---

(1) C'est le 22 au soir que, étant réunis dans les bureaux de la *Réforme*, (Ledru-Rollin, Flocon, Baune, Etienne Arago, Ribeyrolles, Caussidière, D'Althon-Shée, etc.) Etienne Arago et Baune furent d'avis d'une prise d'armes pour le lendemain. Leur opinion prévalut.

retenait chez lui ; Etienne Arago se mit alors dans les rangs en poussant des cris assez inusités encore, et qui, petit à petit, trouvèrent de l'écho parmi ses camarades fortuits, ensuite au sein de la foule, durant une longue promenade dans les rues et sur les boulevards.

« Dans la soirée, vers sept heures, au moment où le mouvement insurrectionnel, un instant ralenti par l'annonce du renversement du ministère Guizot, reprenait partout son cours, la rue Bourg-l'Abbé fut le théâtre d'un des plus saisissants épisodes de nos trois immortelles journées. Refoulés et cernés de tous côtés par le flot populaire, cinquante gardes municipaux s'étaient réfugiés dans l'une des maisons de cette rue. La porte cochère, frêle rempart contre la toute-puissance populaire, les dérobait pour quelques minutes encore à la vengeance des insurgés qui avaient vu couler le sang de leurs frères sous les baïonnettes et sous les balles de ces défenseurs acharnés de la monarchie expirante. Furieuse et frémissante, la foule se pressait dans la rue, s'entassait aux abords de la maison, et du sein de cet océan humain s'élevait une clameur immense, prolongée, comme un mugissement de tempête et qui n'envoyait au ciel que l'écho d'un seul mot : *Vengeance!*

« La marée vengeresse montait, montait toujours, et à chaque seconde le bruit de l'ouragan devenait plus intense et plus terrible... L'œuvre de mort allait s'accomplir, et le salut des cinquante soldats assiégés semblait désormais hors de toute puissance humaine.

« En ce moment suprême, un garde national pénétra jusqu'à la porte de la fatale maison. Son nom, prononcé sur son passage par deux ou trois amis, desserrait et ouvrait les rangs devant lui... c'était Etienne Arago.

« Il pénétra dans la cour, où arrivèrent aussi M. Ségalas, capitaine de la garde nationale ; le colonel Husson, le maire du sixième arrondissement et quelques gardes nationaux.

« — Que faire pour sauver ces malheureux?

« — Que l'on abatte une cloison de la maison où nous sommes, et qu'ils s'échappent par une rue voisine, après avoir déposé leurs fusils.

« — Mais le peuple sera furieux de leur fuite!

« — Peut-être... en tout cas, nous aurons fait notre devoir.

« Cet avis ne prévalut pas.

« — Tout est fini, dit à Étienne un officier de la garde nationale qui venait d'arriver avec sa compagnie sur le théâtre de cette scène; rentrons chacun chez nous; le ministère Guizot est renversé.

« — Rien n'est fini, tout commence! s'écria Étienne Arago d'une voix vibrante.

« Et la foule électrisée se presse autour de lui, comprenant que la démocratie s'est jetée dans la lutte, et qu'elle ne posera les armes qu'après la victoire.

« Une longue demi-heure s'écoula, pendant laquelle l'auteur des *Aristocraties,* tantôt face à face avec les gardes municipaux, tantôt ramené vers la foule irritée, épuisa ses forces à en appeler à ces sentiments de générosité dont on ne fait jamais en vain vibrer la fibre dans les cœurs français... Il arracha enfin la grâce des condamnés; mais le peuple, devenu juge et maître souverain, exigea impérieusement que ses adversaires vaincus sortissent désarmés et tête nue.

«La porte s'ouvrit, et notre ami annonça aux soldats la volonté du peuple. La plupart hésitaient, ils croyaient la mort inévitable; ils voulaient garder leurs armes pour défendre chèrement leur vie, pour mourir en combattant. Leur résistance fut enfin vaincue par l'engagement formel qui fut pris par Étienne et par quelques gardes nationaux présents de veiller sur eux et de protéger leurs jours. Le détachement se rangea contre la porte.

« — Chapeau bas! cria la foule en voyant paraître les gardes municipaux, qui défilaient conduits par des gardes nationaux.

« — Chapeau bas ! répéta Étienne aux prisonniers qui avaient franchi le seuil.

« Les gardes municipaux paraissaient incertains.

« — Chapeau bas devant le peuple ! reprit-il d'une voix plus forte. Aujourd'hui c'est le peuple qui commande !

« Officiers et soldats se découvrirent. Un petit détachement de cuirassiers, amenés par le hasard sur le lieu de cette scène, ouvrait la marche. Les gardes municipaux défilèrent un à un. Le dernier, le lieutenant Bouvier, avait pris le bras d'Étienne Arago. Quelques gardes nationaux et d'autres citoyens marchaient à côté des soldats désarmés. Un petit nombre de soldats de ligne faisaient imparfaitement la haie à droite et à gauche.

« Cependant, à la vue de ces hommes qui, depuis la veille, avaient amoncelé autour d'eux les victimes, la colère du peuple se ranima. Dans les rues étroites qu'on traversait, les blouses et les vestes des prolétaires froissaient ces habits tout maculés du sang des martyrs; ce contact ravivait le souvenir et la haine, et les soldats, pâles et frissonnants, sentaient incessamment des souffles ardents, chargés de colères et de menaces, brûler leurs visages; des mots terribles, des cris de mort s'enfonçaient dans leurs cœurs comme des lames aiguës. A chaque pas les interpellations menaçantes, quelquefois même les injures pleuvaient aussi sur Étienne.

« — Ils ont tué les nôtres ! livrez-nous-les pour que nous vengions nos frères.

« — J'ai promis de les sauver, je les sauverai ! répondait le courageux citoyen, calme et impassible; je les sauverai, ou vous me tuerez avant eux.

« — Mais tu es donc leur complice ? tu as donc versé comme eux le sang du peuple ?

« Pour toute réponse Étienne disait son nom, montrait sa croix de juillet, et les hommes du peuple, pressés autour de lui, ne proféraient plus de menaces ; mais les plus éloignés, ceux qui n'entendaient pas, criaient toujours *vengeance!* et nous tremblions que le généreux défenseur des cinquante soldats ne pérît avec eux, victime de son dévouement et sans les avoir sauvés.

« On traversa lentement la rue Bourg-l'Abbé, la rue aux Ours, une partie de la rue Rambuteau, deux faces du marché des Innocents, la rue Saint-Denis jusqu'à la place du Châtelet ; on déboucha sur le quai.

« — A l'eau ! à l'eau ! les infâmes ! cria la multitude avec des voix et des gestes terribles.

« Le lieutenant Bouvier se serra contre Étienne, et lui dit avec un accent désespéré :

« — Mourir !... déchiré ! mourir en lambeaux !.. et mon frère est tombé cette année en Afrique.... et j'ai une femme, des enfants !...

« — Du courage ! lui répondait Étienne en lui serrant plus fortement le bras. Avant d'arriver jusqu'à vous, il faudra me tuer d'abord.

« Une heure s'était écoulée, longue comme un siècle, quand, après une adroite manœuvre de la cavalerie qui arrêta la foule sur le quai, les gardes municipaux arrivèrent sur la place de l'Hôtel-de-Ville, garnie de troupes de toutes armes.... Les jours des soldats de la royauté étaient en sûreté.

« On en vit alors se presser autour d'Étienne, l'entourer des témoignages de leur reconnaissance et le proclamer leur sauveur.

« — Oui ! s'écria le frère de l'illustre astronome, oui, je vous ai sauvés ; mais rappelez-vous et n'oubliez jamais que vous devez la vie à un *républicain*.... Demain, ce soir peut-être, le combat continuera dans les rues. Je compte sur votre honneur, vous n'enverrez pas de balles à mes frères ! (1)

(1) Le lieutenant Dupouy, devenu capitaine, grâce aux recommandations d'É-

« Dans la nuit du 23 au 24, vers onze heures et demie, en compagnie du citoyen Jeanty-Sarre, Etienne Arago se hasarda jusqu'au carré Saint-Martin, où l'arrivée subite, inattendue de deux hommes armés au milieu d'une barricade éveilla les soupçons ; le mot d'espion ne tarda pas à retentir à leur oreille ; bientôt leur mort fut demandée violemment par deux hommes furieux. L'un d'eux brandissait déjà une longue barre de fer sur la tête d'Etienne, le second arrachait un fusil des mains de Jeanty-Sarre, quand les autres combattants s'interposèrent et arrêtèrent les bras levés pour frapper.... Certes, le généreux citoyen de la rue Bourg-l'Abbé fut bien près de recevoir une triste récompense de l'acte d'humanité qu'il venait d'accomplir ; mais il s'expliquait cette terreur née tout à coup dans l'esprit de deux hommes de cœur : la police a si souvent joué un rôle infâme dans les luttes des barricades ! (1)

« Le lendemain matin, à onze heures, après avoir fait élever des barricades aux environs de *la Réforme*, Etienne arrivait sur la place du Palais-Royal. Quelques citoyens, au milieu desquels se trouvaient nos amis Tisserandot, Baune, Caussanel, Bossens, Lagrange, Jeanty-Sarre, Fayolle, étaient rassemblés devant le poste du Château-d'Eau, parlementant avec les troupes et les engageant à se retirer. Etienne s'adressa à l'officier du 14e de ligne qui commandait : c'était un homme de petite taille, aux traits fortement colorés, à la charpente vigoureusement assise.

« — Retirez-vous, lui dit notre ami, épargnez à vos soldats et

tienne Arago, fut l'un des témoins à charge les plus acharnés dans l'affaire de Versailles, dont Etienne Arago était un des accusés ! Etienne Arago, alors à Londres, se contenta, pour punir cet infâme, d'envoyer à la *Réforme* les lettres de recommandation écrites en février 1848 au directeur des Postes par Dupouy, où ce misérable l'appelait son sauveur et disait *sublime* son acte de courage.

(1) C'était en effet une embuscade de police où Jeanty-Sarre et Etienne Arago étaient tombés. Mais il ressort de cette aventure que la révoltion ne partit pas, comme le prétend Lamartine, du coup de pistolet de la rue des Capucines. Des barricades étaient élevées déjà dans les quartiers de la révolution ; et la révolution était faite !

au peuple une effusion de sang inutile. Nous ne sommes que vingt à présent en face de vous; dans un quart d'heure nous serons cent ; dans une heure, nous nous compterons par milliers. La résistance est impossible, elle serait criminelle.

« Vains efforts. Le capitaine, les officiers qui l'entouraient, les soldats se retranchèrent derrière le devoir et l'honneur militaire. Leurs refus furent invincibles.

« Le cœur navré à la pensée de l'affreuse boucherie qui allait avoir lieu, notre ami s'éloigna par la rue Richelieu. Entre la barricade du Théâtre-Français et celle de la Fontaine Molière, il rencontra M. Moriceau, officier d'état-major de la garde nationale, que précédaient de quelques pas le général Lamoricière et un autre officier d'état-major.

« — Usez donc de l'influence que vous avez, lui dit M. Moriceau, pour faire reconnaître ici M. Lamoricière.

« Et il nomma M. Arago au général, qui s'avançait à leur rencontre.

« — Général, lui dit vivement Etienne, il ne s'agit plus aujourd'hui ni de réforme ni de régence ; cette fois nous avons la république, et nous la tenons bien.

« A un geste d'incrédulité que fit M. Lamoricière, Etienne reprit avec plus de feu :

« — Oui, la république est à nous, et personne ne nous l'arrachera des mains. Vous êtes un brave, général, et bientôt vous aurez votre place à la frontière, mais comme soldat de la république ; à cette heure, vous essaieriez vainement de vous faire entendre ; n'allez pas plus loin, car vos efforts seraient inutiles.

« Après avoir encore échangé quelques paroles, le général et les deux autres officiers, revenant sur leurs pas, retournèrent du côté des Tuileries.

« Peu de minutes après, Étienne serrait la main de quelques-uns de ses amis de *la Réforme*, les citoyens Caussidière, Chancel, Vigue et l'auteur de ces lignes, réunis près de la place des Victoires.

« Au bout de cinq minutes, nous entendîmes l'explosion de coups de feu dans la direction des Tuileries. Il y eut un moment d'arrêt. Les décharges se succédaient plus rapides... C'était le combat de la place du Palais-Royal qui venait de s'engager.

« Étienne s'élança le premier. (1)

« La rue Croix-des-Petits-Champs, par laquelle nous descendions pour arriver au lieu du combat, était encombrée de gardes nationaux et d'hommes du peuple armés. Des tambours battaient la charge. Au milieu de cette masse compacte de citoyens, nous fûmes séparés les uns des autres, et nous ne nous revîmes qu'après le dernier acte du drame.

« Lorsque Etienne arriva sur le théâtre de la lutte suprême, la place du Palais-Royal était vide et nue. La majeure partie des combattants était échelonnée derrière la barricade qui barrait à la fois la rue Saint-Honoré et la rue de Valois. D'autres insurgés se tenaient derrière la barricade élevée du côté de la rue Richelieu. Quelques-uns occupaient les deux autres angles de la place, du côté de la rue du Musée et de la rue de Chartres. De part et d'autre, on faisait un feu terrible.

« Etienne franchit la barricade de la rue de Valois, le fusil au poing, s'avança d'abord jusqu'au coin de la rue du Musée, et revint lentement se poster au milieu de la place, où il déchargea une première fois son arme.

« Un enfant, un de ces admirables enfants de Paris dont la capitale a gardé pour elle le type, et qu'elle a baptisés du nom pittoresque de *Titis*, voltigeait sur la place en appelant le peuple, en provoquant les soldats. Etienne le voyait alternativement à sa droite, à sa gauche, vis-à-vis de lui, et, malgré la gravité de sa situation personnelle, il admirait du fond du cœur le courage insouciant de cet héroïque enfant, dont l'épaule avait

---

(1) Dangelliers le suivit seul. Caussidière et les autres, qui déjeunaient chez Ledouble, ne vinrent que vers le milieu du combat du Château-d'Eau, qu'Etienne vit commencer et finir et qu'il présida.

été entamée par une baïonnette ou par une balle, dont la chemise était ensanglantée, et qui, là, à l'avant-garde, au poste le plus périlleux, armé seulement d'un sabre, sous une pluie de balles, venait braver de nouvelles blessures ou une mort presque certaine, et tout cela parcequ'il avait du cœur, parceque l'odeur de la poudre l'attirait comme un aimant, parcequ'il était enfant de Paris enfin...

« Un homme du peuple qui traversait la place tomba comme une lourde masse à deux pas d'Etienne, qui vit le sang et la cervelle fumer mêlés sur le pavé. Le malheureux avait été tué raide d'une balle au front.

« La fusillade redoublait ; le Palais-Royal avait été envahi, et de nouveaux combattants, disséminés dans la cour d'honneur, commençaient à riposter aux défenseurs du Château-d'Eau.

« Pris entre deux feux, exposé à tomber sous le plomb de ses frères d'armes, Etienne s'abrita entre deux colonnes du Palais, et continua à faire feu.

« Déjà les paillasses entassées devant le corps de garde flambaient, et à dix pas du café de la Régence quatre voitures de la cour, amenées sur la place, de la rue Saint-Thomas-du-Louvre, étaient aussi la proie du feu.

« Ce fut alors qu'apparut derrière la barricade de Saint-Honoré une compagnie de la troisième légion.

« Etienne reconnut en tête le capitaine Jouanne, actionnaire de la *Réforme*. Il s'élança, lui tendit la main, l'aida à descendre, et, l'amenant avec lui au milieu de la place :

« — Nous emporterons le poste ! s'écria-t-il, dussions-nous l'attaquer à la baïonnette.

« Toute la compagnie avait suivi son capitaine. Derrière elle s'élança, ardente et empressée de prendre part au combat, la compagnie Lesseré, capitaine en tête...

« En même temps, à l'autre extrémité de la place, nous voyons déboucher un groupe de combattants pleins d'ardeur, au milieu desquels nous reconnûmes notre ami Jeanty-Sarre.

« La lutte touchait à sa fin, car vingt minutes après le peuple était maître du poste. Mais en ce moment la place du Palais-Royal offrait un spectacle d'une sublime horreur.

« A travers l'épais nuage de fumée qui enveloppait, comme un brouillard, toute l'étendue de la place, se détachaient les huit langues de feu, ardentes et rouges comme du sang, dont les voitures royales étaient le foyer. Plus loin commençaient à s'élever en tourbillon les flammes qui s'élançaient sur les murailles du corps de garde, prêt à s'abîmer sous cet horrible et suprême embrasement.

« Dans le demi-jour, on distinguait les mille têtes du peuple inondant la place ; on entrevoyait briller les sabres et les baïonnettes, on entendait partir les décharges de toutes parts ; de la barricade Valois, d'où notre rédacteur en chef, Ferdinand Flocon, avait fait depuis une heure un feu continuel ; de la barricade Rohan, de la rue de Chartres, de la rue du Musée, de la cour d'honneur, des croisées, du milieu de la place, des fenêtres du corps de garde, où les soldats, aveuglés, à demi étouffés par la fumée et par les flammes, tiraient encore, tiraient toujours.....

« Pour ceux qui n'ont pas assisté à cette scène, nulle langue humaine n'en pourra rendre l'effroyable beauté.

« Le citoyen Lesseré, autre fondateur de la *Réforme*, tomba atteint par une des dernières balles. La prise du poste lui donna une terrible vengeance.

« Quelques heures après, pendant qu'on proclamait la république à l'Hôtel-de-Ville, les voitures incendiées éteignaient leurs flammes, et dans un dernier jet de fumée s'envolait le dernier soupir de la monarchie.

« Immédiatement après la lutte, après avoir fait une visite de politesse aux Tuileries, (1) ceux des combattants qui appartenaient à la *Réforme*, soit en qualité de rédacteurs, soit à titre

---

(1) Étienne Arago signa son nom sur le registre où l'on s'inscrivait d'ordinaire. Un grand nombre de citoyens suivirent son exemple en riant.

d'amis particuliers du journal, se réunirent dans le bureau et s'occupèrent sur-le-champ de l'organisation d'un gouvernement provisoire. Cinq noms furent d'abord choisis : Étienne Arago, Ledru-Rollin, Ferdinand Flocon, Louis Blanc et Albert (ouvrier); puis on songea à se rendre maître de deux administrations dont l'importance était immense, celle des postes et celle de la préfecture de police. L'unanimité des citoyens présents désigna aussitôt Étienne Arago pour remplir les fonctions de directeur des postes, et Marc Caussidière pour occuper la place de l'ex-préfet Delessert. Trois citoyens s'adjoignirent à Étienne, pour lui servir non d'escorte, mais de commission d'installation. Il lui manquait un soldat pour faire les quatre hommes et un caporal.

« Beaucoup de gardes nationaux étaient rassemblés dans la grande cour de l'hôtel; les rangs s'ouvrirent aussitôt qu'Étienne eut annoncé de quelle mission il était investi. Quelques instants après, il entrait dans le cabinet du directeur, M. Dejean.

« — Au nom de la république, dit-il, citoyen Dejean, vous êtes destitué! Au nom de la république, je viens vous remplacer en qualité de directeur des postes.

« — Mais... Monsieur..... dit M. Dejean, qui était debout, avez-vous une commission?..... un titre?

« — Je n'en ai pas : j'ai ma parole.

« — Mais..... Monsieur, cependant.....

« — J'ai ma parole; je me nomme Étienne Arago.

« — Enfin, reprit M. Dejean après un moment de silence et d'hésitation, avant de quitter la direction des postes, je désire qu'au moins vous donniez votre signature, et qu'une pièce quelconque reste ici dans les archives.

« — Volontiers! dit Etienne en s'asseyant dans le fauteuil de M. Dejean.

« Et il apposa sa signature au bas de quelques lignes qu'il écrivit et qui contenaient la destitution de M. Dejean et sa propre nomination.

« — J'ai fait une faute de grammaire, dit-il en relisant ces quelques mots tracés à la hâte... Pour un littérateur, c'est quelque chose de grave... Mais, ajouta-t-il en souriant, il est permis d'écrire en mauvais français quand on s'est battu en bon Français.

« — Maintenant, Monsieur, dit l'ex-directeur avant de se retirer, il me reste une prière à vous adresser. Une de mes parentes, une vieille dame est ici.... seule dans l'appartement voisin. Puis-je espérer....

« — Monsieur, interrompit Etienne en se levant et avec un ton d'exquise politesse, Madame votre parente est sous ma sauvegarde, et je réponds sur ma tête de sa sûreté et de la sûreté de toutes les personnes qui sont à l'hôtel des Postes.

« M. Dejean fit un geste de remerciement, et sortit de son cabinet.

« Sur l'ordre du nouveau directeur, les employés supérieurs s'étaient réunis autour de lui.

« — Messieurs, dit Etienne, il faut que toutes les malles partent ce soir.

« Ces Messieurs s'entre-regardèrent d'un air stupéfait.

« — Les malles... partir ce soir... Mais M. Dejean a annoncé à la Chambre que les lettres ne pourraient point partir.

« — Il a dit cela en temps de monarchie, et nous sommes maintenant en temps de république.

« — Mais il y a deux cents barricades échelonnées d'ici jusqu'à chaque barrière.... c'est impossible !

« — Les journées de février ont prouvé qu'il n'y a rien d'impossible en France. Si demain, à l'heure accoutumée, les lettres, les journaux, les dépêches n'arrivent point dans les départements, il y aura des flots de sang répandus peut-être sur tous les points du territoire, et la responsabilité de ce sang peserait sur ma tête.... Toutes les malles partiront ce soir. On portera les paquets à dos d'homme jusqu'aux barrières, et, s'il le faut, je porterai moi-même le premier paquet.

« Puis il écrivit au gouvernement provisoire, ignorant encore si ce gouvernement provisoire avait été reconnu, s'il était installé, s'il fonctionnait :

« Citoyens gouvernants, le service de la poste pour les départements sera fait ce soir comme à l'ordinaire. »

« A sept heures du soir, toutes les malles-postes brûlaient le pavé des routes, emportant avec elles les dépêches qui allaient annoncer à la France entière la glorieuse victoire du peuple et la Constitution du gouvernement républicain.

« La partie modérée du gouvernement provisoire, agissant en cachette, avait essayé de remplacer Etienne Arago dès le soir de son installation, d'abord par Moussette, ancien rédacteur du *Courrier Français,* ensuite par Bethmont. Moussette n'alla même pas aux postes ; Bethmont y alla, et fut reçu par Arago, qui lui dit en gardant la nomination signée de Lamartine, Marie et Crémieux :

« — Dans quinze jours revenez, je vous céderai la place ! Aujourd'hui je veux qu'elle soit remplie républicainement : je la garde.

« Bethmont se retira. »

M. Arthur Dangelliers m'a fourni le récit de la prise de l'hôtel des postes par Etienne ; je vais citer maintenant le passage des *mémoires* de Caussidière dans lequel il raconte lui-même la manière dont il est entré à la préfecture de police.

« Je remis, dit-il, mon fusil et mes pistolets à Sobrier et à Cahaigne, qui avaient déjà déposé leurs armes, et je ne gardai qu'un sabre attaché autour de mon corps avec un cordon rouge. C'était le sabre d'honneur de mon père.

« J'étais affublé d'une casquette, d'une redingote croisée,

d'un pantalon noir et d'une paire de bottes hachées par de nombreuses pérégrinations que, depuis vingt-quatre heures, je n'avais cessé de faire au travers des barricades. J'avais sur moi une centaine de francs.

« Chemin faisant, j'eus l'occasion de remarquer combien l'édilité de Paris avait besoin d'être immédiatement remise en vigueur. Les rues étaient partout coupées par des barricades ; mais l'aspect de la ville n'était point triste, chacun circulait comme un jour de fête. Les préoccupations de l'avenir n'avaient point encore assombri les fronts, le présent était tout. Aussi les habitants firent-ils bien volontiers les frais de l'éclairage par des illuminations spontanées.

« Lorsque j'entrai dans la cour principale de la préfecture avec mes deux camarades, tout était désordre et confusion. La terre était jonchée de casques, de selles de chevaux et de divers objets d'équipement militaire. Deux mille sept cents hommes environ, garde municipale et troupe de ligne, venaient d'évacuer l'enceinte de la préfecture. Une compagnie de la onzième légion présentait seule quelque apparence d'ordre militaire.

« C'étaient les officiers de cette compagnie, secondés par l'adjudant Caron et aussi par M. Carteret, je crois, qui pour éviter un conflit avaient obtenu la retraite de la garde municipale et de la ligne.

« Grand nombre de citoyens plus ou moins armés, et encore dans l'ivresse d'un succès obtenu sans effusion de sang, se promenaient dans les cours aux cris de *vive la République ! vive la liberté !* et au chant de la *Marseillaise*.. Le coup d'œil était vraiment pittoresque ; c'était un véritable délire.

« Je priai le capitaine de la garde nationale de rassembler son monde, et dans une courte allocution j'annonçai ma nomination provisoire au département de la préfecture, en invitant tous les citoyens présents à m'aider de leur concours pour établir l'ordre et parer aux choses les plus urgentes. La promesse m'en fut faite avec enthousiasme et exécutée ensuite avec zèle et intelligence.

« Je montai alors, toujours accompagné de Sobrier et de Cahaigne, au secrétariat général, où je ne trouvai que deux employés et deux huissiers de service restés à leur poste.

« Je me rappelai aussitôt combien de fois j'avais été mandé dans cette même salle, lorsque, soumis à une surveillance rigoureuse comme condamné politique, la susceptibilité du secrétaire général ou du préfet était éveillée par les rapports des agents de la police secrète....

« Ce fut assailli par ces souvenirs que je pris possession d'un hôtel d'où quelques heures auparavant un mandat d'amener avait été lancé contre moi.

« Je déposai mon sabre sur le bureau, Sobrier ses pistolets, et nous nous mîmes à l'œuvre sans retard.

« Les chefs de la police municipale et les autres employés étaient absents; M. Cavé, caissier de la préfecture, se présenta seul, et me fit connaître l'état de la caisse. Il s'y trouvait environ deux cent mille francs, qu'il mit à ma disposition pour les nécessités du service. Je lui répondis que pour l'instant il n'y avait pas besoin d'argent; mais qu'il ne devait disposer d'aucuns fonds sans un visa signé de moi. L'économe vint à son tour, et reçut l'ordre de fermer à clef toutes les pièces du second étage, habité par mon prédécesseur, qui, dans sa précipitation à fuir, n'avait rien emporté.

« Je ne pris possession du second étage qu'au bout d'une huitaine de jours, et seulement lorsque les domestiques de M. Delessert eurent enlevé tout ce qui lui appartenait. »

Ce fut alors que parut la proclamation suivante au nom du peuple souverain.

« Citoyens!

« Un gouvernement provisoire vient d'être installé : il est composé, de par la volonté du peuple, des citoyens François

Arago, Louis Blanc, Marie, Lamartine, Flocon, Ledru-Rollin, Recurt, Marrast, Albert, ouvrier mécanicien.

« Pour veiller à l'exécution des mesures prises par ce gouvernement, la volonté du peuple a aussi choisi pour ses délégués au département de la police les citoyens Caussidière et Sobrier.

« La même volonté souveraine du peuple a désigné le citoyen Etienne Arago à la direction générale des Postes.

« Comme première exécution des ordres du gouvernement provisoire, il est ordonné à tous les boulangers et fournisseurs de vivres de tenir leurs magasins ouverts à tous ceux qui en auraient besoin.

« Il est expressément recommandé au peuple de ne point quitter ses armes, ses positions ni son attitude révolutionnaire. Il a été trop souvent trompé par la trahison : il importe de ne pas laisser de possibilité à d'aussi terribles et d'aussi criminels attentats.

« Pour satisfaire au vœu général du peuple souverain, le gouvernement provisoire a décidé et effectué, avec l'aide de la garde nationale, la mise en liberté de tous nos frères détenus politiques; mais en même temps il a conservé dans les prisons, toujours avec l'assistance honorable de la garde nationale, les détenus constitués en prison pour crimes ou délits contre les personnes et les propriétés.

« Les familles des citoyens morts ou blessés pour la défense des droits du peuple souverain sont invitées à faire parvenir, aussitôt que possible, aux délégués au département de la police, les noms des victimes de leur dévouement à la chose publique, afin qu'il soit pourvu aux besoins les plus pressants.

« Les délégués au département de la police,

« Caussidière et Sobrier. »

Ce qui peint les hommes, ce qui peint les enfants, ce sont les faits ; ils ont leur logique, leur éloquence, et il serait peut-être sage d'écrire l'histoire du monde à l'aide seule des scènes isolées dont on a tort de dégager les pages d'un livre... Je raconte preuves en main.

Etienne Arago, presque joyeux, escorté par un gamin de dix à douze ans, riant et chantant au milieu de la fusillade, se trouvait, comme vous venez de le voir, sur la place où l'appelait un des drames les plus palpitants de ces sanglantes journées, lorsqu'une balle perça le haut de sa casquette.

— Remerciez le ciel de ne pas être plus bel homme, lui dit le joyeux enfant de Paris, sans cela, pincé. Voyez, poursuivit-il, je ne risque rien ; je suis si petit que toutes ces farceuses de balles sifflent sur ma tête.

Quelques instants après un coup isolé retentit.

— Tiens, tiens, dit encore le gamin à un Anglais qui stationnait là en amateur, en voici un qui a porté.

— Je le sais mieux que toi, lui répondit le citoyen de Londres ; j'ai la balle dans la cuisse.

— Je vous conseille de la faire monter en épingle, cela vous portera bonheur.

A quelques jours de là, je dînais à l'Hôtel des Postes avec cet intrépide gamin, qui n'est pas une exception dans sa nombreuse famille.

— Tu as droit à une récompense, lui dit Etienne Arago, alors directeur général. Voyons, mon garçon, quelle place veux-tu que je demande pour toi ?

— J'en veux deux, citoyen.

— Tu es bien gourmand.

— C'est comme ça.

— Eh bien ! parle.

— Je veux la place de la Bastille pour jouer au bouchon, puis une autre où je puisse gagner assez d'argent pour le porter à ma bonne vieille mère.

Qu'est devenu ce brave garçon, qui comprenait si bien les devoirs de fils et de citoyen?

Hélas! comme tant d'autres aussi coupables que lui, on se sera empressé de l'éloigner les mains noires encore de la poudre populaire, et peut-être attend-il qu'une voix généreuse lui dise : « Viens, voici de l'ouvrage; travaille pour toi et pour ta mère. »

Je n'en ai pas fini encore avec ces petits héros bruns et rosés appelés gamins ou Titis, et vous me permettrez bien de vous en présenter quelques-uns que je ne pouvais oublier; car je suis à la piste de tous les faits qui marquèrent les immortelles journées.

Une barricade venait d'être commencée tout près de la rue Meslay, lorsque des boulevards Saint-Denis débouche une compagnie de ligne au pas de course, et fait halte à une centaine de pas de la forteresse qu'on bâtissait à grand renfort de bras.

Pierre Chéry, enfant de douze ans au plus, en blouse et en casquette, s'élance au-delà de l'obstacle, et arrive en quelques instants en face du chef des troupes.

— Est-ce vous qui commandez? dit-il au capitaine.

— Vous êtes brave, sans doute?
— Je le crois.
— Eh bien! avant de nous chercher noise, attendez que nous ayons fini la barricade; les capons seuls attaquent les gens sans défense.

Le capitaine sourit, puis saisit le marmot par l'épaule; et une heure plus tard, enfermé dans un omnibus renversé, le joyeux Titi, à défaut de balles, envoyait des pieds de nez aux soldats qui faisaient la fusillade.

En face du Château-d'Eau, où stationnait un poste de soldats municipaux, on a vu également un gamin de neuf à dix ans, plongé dans le bassin jusqu'à la ceinture, crier à tue tête : *Vive la Réforme!* et lorsqu'il s'apercevait qu'on le mettait en joue, il disparaissait et se remontrait sans grelotter aux yeux émerveillés des soldats..... Nous étions en février.

―――

Un autre encore, âgé de quinze ans, se glisse furtivement dans une allée ; arrivé à l'entresol, il sonne à une porte qui lui est ouverte à l'instant.

— Pardon, excuse, Mademoiselle, dit-il à une charmante jeune fille à peine vêtue d'un peignoir ; vous êtes belle comme le soleil, et je suis sûr que vous n'aimez pas les ministres.

— Je n'en connais aucun.

— Ni moi non plus ; mais n'importe, nous ne devons pas les aimer.

— Soit, je ne les aime pas, que voulez-vous de moi ?

— J'ai vu de la rue que vous aviez ici une armoire et une table ; nous manquons de renforts pour une barricade, prêtez-moi vos meubles, vos chenets, votre table de nuit et vos chaises ; je vous jure, foi de Goupire qui est mon nom, que mon maître et moi nous vous fabriquerons après la victoire un mobilier plus cossu, plus digne de votre minois *rigolo*.

Les meubles tombèrent dans la rue, la barricade se fortifia, et Mademoiselle Eugénie Maillet possède aujourd'hui, rue Bourbon-Villeneuve, un appartement élégant dont Goupire et son patron lui ont fait cadeau.

Viennent de nouvelles barricades, ce qu'à Dieu ne plaise! Mademoiselle Eugénie Maillet sera plus richement meublée ; car

Goupire sait son adresse, et il ne manquera pas de l'engager à un second sacrifice.

Le patriotisme est attractif, et vous voyez qu'il y a double bénéfice à certains dévouements.

Deux charmants Titis, parfaitement connus dans le quartier Saint-Antoine sous les pseudonymes de *Califourchon* et de *Rigolet*, échangeaient une avalanche de coups de poing au moment où un plus sérieux combat avait lieu à peu de distance.

— Tiens, je te fais grâce, dit *Rigolet* à *Califourchon*, qu'il venait d'étendre à terre; mais c'est à condition que tu viendras avec moi porter un peu de pain à la vieille mère Brigite, qui est malade dans sa mansarde et dont le fils est blessé. Les balles nous épargneront.

— Ça me va, répondit Califourchon en se relevant tout écloppé; en route!

Et nos deux héros, après être entrés chez un boulanger, parcoururent une partie de la rue Saint-Antoine au milieu de la fusillade, et donnèrent leur pain de la journée à la vieille mère Brigite, qui les bénit d'un sourire et de sa main défaillante.

Encore un souvenir conservé dans la mémoire de presque tout le quartier des Innocents.

La fusillade commençait à s'engager chaude, palpitante, et les portes cadenassées ne donnaient aucune issue aux piétons attardés.

Un gamin et un Titi causaient près de la fontaine :

— Dis donc, Pierre, ne trouves-tu pas que ça ronfle?

— Comme cinq cents tuyaux d'orgue.

— Oui, comme tu n'es pas enfant de chœur, fiche-moi le camp.

— J'ai plus de cœur que toi, entends-tu?

— C'est toi qui ne m'entends pas, les balles sifflent, il y aura des éclaboussures; je n'ai ni papa ni maman, tu es possesseur d'une mère, file; tu pourrais être écorné.

— Mais si je file on dira peut-être que je suis un capon.

— Je soutiendrai le contraire, et l'on me croira.

— Voyons, Julien, ne puis-je-t'y pas me camper quelque part pour jouir de la chose?

— Si, si; j'avise un fer de vieux réverbère, je vas t'aider à grimper dessus, tu seras aux premières loges comme les aristos de l'Ambigu; ça te va-t-il?

— Ça me va... Des lampions! des lampions! des lampions!!

Pierre fit la courte-échelle à Julien, le gamin donna une leçon de courage au Titi, et celui-ci, calme, sourieux pendant toute la lutte qui dura six heures, tantôt la tête à droite, tantôt à gauche, jugeait les coups, comme il disait le lendemain à ses camarades.

Autour d'une des plus solides barricades de la rue vieille du Temple, deux gamins, vrais feux follets, voltigeaient incessamment pour ajouter quelques pavés à ceux déjà dressés sur leur rempart.

Depuis trois jours, on les voyait courir, caracoler, bondir le matin, le soir, la nuit, et comme ils n'étaient pas d'âge à aimer encore, on se doutait bien dans le quartier qu'ils ne vivaient pas d'amour et d'eau fraîche.

Le travail donne de l'appétit, un travail sans relâche creuse l'estomac, et l'on était en droit de supposer que les entrailles des deux infatigables criaient miséricorde.

Cependant leurs fronts n'en étaient pas moins vermillonnés, leurs cris de *Vive la Réforme! Vive la Liberté!* n'en retentissaient pas moins éclatants..... On admirait, on ne comprenait pas.

Les bornes-fontaines donnaient à boire, elles coulaient toujours, nos héros leur rendaient de fréquentes visites ; mais de l'eau! rien que de l'eau!... Je le répète, on ne s'expliquait pas la fermeté de Jules et de Pierre, qui refusaient le pain et la viande qu'on leur présentait des maisons voisines.

Un ouvrier les guettait de plus près, et, à la clarté d'une lanterne hissée à la porte d'une sage-femme, il les vit se glisser ventre à terre dans une fissure de la barricade.

Thomas l'ouvrier déblaie d'une main calleuse l'ouverture de ce corridor, il regarde, il écoute.

Les deux marmots assis à côté d'un gros cabas plongent leurs petits doigts en riant et en mâchant :

— Dis donc, Jules, les saucisses filent.

— C'est que nous n'en avons pas mal avalé comme ça.

— Comment ferons-nous demain ?

— Demain ce vieux gueux de Guizot sera démonté.

— Et nous irons rejoindre père et mère.

— Ils doivent penser que les saucisses sont finies.

— Nous n'irons pas leur en demander davantage.

— Tais-toi, entends-tu la fusillade ?

— A notre poste, Jules.

— A notre poste, Pierre.

Une heure après tous deux tombaient blessés par la même balle. On accourt, on les porte chez la sage-femme, qui les panse..... C'étaient deux jeunes filles habillées en gamin qui venaient de payer leur dette au pays.

Mariées à de braves ouvriers, elles boitent aujourd'hui, et elles sont fières d'une infirmité dont tout le quartier du Temple les félicite avec une pieuse tendresse.

Ne croiriez-vous pas lire une des pages de la vie de ces glorieux enfants de Lacédémone à l'époque de sa splendeur.

Louis Labiche avait travaillé sans relâche pendant dix heures à l'édification d'une formidable barricade fermant la rue de Bondy; un homme de quarante à quarante-cinq ans avait été tué sur la brèche; le petit Louis le connaissait, et il savait que deux petits marmots, logés à un sixième étage, attendaient leur père, qui ne devait plus revenir.

Dans un moment de calme, Labiche monte chez eux, les appelle, et les prie d'ouvrir la porte de leur chambre; le plus âgé, qui avait à peine cinq ans, répond avec des larmes qu'il est enfermé, que son père est absent, qu'il a faim.

— Attendez-moi, leur crie Labiche, je vais vous chercher du nanan.

— Et papa ?

— Il viendra plus tard.

— Dites-lui que nous l'attendons et que nous avons bien peur.

— Oui, mes petits amis, attendez et priez Dieu.

Le jeune héros descend, court chez lui, prend une timbale d'argent que sa pieuse mère lui avait donnée le jour de sa première communion, brave les balles qui sifflent autour de lui, heurte à la porte d'un boulanger, se la fait ouvrir, et demande du pain en échange de la timbale.

On l'accuse de l'avoir volée, il s'indigne, il pleure, il prie, il menace et finit par convaincre le boulanger, qui lui donne du pain et quelques lambeaux de viande.

Louis Labiche s'élance de nouveau dans la rue, grimpe au sixième étage, appelle les deux enfants, et dans l'impuissance de faire passer sous la porte les provisions libératrices, il ouvre une lucarne donnant sur une large gouttière, parcourt celle-ci jusqu'à la chambre des deux marmots, casse un carreau de vitre, tire une espagnolette et sert lui-même la pitance sans en garder un morceau pour son estomac à jeun.

— Ne bougez pas, dit-il à ces bambins, vous avez de l'eau dans cette jarre, vous avez aussi des vivres pour deux ou trois jours; comptez sur moi.

— Et papa, est-ce qu'il sera longtemps absent ?

— Oui, mes amis, longtemps..... priez Dieu, mais mangez d'abord.

Louis Labiche reprit le périlleux chemin qu'il avait déjà parcouru, rejoignit ses camarades étonnés de son absence, et le lendemain, quand le canon eut gardé le silence, quand les balles fratricides cessèrent de jeter le deuil dans les familles, on porta un cadavre de père à deux orphelins que Louis Labiche avait aidés à ne pas mourir de faim.

Pierre et Gabriel Lucet étaient jumeaux, ils s'aimaient comme on aime à quinze ans quand on est fils de parents honnêtes et pieux.

Les deux petits Lucet avaient appris à lire dans leurs livres de religion, et leur mère, veuve depuis quelques mois, leur disait tous les matins et tous les soirs de prier pour leur père à la tombe.

Le premier coup de canon de février retentit ; la mère Lucet tomba vite à genoux, ses deux enfants se trouvèrent debout, car ils étaient nés d'un brave soldat, car ils comprenaient déjà qu'ils avaient un devoir à remplir.

Un quatrième personnage comptait parmi la famille, et semblait heureux de son sort : de la liberté, une nourriture suffisante, une couverture l'hiver, un peu de paille l'été, des caresses à son départ, des caresses plus vives à son retour, qu'avait-il à désirer ?

On l'appelait Bougon par contre-vérité, car c'était le chien le plus doux du monde, quoiqu'il eût du cœur au cœur. Oh ! par exemple, il était entaché d'un défaut dont rien n'avait pu le corriger..... Il haïssait à mort les gendarmes et les sergents de ville.

Dès qu'il en flairait un, et le gaillard avait un nez délicieux, son poil se hérissait, ses nerfs se raidissaient impatients, ses crocs se montraient aigus et luisants, prêts à mordre, et sa prunelle, qui aurait fait mûrir le raisin, traçait un sillon de feu de lui à l'objet maudit.

Bougon n'eût pas touché à l'artichaut le mieux assaisonné, vous savez pourquoi; il ne se serait pas dérangé pour un plat d'épinards offert à sa gloutonnerie; mais un sergent de ville, un gendarme en uniforme, Bougon les aurait mâchés et broyés comme le fait un requin quand un pauvre matelot se trouve à portée de sa redoutable mâchoire.

Bougon n'aimait pas sa famille, il l'adorait, il devenait fou de joie quand il la voyait heureuse, et s'il avait une âme pour la haine, il en avait deux pour l'amour.

Je vous l'ai dit un coup de canon venait de retentir; Pierre et Gabriel, après avoir embrassé leur mère, s'étaient élancés, et les voilà, fils de soldat, entassant pavés sur pavés pour une barricade protectrice.

Hélas! les balles sifflaient autour d'eux, et quoiqu'ils eussent faim ils n'osaient pas trop se hasarder jusqu'à leur maison, d'où la pauvre mère leur envoyait sa bénédiction et ses vœux.

Que faire pourtant? Madame Lucet est soudainement inspirée; elle appelle Bougon, place ses pattes sur la fenêtre, lui montre du doigt ses deux petits amis, et puis, lui attachant au cou un panier rempli de vivres, elle lui ouvre la porte et l'envoie.

Pendant deux jours Bougon exécuta ce manége hasardeux. Le 24 février sonnait, les enfants Lucet n'eurent plus besoin de provisions, et bien leur en prit. La famille s'était appauvrie d'un de ses membres, une balle avait tué Bougon.

Qu'on dise encore que le plomb a de l'intelligence!!

Madame de B..., qui me défend de la désigner autrement que par cette initiale, habitait, dans la rue du faubourg Poissonnière, une maison riche d'un charmant petit pavillon où travaillaient d'ordinaire ses trois filles, Adèle, Camille et Louise, jeunes et radieuses, et jouant à la vie comme on le fait de dix-huit à vingt ans.

Le dimanche et les jours de fête elles allaient à la messe, elles assistaient aux offices divins, puis elles se groupaient autour de leur excellente mère ainsi qu'un bouquet de fleurs, et la parfumaient de leurs caresses et de leurs regards.

Hélas ! les tempêtes qui se déchaînent sur une ville lancent leur colère contre les demeures des honnêtes gens comme sur celles des coquins, et lorsque la première des trois journées de février eut jeté le deuil dans les familles effrayées par un douteux avenir, l'asile de Madame de B... ne fut pas à l'abri de l'orage politique dont Paris était le foyer.

— Mère, disait Adèle d'une voix tremblante, entends-tu le tonnerre?

— Oui, mon enfant, mais ce n'est pas le tonnerre du Tout-Puissant qui retentit dans les airs.

— Lequel donc?

— Celui des hommes, Lucie, bien plus meurtrier, bien plus inexorable.

— C'est donc la fusillade qui gronde si fort? poursuivait Camille, dont les joues roses avaient perdu leur éclat et leur velouté.

— Oui, Camille, c'est le fusil, c'est le canon qui ébranlent les demeures.

— Et qui épouvantent les mères, dit Lucie en se signant à l'éclair de la fusillade.

— Fermons toutes les portes, s'écria Camille.

— Ouvrez-les au contraire, reprit Mme de B...; les blessés, les mourants ont besoin de secours, la rue va devenir bientôt peut-être un champ de bataille. Venons en aide à ceux que le plomb ou le sabre n'auraient point épargnés, et Dieu nous bénira.

—En attendant, mes filles, dit Mme de B..., qui venait d'ouvrir sa maison, faisons de la charpie, ne prenons pas de repos, ou plutôt, mes bons anges, ce travail nous délassera, croyez-moi.

Et les trois filles se mirent à l'ouvrage, et la charité guidait les petits doigts, et un rayon de joie mélancolique illuminait le front d'Adèle, de Camille, de Louise et de leur mère.

Il n'était déjà plus jour, un homme s'élança dans le salon de Mme de B...., qui recula épouvantée de cette apparition si brusque, et bientôt elle se vit abritée par ses trois enfants, plus tremblantes qu'elle.

La figure de cet homme avait quelque chose de sinistre et de fatal, son regard fauve et vitrifié dénonçait des habitudes de cabaret, une écume verdâtre globulait aux deux coins de ses lèvres éraillées, une hideuse casquette couvrait son front ridé par le vice plus encore que par les années; ses mains étaient noires, sa blouse grise en lambeaux; il marchait pieds nus, et le rugissement du buffle a moins d'âpreté que les sons caverneux qui s'échappaient de sa bouche en fétides hoquets.

Il s'était arrêté à l'aspect des quatre femmes, il semblait combattu par deux sentiments opposés..... Le génie du bien et celui du mal se disputaient sa conquête.

— Que voulez-vous? lui demanda Mme de B..... de sa voix la plus douce.

— Ce que je veux en ce moment, répondit le nouveau venu, n'est pas ce que je voulais tout à l'heure.

— Que vouliez-vous?

— De l'or, des bijoux.

— Et maintenant?

— Maintenant je ne veux que du pain.

— Qui êtes-vous donc?

— J'étais un coquin, un voleur; il me semble que je deviens un honnête homme.

— Eh bien! nous avons foi en vous, nous croyons à votre conversion, Dieu fait tous les jours des miracles; si vous voulez être en effet ce que vous dites là, ne descendez plus dans la rue, restez auprès de nous; les blessés auront besoin de charpie, aidez-nous.

— Non, mes bonnes dames, mes doigts ne sont pas façonnés à ce travail, je ferais peu de besogne; je peux être plus utile autre part, je vais vous quitter; mais avant donnez-moi un morceau de pain.

Madame de B.... ouvrit un buffet ; un riche panier d'argenterie brilla aux regards de l'étrange visiteur, il s'élança, puis s'arrêta de nouveau, prit la fuite en s'écriant sur l'escalier :

— Je peux revenir à présent, attendez-moi sans crainte.

Le feu continuait plus intense, la bataille était engagée avec toutes ses fureurs, avec tous ses déchirements.... La maison de madame de B... devint une ambulance où l'on voyait arriver sanglants les héros de la rue; la famille ne prenait pas un instant de repos, et le 24, lorsque les poitrines battirent moins fort, un homme entra chez madame de B....

— C'est encore moi, dit-il, j'espère que vous ne m'en voudrez pas des visites que je vous ai procurées. Presque tous les blessés que vous avez recueillis sont de mes connaissances; si la moitié d'entre eux se corrige, vous aurez fait un grand miracle.

— Et vous? lui demanda madame de B...

— Oh! moi je n'ai plus à regretter que mon passé; mes poches ne cachent aucune pièce d'argenterie; je vais me faire suisse ou bedeau.

Jérôme L.... n'est ni suisse ni bedeau, mais concierge dans un des plus riches hôtels de Paris, et il ramène au bien tous ceux de ses anciens camarades qui viennent lui demander un morceau de pain.

Comme la peste et le choléra, les nobles sentiments ont leur contagion.

Le dramatique était à chaque pas, dans chaque rue pendant les trois immortelles journées, et si je cherche à effacer de mon souvenir les scènes de deuil qui l'assombrissent, je garde précieusement en moi pour les donner à mes lecteurs les épisodes les plus consolants, ceux sur lesquels la mémoire du cœur se repose avec amour. Que d'autres se plaisent dans le récit de ce qui attriste l'âme; moi, sans négliger aucun des faits sinistres qui sont un enseignement, je livre avec joie à mes tablettes ceux qui nous désapprennent le mépris, la haine et le dégoût.

Peu de barricades dans Paris se virent plus chaudement attaquées, plus héroïquement défendues que celle qui se dressait à l'un des angles de la rue des Vieux-Augustins. Prise et reprise à diverses fois, elle avait été le théâtre d'incroyables actions d'éclat, et le sang le plus généreux rougissait tous les pavés de ce solide rempart.

Le matin du 24, une compagnie de la ligne l'attaquait avec vigueur; en ce moment elle n'était protégée que par une vingtaine de gaillards experts dans l'art de la défense des rues, et qui tenaient à honneur de garder le bastion qu'ils avaient élevé de leurs mains calleuses.

— En avant, crie le commandant de la compagnie.

— Feu, répond la voix d'un homme du peuple.

La troupe fait une courte halte, et repart au pas de charge appuyée par un renfort qui arrive d'une rue voisine.

— Nous allons être enfoncés, dit l'homme en blouse.

— Pas de merci! dit l'homme en uniforme.

— Filez! poursuit un gamin de seize ans, nommé Robert-Robert, je suis jeune, je ne compte pas encore.

— Suis-moi, petit.

— Non, je reste; je pourrais être blessé par derrière, et ça ne me va pas.

— Gare, les voici.

— Encore une fois, feu!

Robert-Robert allait lâcher la détente; il baisse son arme, ouvre sa poitrine et dit :

— J'ai fait mon devoir, fais le tien.

— Oui, lui répond une voix qu'il connaît à merveille; mon frère, plaçons-nous debout sur la barricade, embrassons-nous; les balles nous feront grâce.

Deux hommes se tenaient étroitement serrés en face de deux postes, on fit halte des deux côtés, pas une amorce ne fut brûlée, et le jeune Robert-Robert, après avoir promis de demeurer neutre pendant le reste de la journée, rejoignit à pas lents ses braves camarades, qui craignaient bien de lui avoir adressé leur dernier adieu.

Est-ce que le mot qui fut dit à l'attaque du poste des Champs-Élysées, voisin de l'ambassade ottomane, ne mérite pas d'être conservé? jugez-en.

Quelques gardes municipaux s'y étaient réfugiés, et l'on sait s'ils se défendirent et attaquèrent avec énergie.

— A l'eau! à l'eau! point de grâce : ce sont des bandits, ce sont des assassins.

Ces cris menaçants s'échappaient de toutes les bouches, de toutes les poitrines; on parlait d'un auto-da-fé général, et l'on agglomérait déjà devant l'édifice les matières inflammables qui devaient consommer l'holocauste.

C'en était fait des gardes municipaux et des soldats enfermés avec eux, qu'on enveloppait dans le même désastre.

Parmi les assaillants, un jeune homme d'une vingtaine d'années au plus se faisait remarquer surtout par la violence de ses menaces, par son désespoir, j'allais dire par sa rage poussée jusqu'à son paroxysme.

Il priait, il suppliait ceux qui marchaient à ses côtés de lui permettre de consommer seul le sacrifice; un combattant plus calme, plus réfléchi, plus humain s'élance, et saisissant le fougueux par le bras :

— Du sang-froid, lui dit-il, jeune homme, du sang-froid, le vrai brave en a toujours.

— Et moi qui suis aussi brave que vous je ne veux pas en avoir.

— Vous vous exposez inutilement.

— Eh! que m'importe le danger! il me faut une vengeance, une vengeance éclatante, une vengeance qui, toute complète qu'elle soit, n'apaisera ni ma colère ni ma douleur.

— Que vous a-t-on fait?

— On a tué mon frère là, sous mes yeux.

— Eh! ne sont-ce pas aussi des frères ceux que vous voulez brûler?

Le jeune homme s'arrêta sous cette magnanime pensée ; le poste fut enlevé, il y eut des victimes ; mais la colère s'éteignit dans une poitrine virile, et Michel H... vit aujourd'hui sans remords au souvenir de notre triomphe des trois jours.

———

Voyez cela, et dites-moi si Callot a jamais imaginé plus grotesque figure. Sa face est rebondie, vermillonnée, ses yeux vifs, inégaux, sa taille est lilliputienne, il se glisse sans se courber entre les jambes des passants, et cependant, pour prouver qu'il est là, de sa voix la plus flûtée, il crie à tue-tête : *Vive la République! Vive la République!*

La main droite de Gobert, Titi premier numéro, est armée d'une barre de fer arrachée à la grille du boulevard Bonne-

Nouvelle; Gobert cherche à la brandir d'un bras martial; mais à peine peut-il la traîner, le héros de huit à neuf ans.

Vous ne sauriez croire avec quel orgueil il laisse sortir de ses lèvres un cigare éteint qu'il a sans doute trouvé là ou là, au milieu de la bagarre populaire.

Il chante, il bondit, il raille, il caracole, avec des sifflements, avec des jurons, des sourires et des quolibets aux balles passant au dessus de sa tête.

Son costume est mythologique. Un large feutre de fort de la halle ombrage son chef, le cou est orné d'une collerette brodée, et tout son corps, drapé d'une énorme blouse traînant à terre, ne se meut qu'avec des efforts inouïs et les contorsions les plus fébriles; vous diriez un enfant en goguette, aviné pour la première fois.

Un solide ouvrier refoulé dans la rue Mazagran par une charge de cavalerie s'attache au petit marmot, le protége contre le flot populaire prêt à l'engloutir, puis, arrivés tous deux au coin de la rue Richer, ils s'arrêtent sous une porte cochère entrebâillée.

— Pourquoi viens-tu ici, drôle, dit l'homme fait à l'enfant qui ne veut plus l'être.

— Tiens, pour m'amuser comme les autres.

— Tu crois donc qu'ils s'amusent?

— S'il en était autrement, ils resteraient chez eux.

— Tu as presque raison.

— Je l'ai tout à fait.

— Mais comment es-tu ainsi accoutré?

— C'est tout simple; un fort de la halle était étendu raide mort rue de la Lune; il n'avait plus besoin de blouse, je l'en ai dépouillé ainsi que de son chapeau gris; une jeune fille tuée par une balle est tombée près de moi rue Notre-Dame-de-Recouvrance, je lui ai ôté sa collerette déchirée.

— Mais ce sont autant de vols.

— Doucement, je vous prie ; je chippe, mais je ne vole pas, à preuve que la demoiselle avait une belle chaine au cou, que j'ai respectée, et le fort quelques pièces de cent sous dans son gilet, que j'ai touchées à peine du bout de mes doigts.

— Où est ton père ?

— A la barricade.

— Et ta mère ?

— Avec mon père.

— As-tu des frères, des sœurs ?

— Ils sont aux barricades ; ils m'avaient enfermé dans ma chambre, mais j'ai filé par le plomb jusqu'au balcon du premier étage, de là sur un réverbère, du réverbère sur les épaules d'un monsieur, et me v'la.

— Eh bien ! maintenant que ta besogne est faite, en route, et rejoins ton domicile.

— La besogne est faite, dites-vous ?

— Oui.

— Père Guizot a donc descendu la garde ?

— On le dit.

— Vive la République ! Je vais manger un morceau de pain ; voilà dix heures que je n'ai rien mâché si ce n'est un cigare encore fumant à la bouche d'un beau jeune homme qui ne fumera plus.

Comme on le voit, le nom seul de Guizot créait des héros dans la grande ville; le héros de Gand ne se doutait pas de ce prestige.

———

Pourquoi ne vous dirai-je pas avant d'achever ce panorama le mot sublime d'un enfant de la rue Charlot dont le père venait d'être tué presque à ses côtés ?

Après les premières douleurs, douleurs poignantes se traduisant par des paroles à demi étouffées, sans regard dans les yeux, pâle, tremblant, brisé, Julien Trubert, âgé de douze ans, dont la maison se trouvait entre deux barricades, et que la mère malade bénissait de loin, se lève, saisit le cadavre de son père tantôt par la tête, tantôt par les épaules, tantôt par les pieds.... Il épuise ses forces à cette lutte de la vie contre la mort, de la jeunesse pleine de sève contre un corps sans battements aux artères, et il défend qu'on lui vienne en aide.

Les balles sifflent toujours, et pour arriver chez lui Julien se voyait forcé de les braver; mais que lui importaient les balles, que lui importaient les cris des combattants; il allait, il allait seul avec son précieux fardeau, qu'il traînait sur le pavé ensanglanté.

Plein d'admiration, un jeune homme en blouse, qui jusque là n'avait pas quitté la barricade, s'élance, et, se plaçant fièrement à côté de Julien :

— Je t'accompagne, lui dit-il d'une voix amicale.

— Pourquoi ?

— Parceque je veux te servir de rempart, à toi qui en sers au cadavre de ton père.

— Oh! sois tranquille, les gredins n'arriveront plus jusqu'à lui.

— Mais les balles ?

— Les balles s'arrêtent dans le corps, elles ne traversent pas les chairs, et un fils, vois-tu, est la plus solide muraille du monde.

Un seul cadavre arriva jusqu'à la mère. Elle et Julien vont souvent pleurer sur sa tombe protégée par une croix de bois au cimetière Montmartre..... Allez-y, c'est un beau pélerinage.

Vous rappelez-vous la douleur et l'effroi de Paris à la nouvelle de la nomination du maréchal Bugeaud au commandement en chef des troupes réunies autour de la capitale.

Oui, sans doute, car les jours néfastes se gravent plus profondément encore dans la mémoire que ceux où le soleil vous a dorés de ses rayons les plus purs.

Eh bien! tandis que les cœurs battaient dans les poitrines, tandis que les yeux des honnêtes citoyens indignés lançaient des éclairs, tandis que les mères imploraient le Très-Haut pour qu'il adoucît les maux de la patrie, on vit toutes les rues, toutes les places publiques, tous les boulevards sillonnés par des milliers de gamins et de titis chantant et caracolant comme pour insulter à la misère des familles.

Tenez pour certain que l'enfant est presque toujours de l'opposition, l'obéissance à laquelle on l'assujettit lui donne le désir de la résistance; il regarde toute domination comme une tyrannie, et plus on le dit lilliputien, plus il veut se faire géant.

Tout cela est vrai, sans contredit; mais il était aisé de reconnaître que dans la protestation des gamins contre la terreur générale, il y avait autre chose que le sentiment de l'émancipation... Etudions les petits coureurs.

La Marseillaise, les Girondins, le Chant du Départ, Des Lampions! des Lampions! retentissaient dans Paris en échos prolongés depuis la Madeleine jusqu'à la Bastille, depuis Montmartre jusqu'à la barrière Saint-Jacques; on aurait dit un fil électrique courant sur toutes les lèvres.

Ils chantaient faux, les coquins, mais leurs âmes étaient d'accord, à l'unisson, et la police veillait sur eux.

Adroits furets de la grande cité, ils glissaient pour ainsi dire sous les jambes des mouchards lancés sur leurs talons, et l'œuvre qu'ils avaient résolue s'accomplissait avec un succès admirable.

Mais quelle était cette œuvre? qui l'avait méditée? Pourquoi pas un de ces tapageurs en sabots et en casquette ne rentrait-il jamais avant le jour, et pourquoi était-ce pendant la nuit surtout qu'on les voyait arpenter le terrain? vous allez le savoir.

Quand il y avait un coup à faire, nos prudents maraudeurs, semblables à ces légions de singes qui peuplent les forêts de l'Indoustan, dépêchaient à droite, à gauche, de l'avant ou de l'arrière, des sentinelles alertes chargées de donner l'éveil ; à l'approche de l'ennemi, un coup de sifflet ou un cri aigu parfaitement compris de la bande faisait de celle-ci une association de flâneurs, et la police passait en grommelant.

Mais c'est lorsque la nuit, descendant du faîte des maisons, estompait les objets, qu'il fallait voir, la race titinienne commencer et achever ses hardies manœuvres avec des vivats et des lazzis disant à la fois la joie du triomphe et le bonheur du sarcasme.

Suivez mes coquins :

En voici un qui se pose à quatre pattes, et entonne *des Lampions! des Lampions!* en sourdine ; un second bondit sur son dos et fredonne *En avant marchons* ; un troisième grimpe sur celui-ci, puis un quatrième se hisse, armé d'un couteau, au sommet de la pyramide, il arrache, décolle, déchire, zèbre de boue cette affiche homicide salie du nom exécré de Bugeaud dont je vous parlais tout à l'heure.

Cependant il faut cacher les traces maculées de la victoire ; le feu purifie, ces nobles citoyens ne l'ignoraient pas, mais la flamme l'eût trahie, et le travail est à peine commencé.

Bah! il n'est pas d'obstacle sérieux pour les vrais titis ou gamins de Paris ; ils se consultent, ils délibèrent, ils envoient des courriers aux postes les plus éloignés, ils arrêtent qu'ils se doubleront le corps des affiches Bugeaud.

Aussi, le matin, tel qui la veille était mince, étriqué, diaphane, se pavanait à midi, gros et gras comme un gastronome satisfait, et le soir, rebondi comme une barrique....... Bugeaud l'avait gonflé.

La police était aux abois, les murs de la capitale n'offraient plus aux regards la menace de Louis-Philippe, et l'on se mandait si le Château repentant était revenu sur sa première résolution.

Eh bien! non, les gamins seuls avaient mérité du pays, eux seuls avaient détrôné Bugeaud et le roi ; eux seuls avaient rassuré la capitale.

La fête cependant n'eût pas été complète s'ils en étaient restés là ; c'était prodigieux, sans doute, de rassurer en un instant toute une population en émoi, de faire renaître la confiance dans les cœurs, mais nos héros n'y trouvaient pas leur compte : après le prodige dont ils ne s'étaient fait qu'un jeu, ils voulurent l'entier accomplissement de l'œuvre.

Trois magnifiques feux de joie, allumés place Maubert, au pied de la Colonne de Juillet, au Château-d'Eau, témoignèrent du zèle des gamins et des titis, et l'auto-da-fé du maréchal Bugeaud se célébra dans tout Paris avec une ardeur digne des plus beaux jours de notre France triomphante ou de l'inquisition espagnole.

———

Jamais Callot, jamais Scarron, Granville, Cham, Berthal, Daumier, Nadar et Doré n'ont buriné de plus grotesques figures; jamais imagination vagabonde n'a rêvé de silhouette plus fantastique, jamais délire de fiévreux n'a jeté à l'oreille de la faculté attentive des sons plus étranges, des syllabes plus diaboliques... Voyez, écoutez.

On manquait d'armes, et il en fallait cependant pour la victoire; aussi fouillait-on avec avidité les caves, les greniers, les magasins, les laboratoires où l'on soupçonnait un canon, une épée, un fusil, une carabine, une capsule.

Tout-à-coup, pareil à la foudre retentissant en soubresauts métalliques, un cri s'échappe d'une poitrine haletante, et tient la foule en émoi suspendue à une espérance.

— *Nous aurons des armes! Venez, qui m'aime me suive, venez, amis, venez!*

A peine ces électriques paroles ont-elles retenti que la masse compacte qui tourbillonne sur le boulevard Saint-Martin suit une direction régulière, et s'engouffre impatiente dans la rue de Bondy.

— Halte, s'écrie le provocateur, ou plutôt le général; car lui seul commande en ce moment; halte! camarades, et que cette porte bardée de fer vole en éclats! Suivez mon exemple, jouons des pieds, de l'épaule, de nos cannes, de nos poitrines, encore un effort, et nous aurons des armes, comme surent s'en procurer les soldats d'Arcole aux beaux jours de notre héroïque histoire!

En un clin d'œil la porte du n° 23 est brisée, les escaliers sont envahis, les étages escaladés, les appartements occupés... Une armée était désormais en état de défense.

C'étaient les magasins d'armes et de costumes de M. Bouteville, armes de luxe et de parade; c'étaient des gantelets, des cuissarts, des casques, des brassarts, des cottes de mailles, des éperons, des flamberges... annales vivantes des époques guerrières à la tombe, pages curieuses des jours chevaleresques des Amadis, des Lancelot, des Lahire et de tous ces magnifiques héros de la Table-Ronde dont les horions ouvraient des tranchées, dont la gloire consistait à parcourir les grandes routes et à faire proclamer les plus belles filles du monde celles qui parfois étaient louches et se faisaient elles-mêmes de tendres confidences à l'oreille.

Tout est enlevé, tout est emporté, les faisceaux, les trophées; les armoires sont vides, les appartements sont nus, complétement nus, et vous voyez de nouveau dans la rue et sur les boulevards, ces mêmes hommes, ces mêmes femmes, ces mêmes enfants que vous suiviez naguère d'un regard inquiet.

Mais quelle métamorphose, grand Dieu! quel monde fantastique au lieu du monde réel!

Voici un Jupiter avec ses carreaux, un Neptune avec son trident, une Minerve avec sa javeline.

Voici Ajax, Diomède, Hercule, Patrocle, Achille, toute l'Illiade en goguette.

Voici Clovis, Charlemagne, Bayard, Jeanne-d'Arc, Frédegonde, François Ier, mêlés, confondus ; partout le même idiome, partout échange des mêmes tendresses.

Voici le casque d'Ajax sur le front d'un Thersyte, une couronne d'Hébé sur la tête d'une vivandière, une tunique de Vestale sur les épaules d'une arpenteuse des rues aux rayons opales de la lune.

Voici encore le diadème des Incas et des Caciques, l'arc d'Amazili servant de monture à un gamin, le casse-tête zélandais promené par des titis en guenilles...

Voici les légions grecques et romaines d'accord cette fois et laissant le monde dans son sommeil.

Voici l'Europe, l'Afrique, l'Asie, l'Amérique fraternisant et jetant à l'air les mêmes chants, les mêmes harmonies, les mêmes bénédictions vers le Très-Haut.

Et pendant cette course des dieux de la fable, des héros de l'antiquité, des chevaliers du moyen-âge dont les souvenirs faisaient battre les cœurs, la fusillade retentissait, le canon lançait sa redoutable voix à travers les demeures ébranlées...... Et une révolution s'accomplissait, et un trône d'or tombait en ruine.

Dieu seul est éternel.

———

Quand les anges se font démons, Lucifer s'émeut dans son éternelle marmite.

Je vous le demande à vous qui armez votre palette des couleurs les plus sombres, les plus poétiques, les plus mystérieuses, trouvez-vous souvent à retracer plus magique tableau que celui qui se déroula hier dans la rue Saint-Denis au milieu de la fusillade et aux ébranlements du canon ?

Une magnifique voiture de comte ou de marquis venait d'être mise en fourrière par les maraudeurs en blouse et traînée à la barricade aux cris mille fois répétés de : *A bas Guizot! Vive la liberté !*

Les chevaux étaient partis, on leur avait rendu l'élasticité de leurs jarrets aristocratiques et l'équipage servait seul de bouclier au peuple.

Tombé sur un des côtés, vous comprenez que l'autre dominait l'édifice et que la roue encore attachée au moyeu pouvait aisément se mouvoir puisqu'elle était sans frottement.

Que font nos hardis gamins ?..

Ils se hissent dessus en enfourchant la courbe chacun à l'extrémité des rayons ; et, armés de torches résineuses, ils ordonnent à un ou deux de leurs camarades de tourner la roue comme on le fait aux chevaux de bois établis sur nos places publiques ou au champ de foire.

Cette hardie manœuvre dura toute la nuit ; toute la nuit les gamins jouèrent à la roue ainsi qu'ils le disaient le lendemain dans leur pittoresque langage ; et quoique leurs torches servissent de cibles aux soldats, un seul d'entre eux eut l'épaule effleurée, ce qui ne l'empêcha pas de continuer sa rotation.

Que de petits grands héros dans notre capitale !

Savez-vous ce que fit André Neveu pendant les trois grandes journées ? Je vais vous le dire, moi qui le tiens des plus marquants de son quartier, moi qui l'ai souvent invité à ma table, car je me plais au contact des cœurs honnêtes.

Le petit Neveu avait dix ans et habitait avec son père une

chambrette de la rue Rambuteau où les barricades se dressaient formidables à quinze ou vingt pas les unes des autres.

Tandis que son père gardait le logis, lui André, dans la rue étudiait, d'abord tranquille, les fluctuations de la lutte, et dès qu'il voyait, de près ou de loin, tomber un homme ou une femme sous le plomb fratricide, il se glissait vers le cadavre, le fouillait des pieds à la tête et le dépouillait de tout ce qui pouvait tenter la cupidité des fourrageurs.

Cela fait, André Neveu traçait sur un calpin le signalement de la victime, alors que le nom lui échappait ; il faisait chez lui de petits paquets soigneusement étiquetés, et continuait ses larcins jusqu'à ce que la nuit et le sommeil lui ordonnassent la retraite.

André, vous le comprenez, pouvait être fusillé sur place, car le vol pendant ces jours de calamité publique était puni à l'égal de l'assassinat.

Mais notre gamin, abrité dans sa pensée, laissa courir les heures et ne songea pas un seul instant au péril qui le menaçait.

Sa chambre possédait une assez jolie fortune que de moins scrupuleux auraient regardé comme acquise de bonne guerre.

André le gamin, André se conduisit autrement.

Le 25, dès que la fusillade eut achevé son œuvre, dès que les mères sourieuses purent remercier le Très-Haut, André, muni d'un grand cabas, sortit de chez lui, se dirigea en sifflant la Marseillaise vers une maison de belle apparence indiquée par une lanterne que les balles avaient respectée..... c'était la demeure officielle d'un commissaire de police.

André monte, il entre dans un cabinet, et à peine l'a-t-on aperçu, que l'officier de paix s'écrie :

— Fermez la porte et veillez sur ce petit garnement.

— Oh! soyez tranquille, dit André, je ne viens pas pour filer tout de suite.

— Tu as bien du front!

— Oui, mais plus de cœur.

— Surtout pour le vol.

— Doucement, papa, doucement, ou je vous appelle Guizot.

— Qui t'a amené ici !

— Moi.

— Pourquoi y es-tu venu ?

— Voici, c'est court, c'est *rigolo*... Prêtez-moi vos deux oreilles, je vas vous narrer la chose. Vous savez, patron, que les balles, les sabres et les baïonnettes font des trouées sans trop distinguer le coquin du bon enfant. Or, comme il y a dans le quartier des vauriens qui ne valent pas le sou, je me suis dit, moi qui vaux davantage, qu'il fallait couper l'herbe sous les pieds des *grincheurs*.

— Pas tant de phrases, drôle.

— Ce ne sont pas des phrases, ce sont des choses.

— Continue.

— Vous voyez bien que je vous amuse.

— Nous verrons si je t'amuserai à mon tour.

— Je n'en crois rien..... quoi qu'il en soit, je narre. J'ai là, dans cette espèce de coffre-fort sans cadenas, d'abord une paire de boucles d'oreilles en or qui ont appartenu à Mademoiselle Louise Beignole, couturière, passage du Grand-Cerf, comme le dit l'adresse de cette lettre que la jolie brune portait dans son corset. Voici encore une montre en argent puisée dans le gousset d'un brave homme de quarante à quarante-quatre ans, signalement pris par moi : teint moyen, nez moyen, bouche moyenne, menton moyen, cheveux moyens. Il sera facile à reconnaître. Plus quinze francs en trois pièces de cent sous enfermées dans une bourse verte dans laquelle j'ai trouvé aussi le nom Gipart, cordonnier, rue ci-incluse, n° 7, au septième. Plus une tabatière en argent, le propriétaire est Monsieur Gérard, instituteur... plus le reste, c'est en ordre, gardez tout, Monsieur, et donnez-moi quittance.

— Ton nom?

— André Neveu.

— Ainsi donc André, tu as pris tout cela pour le conserver aux propriétaires?

— Pas pour autre chose.

— Et tu t'es exposé aux balles?

— Cré coquin comme elles ronflaient!

— André, le pays aura soin de toi; quoique enfant, tu es déjà un homme de cœur, ce que tu as fait est digne de Lacédémone.

— Je ne connais pas cette donzelle... Vous ne voulez plus me faire coffrer?

— Non.

— En ce cas, bonsoir patron, et vive la République!

Maintenant une courte physiologie des deux types parisiens dont j'ai souvent parlé dans les anecdotes que vous venez de lire.

Ne vous y trompez pas, le titi n'est pas le gamin, une nuance les distingue.

Vous rencontrez des gamins de vingt ans, le titi n'en a que quatorze ou quinze.

Le gamin voit le danger partout où il est; le titi ne sait pas seulement s'il existe.

En style décolleté, on peut dire sacré gamin, on ne dit pas sacré titi; le premier vous irrite, le second vous agace.

On claque le gamin sur la joue; le titi ne mérite qu'un coup de pied autre part.

Le titi a des camarades, le gamin a des amis.

Le gamin avale sans sourciller le tas de poires vertes étalées sur le boulevard, le titi aime mieux dépenser deux sous pour un sucre de pomme.

Le gamin est la belette de nos basses-cours, l'autre est le Ouistiti des forêts, il a sa malice et ses gentillesses.

Le gamin et le titi qui ne savent imiter ni l'âne, ni le coq, ni le chien, ni le dindon, ne sont pas dignes de leur titre; beaucoup d'entre eux sont une véritable ménagerie.

Il y a des gamins qui se grisent et lancent l'œillade à la petite fillette, le titi ne va pas encore jusque-là.

Le gamin joue avec les jeunes filles de son quartier, et ne craint pas de les protéger contre la grossièreté du Monsieur; le titi rit, danse et gambade avec elles; mais sa colère se traduit en grimaces ou en croc-en-jambe.

Le titi ne rougit de rien, tandis que le vermillon monte au front du gamin à l'épithète outrageante.

Le titi pleure aux douleurs de sa famille, le gamin cherche à les alléger; il comprend qu'il a déjà un devoir à remplir.

Le titi ne craint que la colère des hommes, le gamin commence à redouter leur mépris.

Il n'y a que du courroux dans les larmes du titi, dans celles du gamin il y a souvent de la douleur.

Le titi se fâche, le gamin s'indigne.

Le titi ne croit guère qu'au diable, le gamin croit en Dieu.

Le titi récite ses prières, le gamin les dit.

Au théâtre le titi se tord de joie aux quolibets du niais de mélodrame; le gamin pleure à chaudes larmes aux douleurs de la vertu persécutée.

Le rire du titi est une habitude, il est partie intégrale de la surexcitation nerveuse qui le fait toujours se mouvoir; il rit sans savoir ce qui le fait rire; il rit comme il marche, comme il chante; le rire du gamin, au contraire, est motivé; il sait déjà que ce qui l'entoure ne prête pas toujours au rire.

Quand le titi pleure, c'est qu'on lui a dérobé une pomme ou sa casquette; les larmes du gamin disent la misère de la famille ou la maladie d'une mère.

Le titi se gâte s'il n'a ni sa casquette ni sa blouse trouées; le gamin tient à honneur de se montrer sans taches ni déchirures; il comprend déjà la coquetterie.

Le titi défend sa sœur quand il se sent plus fort que son adversaire; le gamin ne calcule pas; ses poings et ses pieds sont toujours au service de ses amis et de sa famille.

Le titi et le gamin s'extasient en présence de la colonne Vendôme; le premier parcequ'on pourrait en faire des millions de gros sous, le second parcequ'elle rappelle nos gloires.

Peu importe au titi de ne pas savoir lire; le gamin serait au désespoir qu'on ne le supposât pas familier avec la grammaire.

Ne croyez qu'à demi à la promesse la plus sérieuse du titi, croyez avant tout à celle du gamin qui vous aura dit sans rire : *Parole d'honneur*.

On a vu souvent le titi, après s'être agenouillé sur la tombe de son père, s'en aller jouer au bouchon et gambader avec ses camarades... Le jour où le gamin visite le cimetière il est triste, il parle peu, il ne joue pas, il fait mal sa besogne à l'atelier... l'enfance s'efface, l'homme se dessine.

Tout l'avenir du titi va jusqu'au lendemain, celui du gamin lui montre l'ouvrier, le maître, le capitaine, le général.

Encore un an, et le titi sera gamin; encore six mois, et le gamin sera garçon.

J'ai vu des titis étudier l'histoire de leur pays ou de leur ville dans des livres parfaitement mal écrits et n'enseignant que des sottises ou des erreurs; le gamin a corrigé la faute du maître, et il classe dans sa mémoire les faits dignes d'y être conservés, à l'aide seule des édifices ou des statues dont sa capitale est semée.

Pont d'Arcole, Iéna, Wagram, Rivoli, Austerlitz, Hoche, Cuvier, Drouot, Lamartine, Laplace, Monge, Franklin, Berthollet... il a vu ces noms retentissants dans les angles des rues, dans les carrefours, et il a demandé, en rentrant, à son vieux père au foyer, les choses magiques désignées par ces syllabes d'abord incomprises. Aussi, le lendemain, en allant au travail, il ôte dévotement sa casquette, il fait une courte halte en face des noms *auréolés* de *Masséna*, de *Lody*, de *Marengo*, des *Pyramides* ; et les magnifiques pages de notre histoire se gravent ineffaçables dans son docile cerveau.

En général, le gamin est l'instituteur du titi, non point parcequ'il veut se donner un émule, mais pour prouver sa supériorité, pour dire sa précoce intelligence.

A votre côté, le gamin lève à peine les yeux pour fouiller dans les vôtres ; le gamin auprès du titi a dix coudées au moins.... vanité permise, car il vient d'apprendre, car il sait, car il se sent une pensée au front et du cœur au cœur.

La France est pavée de gamins, Paris seul a ses titis ; mais, hélas ! ils s'effacent comme se sont effacés les loups de mer, les miquelets, les visionnaires, les poletais, les spencers et les manches à gigot.

Si les siècles à venir doivent dévorer les gamins, n'est-il pas juste que nous les fassions vivre au moins pendant leur vie, alors surtout qu'elle n'est pas encore une espérance et qu'elle est déjà un chagrin !

Suivons maintenant la trace des hommes.

CHAPITRE XI.

Aux Tuileries.

On n'y croyait pas, et quelques faits énergiques du passé protégeaient ce doute qui était une accusation de lâcheté.

Le pauvre défend avec énergie la dévastation de sa cabane contre l'incendie ou l'inondation, le riche se fait tuer sur sa caisse bardée de fer, la mère s'expose aux tortures et à la mort pour son fils au berceau, l'Harpagon se mure avec ses richesses et rend le dernier soupir sur les sacs dont on veut le dépouiller.

Nous savions tous l'avarice du monarque assis sur le plus beau trône du monde, et nous n'osions pas croire à une fuite sans combat.

Louis-Philippe s'était montré fort calme à l'horrible assassinat de l'infâme Fieschi ; le coup de fusil de Lecomte, celui de

Meunier, tous ceux qui avaient assombri sa vie, l'avaient trouvé sinon énergique, du moins sans faiblesse ou résigné.

Et maintenant qu'il s'agit d'être ou de ne pas être, maintenant que sa famille, sa couronne, sa dignité sont en jeu, maintenant que l'inflexible histoire va peut-être commencer pour lui, maintenant que, plus que jamais, il doit se montrer homme de cœur, il se sauve comme un larron traqué par la justice, il se cache, il abandonne les siens à la merci d'un peuple menaçant et parfois châtiant sans miséricorde !....

Je le répète, on ne croyait pas à la fuite de Louis-Philippe, et le vainqueur au milieu de son triomphe se tenait en garde contre les pièges où déjà souvent on avait surpris sa bonne foi.

Est-ce vrai ? se demandait-on de toutes parts avec incrédulité.

Est-ce vrai ? disaient les fanatiques dont l'exil ne satisfaisait pas la vengeance.

Est-ce vrai ? se demandaient aussi avec un rayon de joie dans le regard ceux que cette retraite du monarque rassurait sur les conséquences d'une guerre civile prête à s'allumer.

Cela était vrai, et je vous dois le détail exact, précis, authentique d'une fuite dont vingt années de gloire n'effaceraient pas la honte.

Je touche aux hommes, sans passions haineuses, je ne me permets ni l'erreur ni le mensonge ; je sens mon cœur bondir, mon âme frissonner aux plaintes et aux larmes de l'exilé que ne réchauffera plus le soleil de la patrie ; mais, rigide historien, j'ai une tâche à remplir, et j'impose silence à ma pitié pour l'accomplissement de mon devoir.

Je raconte ; les garanties de mon récit sont là, sous ma main, nul n'a le droit de les révoquer en doute.

Je développe ma pensée :

Que la foudre, ce glaive de Dieu, éclate sur un trône et en disperse au loin les débris, je comprends qu'il y ait stupeur dans le palais impérial.

Que le flot populaire s'élance sur une royale demeure et s'en empare après avoir renversé les solides barrières opposées à sa furie, je comprends la douleur de la chute, et je la pardonne, si des cadavres attestent la vigueur de la résistance.... Toute défaite n'est pas une honte, et qui tombe après avoir laissé quelques-uns de ses membres au combat a droit au moins à notre estime.

Mais qu'un prince sur qui le monde entier a les yeux recule devant le péril, alors qu'il aurait pu le maîtriser; que, dédaigneux de ce que dira l'histoire, il fuie au premier roulement du tambour, au premier sifflement de la balle, à la première menace du canon, à la première étincelle du regard ennemi, oh! c'est là une flétrissure qui pèse sur un cercueil, et vient attrister les hommes de cœur.

Si vous n'avez pas assez d'énergie pour vous rappeler au sentiment de votre dignité menacée, hâtez-vous, abdiquez.

Si les ans et les orages politiques ont ridé votre front et blanchi votre tête, hâtez-vous, abdiquez.

Il y a parfois de la gloire à la retraite, il y a parfois de l'imprudence à marcher en avant. Mais, si vous êtes coupable de tomber sans combat, vous êtes criminel quand votre faiblesse entraîne avec vous ceux qui avaient eu foi en votre dignité, car ils ont les éclaboussures du mépris qui vous entoure.

Ayez le cœur plus haut que la tête, si vous voulez qu'on vous plaigne dans votre infortune.

Après le dédain, ce que vous avez le plus à redouter des hommes, c'est leur pitié.

On ne doit en éprouver que pour l'enfance, la décrépitude et l'idiotisme.

Le berceau, le cercueil, le cabanon absolvent ou plutôt purifient.

Vous comprenez, n'est-ce pas, sur qui tombent ces réflexions et ces amertumes? Vous voyez de qui je veux vous parler, vous savez quels événements je vais traduire à ma barre d'historien.

Tandis qu'à la Chambre des Députés vibraient encore les dernières paroles d'un pouvoir à l'agonie, les poitrines dilatées de ceux qui avaient longtemps souffert jetaient en réponse le sarcasme et la menace en attendant qu'ils pussent les appuyer par l'épée et la baïonnette.

Voyons maintenant ce qui se passe là-bas dans une forteresse de pierre ; nous verrons plus tard ce qui se passe ici dans un édifice moins solide, mais plus protégé ; car les lois sont au dessus de la royauté, le code est plus durable que le trône.

La dissolution des ministres avait eu lieu ; Thiers, Molé, Odilon Barrot se relevaient et tombaient tour à tour. Tous trois avaient été les drapeaux de trois partis bien distincts ; tous trois n'étaient plus et ne devaient plus être désormais que de tristes oripeaux dont on ne voulait plus que comme souvenir.

Le talent, l'éloquence, cela est beau sans doute ; mais la foi politique, alors qu'on est appelé à la tête d'un peuple, cela vaut mieux.

Vous avez vu la cité entière disant sa joie à travers des milliers de croisées qui jetaient le jour le plus éclatant au milieu de la nuit. Le roi venait d'apprendre cet élan spontané de la population ; et, honteux de ce qu'il appelait une défaite, comme si la victoire du peuple ne devait pas être toujours la victoire de la souveraineté, il s'était écrié avec amertume :

« — C'est la première fois que je cède devant l'émeute, c'en est fait de ma puissance. »

Un assez grand nombre de députés conservateurs, ceux-là qui ne croyaient pas encore à la chute d'une dynastie, venaient d'arriver au château, afin d'offrir leurs services et leurs consolations. Enfermé dans son cabinet, le roi, triste et pâle, refusa de les recevoir, dans la crainte, assure-t-on, qu'ils ne lui reprochassent sa faiblesse. Crainte puérile ! Ceux qui étaient venus là n'avaient point pour habitude le blâme d'une couardise; Louis-Philippe les jugeait trop favorablement.

La duchesse d'Orléans, vraiment reine en ce moment suprême, adressa quelques paroles de gratitude à plusieurs généraux groupés dans la galerie de Diane; puis, entourant son fils de ses bras maternels :

— Que le ciel soit béni, lui dit-elle avec une profonde émotion, votre couronne était menacée, Dieu vient de vous la rendre.

Que de fois une tendre mère prend ses espérances pour des faits accomplis !

Deux heures après, et tandis que les Tuileries se reflétaient encore des feux à peine éteints de la capitale, on apportait de toutes parts les nouvelles les plus sinistres... Tout avait changé d'aspect.

Je vous ai dit le deuil de la place publique, le deuil de la rue, le deuil de la famille.

Il y avait aussi un grand deuil au château, il y avait des larmes dans les yeux, d'amères paroles sur les lèvres, et chaque heure qui s'écoulait y apportait une terreur.

Trois jours avant les événements que j'ai racontés, M. Rambuteau, préfet de la Seine, avait eu avec le roi une explication grave, solennelle; et aux paroles consciencieuses du magistrat le monarque avait répondu par une ironie et une satisfaction de lui-même qui enlevèrent à M. de Rambuteau toutes ses illusions.

— Sire, lui avait dit le préfet, la position est critique beaucoup plus que votre majesté ne le croit; il y a peu de ferveur parmi les gardes nationaux, il y a peu de dévouement sincère parmi les troupes de ligne; le peuple murmure, le commerce s'inquiète, nous seuls, magistrats, nous avons le privilége de nous faire entendre de votre majesté; qu'elle daigne nous écouter, qu'elle ne repousse point nos vœux, qu'elle cède à nos craintes.

— Vous seriez bien étonné, répondit Louis-Philippe en souriant, si je vous prouvais aujourd'hui ou demain que vos terreurs n'ont pas le sens commun, et que ma force s'accroît en raison même des obstacles que vous me présentez et que vous exagérez à plaisir.

— Prenez garde, sire, répliqua M. de Rambuteau, les petits ont aussi souvent raison que les grands.

Et le préfet de la Seine se retira certain des malheurs qui allaient accabler la famille royale.

En effet, la grande ville devait faire entendre bientôt l'expression de ses sentiments intimes, et ce fut un des événements les plus graves de cette époque de commotion que le manifeste lancé par la quatrième légion de la garde nationale déjà prête à s'insurger, comme on le vit.... Écoutez :

« Nous soussignés, citoyens du quatrième arrondissement,

« Déclarons, pour rendre hommage à la vérité, à nos convictions personnelles, être prêts à soutenir dans les rangs de la garde nationale sa devise : Liberté, ordre public ! et à cet effet de prendre les armes sous les ordres de nos chefs pour maintenir l'ordre dans l'arrondissement ; mais nous entendons bien formellement ne pas nous constituer les soutiens d'un ministère corrupteur et corrompu, et dont nous repoussons de toute la force de nos convictions la politique et les actes, appelant de tous nos vœux sa mise en accusation et son renvoi immédiat. »

Rien n'était plus clair, plus précis, plus énergique ; l'un des deux partis devait succomber au choc, mais le ministre Guizot n'était pas homme à céder du terrain sans une lutte désespérée. Il se rendit à la Chambre, et montra sa face rayonnante comme si ce jour n'était pas le dernier de son triomphe.

On le crut d'accord avec la royauté ; on se trompait. Louis-Philippe ne comptant plus sur Guizot, celui-ci prépara sa retraite comme si elle ne lui était pas ordonnée, et il se rendit aux Tuileries.

Cependant la garde nationale, sur la place des Petits-Pères, avait croisé la baïonnette contre la troupe de ligne; ce n'était pas une révolte, c'était un droit soutenu les armes à la main, et M. Duchâtel, à qui le rapport venait d'en être fait, arriva au château presque en même temps que le général Friant, qui allait également y chercher des ordres.

— Vous le voyez, dit le roi à son ministre de l'intérieur, les événements s'aggravent, le peuple est en pleine révolte dès qu'il résiste ; cherchons un remède au mal.

— Il y a de l'exagération dans les récits, répondit M. Duchâtel; quelques hommes ne font pas les masses, quelques mécontents ne font pas l'opposition ; la nuit passera là-dessus, et demain sera calme.

En ce moment, la reine entra sans se faire annoncer; elle était pâle, vivement agitée, des larmes roulaient dans ses yeux, et son attitude disait une énergique résolution.

Dès qu'elle eut aperçu le ministre de l'intérieur, elle ne put retenir ses plaintes :

— M. Guizot, je le reconnais, s'écria-t-elle, nous a rendu de grands services, il y aurait de l'ingratitude à nous de douter de son dévouement et de ses bonnes intentions ; mais s'il voulait nous témoigner son bon souvenir de notre amitié pour lui, il se retirerait.

— Puisqu'il en est ainsi, répondit respectueusement M. Duchâtel, que votre majesté se rassure; M. Guizot va résigner ses pouvoirs, et le cabinet tout entier ne demande pas mieux que de donner à la royauté un nouveau gage de son dévouement.

— J'accepte votre parole, répondit la reine; que M. Guizot se retire, qu'il se retire non pas demain, mais aujourd'hui.

Peu d'instants après, le puissant ministre qui avait si souvent joué les destinées de la France fut mandé au château, et je vous ai déjà dit que M. Molé avait été prévenu qu'il allait être le chef d'un nouveau ministère.

Il était pourtant écrit que le roi n'accepterait jamais qu'avec une extrême répugnance toute généreuse résolution, et peu s'en fallut que ce jour-là encore Guizot ne se relevât plus fort, plus puissant que par le passé.

Dès que Louis-Philippe eut aperçu son premier ministre, son ami, j'allais dire son soutien, il fut profondément ému du caractère de douleur répandu sur tous ses traits... Ce n'était pourtant point de la douleur, c'était un sentiment de haine et de dégoût, haine contre tous ceux qui cherchaient à l'abattre, dégoût pour les hommes qui l'abandonnaient au moment où ils auraient dû lui servir d'appui ; il se sentait fort par lui-même, mais il comprenait que c'était une force désormais inutile, et si la puissance qui lui échappait froissait son âme, il se serait peut-être consolé de l'ingratitude royale, pourvu que sa chute ne lui eût pas été demandée.

Aussi l'entrevue avec le monarque fut-elle courte ; le ministre se montra roi, roi sec, dur, impérieux, sans entrailles.... il mourait de cette mort de gladiateur expirant sans un cri sur les lèvres, sans un battement au cœur, sans demander grâce.

Ce fut une bien douloureuse épreuve jetée sur la vie de cet homme arrogant, impérieux, indompté jusqu'alors. Un immense chaos d'idées l'écrasa sous son poids pendant le court trajet des Tuileries à la Chambre des Députés, où il arriva la tête haute, l'œil flamboyant, j'allais écrire triomphateur.

La vie de Guizot avait été un mensonge de tous les jours, il ne pouvait pas se donner un démenti en ce moment suprême; aussi ses rares partisans n'osèrent-ils pas d'abord lui exprimer les sentiments dont ils étaient agités. Le féliciter de sa retraite, c'eût été s'exposer à une vengeance, à un courroux qui, pour être tardifs, n'en auraient été que plus sanglants. Le féliciter d'une nouvelle victoire devenait plus périlleux encore; car la défaite était à peu près annoncée, et toute pression de main eût semblé une sanglante ironie.

Quant à lui, d'autant plus insolent qu'il se reconnaissait seul contre tous, il promenait sur l'assemblée un œil provocateur, et il paraissait pourtant ne prendre qu'à regret sa place accoutumée sur le banc qui lui avait si souvent servi de trône.

Moins l'homme était ministre, plus le ministre tenait à se dessiner homme, mais homme sans faiblesse, sans regrets, sans remords.

Heureux mille fois les puissants dont la chute n'est pas un châtiment, dont le dernier adieu au pouvoir n'est pas une amertume!

Les événements ont leur sacerdoce, ils condamnent ou ils absolvent.

L'histoire a jugé Guizot.

La colère n'est pas plus la force que l'hypocrisie n'est la soumission.

Parcequ'il était despote, Guizot se disait omnipotent; parceque le monarque l'utilisait à son profit, il se disait indispensable.

Jamais moraliste en paroles ne fut plus immoral en actions, et son éloquence classique était si compassée, si régulière, si rhétoricienne qu'on l'a cru quelquefois l'œuvre du dévouement et de la conviction.

Jamais personne, orateur, prédicant ou philosophe, ne s'est donné plus de démentis à lui-même que Guizot. Chez lui l'homme du lendemain n'était plus l'homme de la veille. Comme la salamandre, il se reflétait des corps avec lesquels il était en contact ou des pensées qui se heurtaient dans son cerveau.

Guizot faisait de la politique au jour le jour, selon les besoins de ceux qui lui imposaient le servilisme par les honneurs et les dignités.

Rien ne lui appartenait de ce qui semblait s'échapper de sa tête ou de son cerveau, et il ne serait pas insensé d'écrire que nulle part on ne vit d'esclave plus omnipotent.

Quelle est l'école politique de Guizot? Il les a professées toutes.

Quelle est sa religion? Il a attaqué et protégé tour à tour le Christ, Luther ou Calvin, selon l'adversaire qu'on lui a donné à combattre, selon l'apôtre qui a brûlé l'encens à son autel.

L'abaissement des principes politiques de Guizot est en raison inverse de la virilité de ses discours de tribun.

Jupiter-Tonnant n'eut jamais plus de foudres, jamais ce nouveau dieu de l'Olympe ne fut plus humble en présence d'une divinité rivale prête à s'insurger.

Guizot avait de la bassesse dans la grandeur et aussi de la grandeur dans la bassesse.

Je le reconnais avec vous, de brillants éclairs s'échappaient parfois du cerveau de l'orateur, alors surtout qu'on s'attaquait à sa puissance; mais dès que l'obstacle était vaincu, dès que la barrière était renversée, l'athlète couronné rentrait dans son calme, c'est à dire dans la négation de ses forces épuisées à la lutte.

On a pourtant frappé une médaille d'or en l'honneur de l'énergie de Guizot; il la fallait en cire, fondant au premier rayon d'un soleil régénérateur.

Guizot devait avoir des élèves, et point de disciples.

Comme Kant, comme Voltaire, comme Descartes, il ne fera point école; car il n'a jamais été ferme et droit que dans son irrésolution.

Quel système n'a-t-il pas préconisé? De quel temple ne s'est-il pas fait le prêtre?.... Suivez-le dans sa course de reptile, et jugez-le par ses actes.

Les faits ont leur éloquence.

En 1814, il servit l'étranger;

En 1815, les cours prevôtales et le régime exécrable de ce temps;

En 1817, l'opposition doctrinaire;

En 1824, l'opposition libérale ;
En 1829, l'opposition républicaine ;
En 1830, le parti orléaniste ;
En 1837, la résistance à outrance ;
En 1839, la coalition ;
En 1840, M. Thiers.

On n'écrit pas sans que le rouge monte au front que cet homme a tenu dans ses mains pendant plusieurs années les destinées de la France, c'est à dire celles de l'Europe.

La laideur de Mirabeau s'effaçait sous le brillant de sa parole, la face de Guizot se ternissait sous la colère ou le dédain de ses discours ; comme il était sans conviction, il se posait sans dignité ; aussi, quelque élégante que fût sa phrase, de quelque énergique couleur qu'il pavoisât sa période, il ne parvenait jamais à convaincre..... On l'aurait volontiers applaudi des mains, mais on ne pouvait l'applaudir du cœur.

Guizot se vantait du nombre de ses amis ; pauvre aveugle, il n'avait que des courtisans !

Autant que Lamartine, il était accessible à la flatterie ; mais, plus adroit ou plus fier que le chantre de *Jocelyn*, il voulait ne point en paraître touché.

Le mépris qu'il affectait pour les hommes l'aurait sauvé de l'orgueil, si la déférence du trône pour ses volontés et ses caprices de gouvernant ne lui eussent donné la plus haute idée de son mérite.

Talleyrand, Metternich se seraient amusés de Guizot ainsi qu'on le fait d'une poupée à ressorts ; ils ne l'auraient pas plus désiré comme ami que redouté comme ennemi.

A la pureté du langage de Guizot, dès qu'il montait à la tribune, il eût été permis de croire qu'il avait étudié ses discours... On serait injuste envers lui de l'écrire, et l'énergique vivacité de ses répliques, alors qu'il était interrompu, prouva du moins qu'il possédait ce genre d'éloquence qui a si fort distingué Foy, Casimir Périer, Benjamin Constant, Berryer et Villèle.

Personne plus que Guizot n'a été logique dans ses erreurs... Il serait sage de dire dans ses mensonges.

Appelez-le roi de la parole, vous le flattez ; saluez-le roi du paradoxe, vous ne le blessez pas.

Thiers était plus adroit que lui, parcequ'il était plus modéré ; la violence de Guizot lui devint plus funeste que la dialectique de ses antagonistes.... Sa colère le tuait.

Vous me parlez de son puritanisme.... Soit, je ne fouille point dans sa vie privée ; mais vous me dites qu'il est sorti du pouvoir pauvre comme il y était entré ; je vous porte le défi de me le prouver.

Et d'ailleurs, est-ce de sa fortune qu'il a marchandé et acheté tant de consciences vénales ?

Dans quels coffres presque inépuisables prenait-il ses moyens de corruption ?

Est-il une époque de nos annales où les honteux marchés, les scandaleuses transactions aient fait descendre plus bas le pays ?

Je me répète, le rouge monte au front en songeant que cet homme a tenu pendant tant d'années les destinées de la France dans ses mains.

Comme philosophe, les lauriers de Cousin empêchaient Guizot de dormir ; celui-ci avait rallumé l'éclectisme prêt à s'éteindre parmi nous, Kant était oublié. La secte néo-platonicienne comptait à peine quelques disciples ; ceux qui, fidèles à leur foi, ne reniaient pas l'intelligence se groupaient autour de Guizot, et l'homme d'État se dessina philosophe avant tout.

Mais cette science du penseur qui consiste à ne prendre des idées admises que celles qui rayonnent avec le plus d'éclat, Guizot la professa-t-il du moins au profit de la saine morale, de son pays et de sa réputation de puritanisme déjà ébréchée ?

Non certes, et rien alors ne fut plus fatal à la France que ces doctrines éhontées de l'homme de Gand adorant le veau d'or, et prêchant le mépris des choses de ce monde, dont il se faisait une arme puissante par la corruption.

Guizot ne se croyait pas assez petit pour se traîner à la remorque de Cousin; aussi tournait-il les aspérités de la doctrine qu'il préconisait, au lieu de les aplanir; de telle sorte que c'était une religion dans une religion, des idées nouvelles maladroitement soudées à des oripeaux surannés; en un mot, quelque chose d'incohérent, d'intraduisible que les bambins et les idiots acceptaient avec d'autant plus d'adoration qu'on semblait en appeler à leur intelligence rêveuse ou assoupie, eux sans rêverie et sans intelligence.

Eh! bon Dieu, si le grand-prêtre s'était contenté d'amuser ses loisirs par la croisade seule de sa religion, nous nous serions contenté aussi de le siffler, sauf à nous faire chasser de l'hémicycle des auditeurs; mais celui que je place sur mon chevalet ne s'amusait point à ces jeux d'enfant, et le deuil du pays, l'humiliation qui lui était imposée par le premier ministre de la couronne ne se justifiaient que trop; de là le profond dégoût et le mépris que je ne cherche point à déguiser, et que ressentent avec moi ceux qui tiennent à honneur de se dire les adorateurs d'une patrie grande et respectée.

Hélas! déplorons pour la troisième fois que les destinées de la France aient reposé si longtemps en des mains qui ne s'ouvraient que pour semer au loin la corruption dont le président du conseil s'était fait une arme si puissante et si dangereuse.

Le nom de Guizot est une tache dans les pages de notre histoire contemporaine.

Je viens d'esquisser quelques-uns des traits les plus caractéristiques de l'homme d'État qui s'en allait pour faire place à son ennemi personnel, à celui dont il enviait la réputation d'intelligence et peut-être aussi de probité.

M. Molé ne s'était rendu au château qu'à contre-cœur, bien décidé à résister aux promesses comme aux menaces du roi ; il voyait la situation impossible, il n'avait pas les flancs assez robustes pour créer un nouveau système et attirer à lui ceux qui jouaient un rôle important dans les affaires publiques.

— J'ai besoin de vous, lui dit le roi; vous savez que M. Guizot se retire.

— Je le sais, répondit modestement M. Molé, le ministère du 29 octobre est mort. Mais vous avez, sire, dans la Chambre, un homme plus puissant que moi, dévoué à votre majesté, à qui vous ferez peu de concessions, et qui, je l'espère, ne se montrera pas ingrat.

— De qui voulez-vous me parler? demanda le roi surpris ou plutôt effrayé.

— De Thiers, répondit froidement Molé.

— Thiers! s'exclama le monarque, vous n'y songez donc pas; que dira l'Europe?

La politique de Thiers en effet était alors en assaut continuel contre les prétentions des puissances limitrophes. A l'aide de ses petites phrases, de ses petits coups de poinçon, de ces petites taquineries, il s'était fait une sorte de réputation de ferrailleur qui lui donnait quelque importance dans les partis les plus avancés de l'opinion.... Le roi ne voulait pas de lui.

Aussi M. Molé quitta-t-il le château et alla-t-il essayer quelques attaques auprès de MM. de Rémusat, Dufaure, Passy et d'autres députés influents. Tous furent sourds à ses prières, tous se déclarèrent inhabiles à conjurer l'orage qui éclatait de toutes parts ; et M. Molé, en désespoir de cause, sans même en prévenir le monarque, se rendit chez M. Thiers, qu'il trouva seul, se promenant la tête baissée, et attendant les événements dont il avait vu le prélude autour de son hôtel.

Dès les premières confidences de M. Molé, M. Thiers l'arrêta tout court.

— Votre collègue au cabinet! cela est impossible, lui dit-il; mais comptez sur mon concours et sur celui de mes amis ; je vous promets d'user de toute mon influence auprès d'eux ; car la position est tendue, et il ne faut pas rougir des concessions qui peuvent conjurer la tempête.

M. Molé se retira ; mais, attristé de son insuccès, il ne se rendit pas chez le roi, et alla porter à ses amis la nouvelle de son refus.

Cependant le général de Berthois fut envoyé en estafette auprès de M. Thiers, qui s'attendait à une nouvelle visite.

— Je viens vous prier au nom du roi, lui dit le général, de m'accompagner aux Tuileries ; sa majesté compte toujours sur votre dévouement et votre amitié.

— Le malade agonise, répondit M. Thiers ; mais je vous accompagne, quoique je voie déjà que tous nos efforts seront infructueux.

M. Thiers arriva au château comme un triomphateur. A peine M. de Montalivet l'eut-il aperçu qu'il courut à lui, et le prenant par les mains :

— Soyez le bienvenu, lui dit-il, vous savez ce qui se passe ; le roi est triste, découragé ; ménagez-le, je vous en prie; abdiquez quelques-uns de vos principes, soyez humble pour le faire fort ; chacun de nous doit des sacrifices à la royauté menacée.

M. Thiers écoutait à peine, et, s'avançant vers le cabinet du roi, il trouva le monarque pâle, indécis, agité, comme un homme entraîné par le torrent et qui cherche une planche de salut.

Le roi lui dit d'un ton bref :

— Asseyez-vous, la conversation sera courte

Etonné de cet accueil auquel il ne s'attendait pas, M. Thiers hésita, et, prenant place quelques instants après dans un fauteuil, il attendit.

Depuis les mariages espagnols, contre lesquels le ministère du 1er mars avait énergiquement protesté, le monarque ne voyait M. Thiers qu'avec une certaine antipathie; il l'estimait comme homme d'État, mais il l'avait si souvent trouvé hostile à ses projets que toute affection était morte dans son âme, et qu'il aurait volontiers immolé une partie de sa puissance pour ne pas être forcé d'avoir recours à un appui qu'on lui ferait payer trop cher.

La parole nous a été donnée *pour déguiser la pensée*. Ce mot, accusateur des consciences du jour, n'est point de Talleyrand, comme on l'a dit, comme on le dit, comme on le croit, comme on le répète; il est de *Harel*, ex-secrétaire de l'astucieux diplomate et l'un des hommes les plus spirituels de notre époque, qui depuis peu vient de payer son tribut à la mort.

Je ne chercherai donc pas à peindre les personnages s'agitant dans ma galerie historique par les fanfaronnades plus ou moins gascones à l'aide desquelles ils abusaient les niais seuls et les crédules.

Des actes, des actes, des actes; voilà ce qui peint l'homme, voilà ce qui le montre à tous sans fard, tel qu'il est; et à ce compte, vous connaissez à peu près le héros de Gand, le stoïque Guizot que je viens de traduire à ma barre.

Le trouverai-je encore dans le cours de ce récit? Peut-être. Mais aujourd'hui je le laisse de côté, je le pousse du coude, et je lui demande un peu de place pour son émule, son rival, peut-être même son ennemi.

Il n'y a pas de ma faute si ceux qui posent devant moi n'ont parfois que des tailles lilliputiennes. J'aimerais mieux de larges tableaux, de grandes figures; les détails échappent au médaillon, tandis que les vastes toiles les montrent à l'observateur, au peintre, au philosophe, à l'historien.

Quand je songe aux dramatiques scènes qui viennent de se dérouler sous nos yeux, et que je classe dans ma pensée les personnages qui les ont traversées avec plus ou moins d'éclat, je me pose ces deux questions :

Les hommes font-ils les événements?

Les événements font-ils les hommes?

Nulles annales du monde ne présentent, je crois, à l'historien de plus grandes pages, que celles qui commencèrent en 89 par un cri patriotique et finirent en 93 par la chute d'un couperet sur une tête royale.

Eh bien! interrogez vos souvenirs, et dites-moi si le cœur ne bat pas fort dans la poitrine au récit des terribles choses qui tinrent alors le pays en éveil depuis les Pyrénées jusqu'en Belgique, depuis les Alpes jusqu'à l'Océan.

Vous croyez lire une histoire fabuleuse, il semble que vous vous promeniez au milieu de héros et d'héroïnes hauts de dix coudées... Vous êtes des nains auprès d'eux.

Crimes, vertus, dévouement, sacriléges, impiété, tout est imposant et gigantesque... L'échafaud n'effraie personne, on parle partout de terreur, de guillotine, et la victime regarde en souriant le triangle d'acier qui monte et descend avec une effrayante rapidité. Les jeunes vierges chantent l'hymne des morts et tombent comme les martyrs que l'antique Rome immolait à ses Dieux, les mots les plus sublimes s'échappent de lèvres dédaigneuses ou résignées, les cachots retentissent d'accents provocateurs de la tyrannie; Foulon est assassiné, et sa tête sanglante est présentée au bout d'une pique à Boissy-d'Anglas qui n'interrompt point sa phrase..., et l'instrument inventé par Guillotin se promène toujours insatiable.

Rien n'est horrible comme les hommes horribles de ces lugubres années, et pourtant la plupart d'entre eux, presque tous, croyaient remplir un devoir, et se disaient les sauveurs d'une patrie menacée.

Robespierre, Marat, Saint-Just, Couthon, Carrier..., que de larmes, que de désespoir ces hideuses syllabes n'entrainent-elles pas à leur suite!

Louis XVI, Bailly, Condorcet, Chénier..., que de sympathies ne réveillez-vous pas dans les nobles âmes!

Si vous aviez cherché alors la noblesse, le clergé, le génie, la vertu, vous les auriez trouvés dans les tombereaux allant sur la place de Grève ou sur celle de la Révolution.

Le bourreau avait la main malheureuse.

Les provinces se reflétaient de la capitale, et le drapeau rouge ne faisait point pâlir les fiers Vendéens; vous le savez comme moi.

On ne se battait pas à coup d'hommes ainsi qu'aux jours où Napoléon, après avoir étranglé la liberté sa mère, s'emparait de Vienne, de Dantzick, de Berlin, de Moscou, mais au mousquet, à l'épée, à la hache, à la pique, à la fourche, poitrine contre poitrine, pour une erreur ou une vérité, mais à coup sûr aussi pour une croyance.

Je le répète, c'était l'époque des grandes choses, c'étaient des campagnes de géants.

Avez-vous entendu soutenir que le défenseur de sa religion politique ait, pendant les jours néfastes que je rappelle, abjuré sa foi, parceque devant lui se dressaient, teints de rouge, les bras hideux de l'échafaud? Non, à coup sûr.

On était républicain comme on était Vendéen, avec ferveur, avec conviction... Le renégat n'existait pas.

Oh! c'est qu'alors la pusillanimité n'était pas seulement une faiblesse insigne, mais un crime; c'est qu'alors si l'on reculait vaincu par le nombre, on faisait toujours face à l'ennemi et le plomb frappait la poitrine.

A cette époque, vous vous en souvenez, vous surtout qui portez le deuil d'un ami ou d'un frère, le mot échafaud tombait comme un châtiment ou une vengeance sur celui qu'on voulait atteindre. De nos jours, le mot n'existait pas plus que la chose, on venait de le biffer de notre code politique et l'on était en droit de suspecter la valeur personnelle de ceux-là mêmes qui se plaçaient en première ligne par la victoire de la parole.

Est-ce dans la crainte d'une réaction qu'on se montra magnanime? Soyez sûr du contraire; on voulait protéger les erreurs passées, les amnistier du moins, et cette faiblesse coûta cher à la République naissante.

Les plus avancés, ceux qui avaient le mieux payé de leur personne, qui s'étaient montrés plus souvent sur la brèche comprirent si bien la position que leur faisait la mansuétude, qu'ils allèrent jusqu'au découragement et se repentirent presque du succès.

De temps à autre, dans des réunions dont ils ne cachaient pas le but, car ils avaient trop de cœur et de droiture pour cela, ils cherchaient à raviver la flamme républicaine éteinte; mais le petit nombre se vit étouffer sous les masses, et l'on se laissa dominer non par défaillance, mais par dégoût et pitié.

Oh! si les prisons avaient fait bonne justice des imprudents qui osaient dresser autel contre autel, alors que la loi protégeait la chose établie, nous n'aurions pas aujourd'hui tant d'amertumes dans nos regrets!

Mais les purs ne voulaient ni vengeances ni proscriptions; oseriez-vous soutenir qu'ils n'auraient eu rien à redouter si la rotation s'était faite en sens inverse et si vous vous étiez trouvé encore face à face des vaincus et des exilés ramenés au pouvoir?

Le doute est impossible; on pardonne difficilement à qui vous a jeté la honte à la face, et ils avaient tant de souillures à faire disparaitre!

La jeunesse est oublieuse des torts; la vieillesse se les rappelle avec d'autant plus d'amertume qu'elle craint de manquer de temps pour les châtier; et par malheur les rigoureux conseillers n'auraient point failli aux exilés rentrés en grâce.

Donc l'apathie était encore du courage, mais un courage semblable à celui du nageur qui pourrait prolonger son agonie et qui se croise les bras pour en finir plutôt avec son adversaire.

J'ai deviné bien des larmes dans les yeux de mes amis aux poignantes déceptions qui les abreuvaient !

J'ai senti de bien fébriles émotions dans leurs amicales pressions de mains après tant de stériles conquêtes !

Que voulez-vous ! la vie est ainsi faite, nous ne la taillons point à notre gré, nous subissons les amertumes comme les orages qui désolent nos campagnes, et puisque les jours glissent ainsi jusqu'à la tombe, acceptons-les sans blasphème ; car Dieu l'a voulu ainsi et le livre des décrets éternels n'a point de ratures.... Je l'ai dit quelque part.

Qu'est-ce qu'un livre ? Vous le savez, vous qui en faites, vous qui en lisez.

Un livre n'est pas seulement le récit de faits plus ou moins authentiques, plus ou moins récents, dramatiques ou gais.

Un livre est encore le reflet de la pensée de son auteur ; et si vous la sondez, si vous la touchez du doigt, pour me servir d'une image téméraire, vous savez avec qui vous cheminez, vous ne vous égarerez plus.

Ce que je suis, vous ne l'ignorez pas ; car je vis dans une maison de cristal.

Ce que je cherche avant tout, c'est que vous me croyiez guidé seulement par la vérité.

Voici un petit code que je vous présente en ce moment, un code régulateur de votre opinion sur celui qui cause avec vous.

— En fait de gouvernement, la pire de toutes les fautes, c'est de s'arrêter en route.

— Ne montrez jamais votre irrésolution, si vous tenez à ce qu'on vous suive

— Je vous jette le défi de dominer une crise politique, **si vous êtes sans énergie**.

— La résolution, c'est le triomphe, ou du moins une chute sans honte ni mépris.

— Tout doit être clair et précis dans les déterminations des gouvernements... l'équivoque est l'arme de la pusillanimité.

— Indiquez-moi un plus solide monument que le Code Napoléon ? La logique est la première des puissances.

— S'il n'y a point de honte à un pas rétrograde, c'est à la condition seule qu'il ne vous sera pas imposé.

— Les forts qui commandent d'une voix timide sont traités de faibles dès qu'on ose les regarder en face.

— Il vaut cent fois mieux tomber que d'être jeté à terre.

— Ayez la fierté de votre proposition, n'allez jamais jusqu'à l'arrogance ; celui qui domine doit baisser le regard pour voir autour de lui, mais il fait bien de rester le front haut.

— L'homme qui semble étonné de sa position, humble ou élevé, n'y restera pas longtemps.

— Soutenir ses actes avec l'énergie de la conviction, c'est signer ses écrits... Toute sanglante épithète s'applique à l'anonyme.

— Soyez certain qu'il est parfois plus sage d'avoir humblement tort, que trop impérieusement raison... Il est périlleux de rapetisser le vaincu.

— La victoire prouve-t-elle toujours le bon droit ! Vous ne le pensez pas plus que moi, je le pense moins que vous.

— Les gardiens de nos libertés ne doivent pas avoir les coudées plus franches que nous... On s'affaiblit en s'isolant.

— Les gouvernements ont des rides comme les hommes, seulement celles-là peuvent s'effacer, quand les autres conduisent indubitablement à la tombe.

— Le peuple s'instruit mieux par l'erreur qu'on lui montre, que par la vérité qu'on lui cache... Ouvrez les croisées si vous voulez que le jour pénètre chez vous.

— Je ne voudrais point de la peine de mort... Je vous défie

de faire quelque chose de bon d'un homme sans tête... Le cadavre n'est pas un enseignement.

— Comptez beaucoup moins sur la reconnaissance que sur l'ingratitude des hommes, mais que cela ne vous décourage pas : le bien est toujours le bien.

— Conquérir ne vaut pas reconquérir... Reprendre ce que l'on a perdu est une double joie.

Je crois qu'il serait sage de faire juger les femmes par les femmes, comme on fait juger les hommes par les hommes ; si j'étais législateur, j'essaierais.

— Si j'étais roi, je tiendrais plus à honneur de ne pas perdre un pouce de terre, que de conquérir une province.

— Si j'étais grand, je le rappellerais aux grands, je tâcherais de le faire oublier aux petits.

— Menacez avant de frapper... la menace peut faire reculer le crime ou le vice.

— Il ne faut jamais châtier en colère ; sans cela, le châtiment a l'air d'une vengeance.

— Si j'étais Empereur, Autocrate ou Sultan, je voudrais un trône bien élevé pour mieux voir les humbles cachés dans la foule.

— La clémence est le bouclier le plus puissant des monarques.

Vous comprenez qu'il me serait aisé de pousser beaucoup plus loin ces rêveries, résultat des événements que je déroule à vos yeux ; mais chacun a son Code, je vous livre quelques chapitres du mien, toute liberté vous est acquise pour les contrôler ou les condamner.

Revenons maintenant aux hommes parfois si petits hélas ! qu'on a bien de la peine à les trouver dans la foule.

Cela dit, je reprends mon pinceau, et je donne un pendant au serviteur de Louis-Philippe, détrôné comme son maître.

FIN DU PREMIER VOLUME.

TABLE DES MATIÈRES

DU PREMIER VOLUME.

	Pages.
Chapitre Ier. Le projet de la translation des cendres de l'Empereur.	1
— Cette haute mission confiée au prince de Joinville. — Quelques chauds épisodes de la campagne. — Énergique attitude du Prince à la nouvelle de la guerre qui allait éclater entre l'Angleterre et la France. — Le retour de la *Belle-Poule*. — La cérémonie funèbre.	15
Chap. II. Les forts détachés. — Discours de MM. François Arago, Thiers, Lamartine, etc.	24
Chap. III. Procès de MM. de Lamennais, — Louis Pérée, — Esquiros, — Darmès.	53
Procès de Mme Lafarge, Mlle Ozy, Mlle Maxime, Victor Hugo et Vidocq.	64
Catastrophe du 8 mai 1842.	70
Mort du duc d'Orléans. — Bataille de Nezib.	76
Chap. IV. Mort de Jacques Laffitte. — La bande des habits noirs.	87
Mlle Figeac. — Brassine. — Bressant. — Rachel et Maxime Franconi.	106
Chap. V. Lola Montès. — De Beauvallon. — Dujarrier. — La Mendicité.	107
Les Lorettes. — Les Maturines. — Les Madeleines. — Les Boule-Rouge.	114
Les Barrières de Paris.	120
Chap. VI. Affaire Lecomte. — Dupetit-Thouars. — Pritchard. — La Disette.	131
Le Prisonnier de Ham. — Évasion du Prince Louis-Napoléon.	146
Chap. VII. La corruption à l'ordre du jour. — Procès Teste, Cubières, Pellapra et Parmentier.	151
Lettre de Teste adressée au Roi.	157

    Assassinat de la duchesse de Praslin. 159
    Vieux Paris et Paris moderne. 160
CHAP. VIII. Les Cinquante-neuf, — Affaire Léotade. 179
    Banquet réformiste. 187
    Quatrain sur Émile de Girardin. 197
    Manifestation réformiste du 21 février. 200
    Les attroupements dans Paris. 204
    Banquet de la province. 208
    Discours de Lamartine. 210
    Discours de Ledru-Rollin au banquet de Lille 217
    Discours d'Étienne Arago au banquet de Dijon. 224
    Discours de Louis Blanc.   id.   id. 229
CHAP. IX. 22 février. 235
    MM. de Genoude. — Odilon Barrot. 245
    La mise en accusation des ministres. . . . .
    Puissance de Guizot menacée de toutes parts. — Les barricades. . . . 248
    Le 23 février. 252
    Le coup de pistolet qui décide la révolution. 255
    Le 24 février. — Abdication du Roi. 264
    MM. Dupin, Barrot, proclament la régence. 265
    Protestation de M. de Genoude. 268
    La duchesse d'Orléans à la chambre des députés. 269
    Lamartine annonçant le Gouvernement provisoire. 276
    Hôtel-de-Ville, et les ébranlements du peuple. 278
    Proclamation du Gouvernement provisoire au peuple français. . . . 284
CHAP. X. Portrait des membres du Gouvernement provisoire. 287
    Quatrain de Lamartine. 291
    Détails des scènes dramatiques. 299
    Proclamation de Caussidière et Sobrier. 315
    Les gamins de Paris et les Titis. 318
    Pillage des armes et costumes de M. Bouteville. 338
CHAP. XI. Aux Tuileries. — Départ du Roi. 347
    Entretien de Louis-Philippe avec MM. Molé, Thiers, Montalivet, etc. 360
    Réflexions philosophiques de l'auteur. 366

FIN DE LA TABLE DU PREMIER VOLUME.

www.ingramcontent.com/pod-product-compliance
Lightning Source LLC
Chambersburg PA
CBHW060344190426
43201CB00043B/748